Elocuencia del cuerpo

Ensayos en homenaje a Isabel Sarli

Gustavo Geirola
compilador

Elocuencia del cuerpo
Ensayos en homenaje a Isabel Sarli

Ailín Basilio Fabris
Sylvia Bonfiglio
Mónica B. Cragnolini
Néstor Cremonte
Miguel Ángel Gavilán
Denise Pieniazek
Germán Pitta

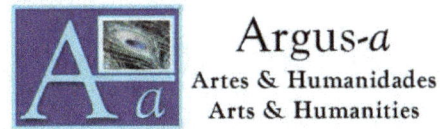

Argus-*a*
Artes & Humanidades
Arts & Humanities

Buenos Aires, Argentina - Los Ángeles, USA
2020

Elocuencia del cuerpo. *Ensayos en homenaje a Isabel Sarli*

ISBN 978-1-944508-29-6

Ilustración de tapa: Fotografía de Isabel Sarli, dominio público. Diseño de tapa: Argus-*a*.

Editorial Argus-*a*

16944 Colchester Way,
Hacienda Heights, California 91745
U.S.A.

Calle 77 No. 1976 – Dto. C
1650 San Martín – Buenos Aires
ARGENTINA
argus.a.org@gmail.com

INDICE

A la memoria de David W. Foster

PREFACIO Y AGRADECIMIENTOS

C uando el 26 de junio del 2019 nos enteramos en Argus-*a* que Isabel Sarli había fallecido en Buenos Aires el día anterior, debido a la admiración que sentíamos por la cinematografía realizada por ella y Armando Bo, espontáneamente nos surgió la idea de hacerle un homenaje a través de un libro. Fue así como hicimos, desde nuestro sitio en la red, un llamado para que los académicos interesados nos hicieran llegar sus ensayos. Concebimos, pues, el libro como una colección de ensayos, cuyos temas, obviamente, quedaban a merced del interés y de la experiencia de cada participante.

Diseñamos, pues, la convocatoria, la publicamos y pusimos fechas para la entrega de los trabajos, tan pronto como pudimos confirmar la participación de prestigiosos académicos para oficiar de lectores de los ensayos que se enviaran. Todos ellos están ligados a nuestra editorial desde hace tiempo y tuvieron buena disposición para apoyar este proyecto sobre el cine de la dupla Sarli/Bo. Formaron parte del grupo, el Dr. David W. Foster (Arizona State University), recientemente fallecido, a quien le dedicamos el libro, porque habiendo sido el director de mis estudios doctorales y haberme llevado a apreciar el cine de Sarli, fue una figura pionera en los estudios ligados a la teoría queer, al cine y otros temas relacionados con la producción cultural (usualmente no canónica) en América Latina. También integró el grupo la Dra. Alicia Montes (Universidad de Buenos Aires), con varias publicaciones en su haber, sobre todo referidas a la conceptualización del cuerpo. El Dr. Assen Kokalov (Pardue University) ha publicado trabajos sobre literatura y cine, particularmente desde la perspectiva de los estudios gays y lésbicos y de la teoría queer. Finalmente, el Dr. Lizardo Herrera (Whittier College), quien tiene en su haber publicaciones sobre cine latinoamericano y la cultura de la droga. Todos ellos leyeron los originales sometidos para publicación y sugirieron puntuales revisiones a sus autores, entre los que me cuento. A todos ellos les damos nuestro más sincero agradecimiento por la disposición y el tiempo que brindaron a este proyecto.

De gran apoyo fue también el contacto con Marcelo Zapata, quien nos facilitó la conexión con Diego Curubeto, autor del film *Carne sobre carne: intimidades sobre Isabel Sarli* (2007); extendemos nuestro agradecimiento a ambos.

El libro ha quedado conformado por ocho ensayos enfocados sobre algunos films de la dupla, y leído desde perspectivas teóricas diversas.

Sylvia Bonfiglio ha colaborado con un ensayo titulado "La sumisión de las chicas" que nos introduce al contexto histórico-cultural y político –nacional e internacional— en el que le tocó vivir a Isabel Sarli, brindándonos algunos datos importantes de su vida privada. Bonfiglio aborda, además, cómo la búsqueda de un estereotipo femenino acorde a los deseos de una sociedad machista y patriarcal fomenta la formación de mujeres que respondan a la "esposa ideal" que propone Pilar Primo de Rivera en su famoso manual "Guía de la buena esposa" fechado en los '50, y enfatiza hasta qué punto ese estereotipo se replica en otros contextos absolutamente disímiles en distintas latitudes y, particularmente en el cine erótico, pero sobre todo la vida privada de Isabel Sarli y Armando Bo. La autora considera cómo la relación afectivo-laboral de Isabel Sarli y Armando Bo está marcada potentemente por la sumisión de ella a los requerimientos laborales, cinematográficos y patriarcales del director. A pesar de ser el cuerpo de Isabel Sarli el centro de estas películas y el sex-symbol de la cinematografía argentina, se trata –según lo que ha transcendido de la vida privada de la dupla, incluso con testimonios de la misma Isabel—, de un cuerpo sometido que, sin embargo, se yergue liberado y poderoso en los filmes, convirtiéndose a la vez, según la autora, en instrumento de liberación y empoderamiento frente a la dominación masculina.

Denise Pieniazek nos acerca su ensayo "Isabel Sarli, ese oscuro objeto del deseo. Entre el erotismo patriarcal y el goce femenino", en el cual analiza las representaciones cinematográficas de la actriz Isabel Sarli, que la condujeron a convertirse en un ícono femenino del erotismo criollo a través de la objetivación de su figura como codiciada masivamente por el deseo masculino. Dichas interpretaciones están conformadas por un extenso corpus de largometrajes, como sabemos, todos dirigidos por Armando Bo, salvo *La dama regresa* dirigida por Jorge Polanco. Teniendo en cuenta este corpus, la autora aborda las constantes tensiones entre la ideología patriarcal hegemónica y las emergentes expresiones del derecho femenino al placer sexual. Particularmente se enfoca en la ambivalencia que se establece, por un lado, entre una mujer que transgrede los modelos canónicos de la época respecto del ideal de domesticidad, de la institución familiar expresando su deseo sexual mujeril y, por el otro, la forma en que dicha transgresión es puesta en escena, la cual evidencia la mirada de un voyeur masculino cuya función se define por mantener la tradición patriarcal.

Ailín Basilio Fabris ha contribuido con su ensayo "Pulsaciones eróticas: el fenómeno cultural y social de Armando Bo con Isabel Sarli en Argentina", en el que analiza el proyecto erótico coagulado por la dupla con el objetivo de comprender su impacto en relación a la producción de sentidos, representaciones y discursos sobre la sexualidad emanados en dos de sus películas: *Carne* (1968) y *Fuego* (1969). El análisis entrecruza la historia social y la historia cultural en clave de género en aras de repensar el impacto y las resignificaciones de dicha experiencia sobre los derroteros y los arreglos que impregnaron la sexualidad y la urdimbre heterosexual en el transcurso de la segunda mitad del siglo XX. Asimismo, se reponen las trayectorias biográficas de ambas figuras y se avanza en la proposición del estudio del erotismo como clave en la intelección de las prácticas, los procesos y las experiencias del mismo período en Argentina.

El ensayo de Néstor Cremonte, bajo el título "La materia de los sueños: pólvora y alcanfor" y postulado más como un punto de partida que de llegada, trabaja sobre *Fiebre* (1972), film que revelaba el vínculo entre una mujer y su caballo y que se apuntó como una de las narrativas visuales más singulares de la historia del cine argentino. El ensayo indaga este melodrama erótico realista partiendo del repaso del campo del deseo y la aceptación/represión de reconocidas prácticas sexuales en diferentes culturas, desde el mundo griego, pasando por la episteme medieval, hasta llegar a nuestros días. El autor prioriza la exploración del contexto cultural de la segunda mitad del siglo XX en Argentina y su articulación con la censura estructural imperante, con el engarce de sus condiciones de producción, circulación y consumo, y con la resignificación de la mirada del espectador.

Germán Pitta, desde Uruguay, nos ha enviado su ensayo titulado "Una cautiva en el matadero. Erotismo y violencia sexual en *Carne*", en el que se propone leer el film como una reescritura de tópicos fundamentales de la literatura argentina: el tópico de la cautiva y el del matadero, desarrollados en dos obras muy reconocidas de Esteban Echeverría. En esta reescritura existe una confrontación entre una representación erótica del cuerpo femenino y otra más animalizada que forma parte de la violencia sexual. En este sentido, el film de Bo y Sarli permite plantear una reflexión que relaciona la violencia sexual con la idea de una guerra contra las mujeres. Por esta razón, el punto central de este trabajo consiste en enfocar el tema desde la diferenciación entre cuerpo y carne planteada por Roberto Espósito.

El ensayo de Mónica B. Cragnolini, "Carne sobre carne": de la carne de la mujer y de la carne del animal", retoma el título *Carne sobre carne* del documental que en el 2007 dirigiera Diego Curubeto en el que se relata la trayectoria de Isabel Sarli; el título del ensayo también reproduce la expresión usada por el personaje de Humberto en una de las escenas de violación en *Carne*. La autora analiza precisamente esta película en términos de la violencia estructural ejercida en el tratamiento de humanos y de animales. Asimismo, se especifica el lugar de la carne de la mujer en el mundo falocéntrico y en relación también a la idea de "nación".

A partir de esa famosa frase de Humberto, también Miguel Ángel Gavilán titula su ensayo "Carne sobre carne", en este caso, para trazar un paralelismo entre dos ficciones que, sostenidas por distintos soportes textuales, hablaron, cada una en su tiempo, de una labor muy argentina como es la explotación vacuna industrializada. La carne aparece en la obra de Esteban Echeverría y en el film de Armando Bo como el material simbólico del que se derivan particularísimas críticas políticas, morales, sociales y económicas visibilizadas en momentos históricos nacionales aparentemente antitéticos pero que, tras la lectura, encuentran un eje vertebrador que los relaciona.

Al final del libro agrego mi propio ensayo, titulado "El país-corral: hembra y rebaños en la furia infernal de la Nación"; en el que me enfoco sobre *Furia infernal* (1973), para desbrozar una alegoría de la nación como un corral para ganado, realizada en un momento de transición entre dos dictaduras (Revolución Argentina [1966-1973] y Proceso de Reorganización Nacional [1976-1983]). Abordo el film para explorar los valores estético-políticos de la cinematografía de la dupla, particularmente en ese momento de transición política. Mi interpretación se desliza desde la ficción a la biografía de la dupla Sarli/Bo y obviamente al contexto histórico-social, a la vez que explora cómo el relato de *Furia* se deja leer desde procedimientos de escritura basados en la parodia y el diálogo intertextual con textos canónicos de la literatura nacional e internacional.

Como director de Argus-*a*, quiero expresar mi agradecimiento a quienes nos han enviado sus ensayos y a los académicos que oficiaron de lectores de los mismos.

Mi agradecimiento estaría injustamente incompleto si no lo extendiera a Mabel Cepeda, editora de Argus-*a* quien, como es habitual en ella, ha trabajado con la profesionalización que la caracteriza. Tanto en relación a este proyecto en particular, como su apoyo a la Editorial desde el principio de su fundación, la hacen merecedora de un reconocimiento especial.

Gustavo Geirola

Los Ángeles, septiembre 2020

INTRODUCCION

Una aproximación tensionada

a la estética cinematográfica de Sarli/Bo

Gustavo Geirola

Un marco no teórico, sino existencial de emergencia

2 020. Año de pandemia y cuarentena a nivel global. No es un mero dato, si se trata de volver a ver durante el confinamiento el cine del binomio Sarli/Bo: prefiero ponerla a ella en primer lugar, debido a que este libro, si bien se presenta como un homenaje a ambos, la idea de hacerlo surgió con motivo del fallecimiento de Isabel el 25 de junio de 2019. La publicación de esta colección de ensayos —escritos en meses antes de la pandemia—, además del homenaje, constituye una invitación para ver las películas nuevamente y reflexionar sobre la potencia de una cinematografía que, por décadas, realizaran conjuntamente Isabel Sarli y Armando Bo. Siendo un cine que desborda de erotismo, que comprometió siempre al cuerpo y las múltiples determinaciones que lo involucran y que, además, abordó aquellas zonas oscuras del deseo y de la vida que otras producciones cinematográficas escondían o negaban, nuestro acercamiento a él toma mayor relevancia en la medida en que nuestros cuerpos y nuestra vida se hallan amenazados por un virus que nos obliga al confinamiento, el cual no deja de ser una buena oportunidad para darnos una cita con las películas de Isabel y Armando.

¿Desde qué marco teórico, siempre entendido como artístico y político, se puede abordar esta textualidad del cine del binomio en circunstancias como la presente? ¿Cuáles son las diferencias entre la segunda mitad del siglo XX en Argentina, cuando Isabel comenzó a filmar casi siempre en contextos de dictaduras, con nuestra situación actual? Si las dictaduras nos impusieron el silencio como algo saludable, si nos invitaban a quedarnos en casa, a controlar las actividades de nuestros hijos, a mantener distancia con amigos sospechosos de alguna actividad política ajena al régimen, a no cuestionar el sufrimiento de quienes, de repente, eran sacados de sus casas, torturados en lugares clandestinos y finalmente desaparecidos, hoy la situación impuesta por el virus no es demasiado distinta, aunque obviamente responda a valores completamente diferentes. Hoy nos quedamos en casa, mantenemos distancia, cuidamos a nuestros familiares para sobrevivir, para mantener la vida y practicar la solidaridad y la responsabilidad a fin de frenar el contagio y proteger a nuestros conciudadanos. Obviamente, no todos están de parte de la vida; algunos —como los represores del pasado— están del lado de la pulsión de muerte y prefieren ejercer una libertad malentendida, irresponsable, a la vez que priorizan el sistema económico-financiero por sobre la salud de los habitantes de la Nación. Quizás podamos imaginar un puente entre aquellas sexualidades y creencias alternativas que despliegan las películas de la dupla, producto de la radicalización cultural de los llamados *sixties*, que modificaron completamente todo el sistema de vínculos familiares y comunitarios, y la conmoción que hoy nos impone la pandemia y la cuarentena al nivel, una vez más, de nuestras sexualidades, nuestros cuerpos y nuestros vínculos.

Dejar de vivir para sobrevivir: pareciera ser una consigna de hoy y de entonces, durante esos atroces períodos opresivos. En ambos momentos, nos confinábamos en las casas, vivíamos con miedo, desconfiábamos del prójimo, veíamos calles vacías y nos protegíamos como podíamos. Y así y todo, en medio de ese paisaje desolador, de pronto nos dábamos cita en algún cine para asistir al estreno de alguna de las películas de Isabel Sarli. Salíamos de esas exhibiciones con una energía erótica de alto calibre y un ánimo más fortalecido para enfrentar la dura realidad de esos tiempos. Más allá del cuerpo de Isabel, las películas de alguna manera (nos) hablaban de todo aquello que el sistema negaba. Nos olvidábamos por un momento del

mandato militar de "el silencio es salud" o a hurtadillas esquivábamos
–si éramos muy jóvenes— la vigilancia familiar para la cual el cine de
Sarli/Bo podía llevarnos a cometer pecados irredimibles. Así, si el
primer slogan entrecruzaba mordaza y biopolítica, esto es, barbijo
para acallar los discursos sobre el deseo (en todas sus dimensiones) y
consecuentemente el control científico y el disciplinamiento policial
y militar de las sexualidades disidentes;[1] el segundo slogan, trasmitido
por todos los medios a toda hora ("¿sabe usted dónde están sus hijos
en este momento?"), en cambio, delegaba en el ámbito familiar el
control y disciplinamiento de la progenie, como una policía interior y
hogareña que Lacan no hubiera dudado en calificar de 'éxtima'.

No deja de acosarnos, hoy y ayer, una misma pregunta: ¿para
qué cuidar de la vida si hay que aislarse, guardar distancia, reprimirse
para, en el futuro próximo, tener que regresar al trabajo mal pago y a
las moralidades burguesas con sus múltiples escenarios de entretenimiento, explotación laboral y discriminaciones de todo tipo? ¿Será
que ya estábamos muy enfermos, aislados, deprimidos, excluidos antes de que adviniera esta pandemia a hacérnoslo notar? ¿Para qué cuidar de la vida si, a pesar de todo, por algún descuido, podemos mo-
rirnos antes de lo previsto y de súbito? Esas preguntas no son nuevas
y menos aún novedosas; se formulan siempre que alguna pandemia
o guerra está instalada en la sociedad y nos amenaza. Nos viene de
inmediato a la memoria la pandemia del SIDA. En estos casos, la
respuesta más habitual es, sin duda, superyoica: *Carpe diem*, ¡Goza el
día!, que dispara el deseo hacia la transgresión de las normas en un
empuje irrefrenable al goce, más que al placer. ¿Será este *carpe diem* el
que nutre la pulsión de muerte de los anticuarentena a nivel global
cuando los lleva a querer salvar las economías en vez de las vidas
humanas? ¿Para qué esas saludables economías si todo el mundo pudiera estar completamente enfermo y muerto? Las consecuencias de

---

[1] Confieso que siempre las sexualidades me parecieron disidentes, incluso
cuando se someten a subjetividades elaboradas por el Estado, la ciencia médica o
los activismos contra-hegemónicos, en la medida en que hay siempre un plus-de-
gozar que escapa a las ortopedias.

esa compulsión a gozar, en la mayor parte de los casos, son siempre letales, como todo goce absoluto promovido por el superyó heredero del Ello. La otra salida, a veces bastante gozosa y menos mortífera,.

la constituye la sublimación o el autoerotismo. Es desde esta segunda perspectiva por la que ayer me escapaba a ver las películas de Sarli/Bo y por la que hoy miro sus películas. La diferencia entre ese antes y este presente es de notar: hoy, a diferencia de ayer, escribo sobre ellas, calibro la potencialidad de una cinematografía y la valoro en su capacidad de conmovernos y convocarnos a pensar sobre el malestar en la cultura.

A la búsqueda de un marco teórico apropiado

Se puede dar otras respuestas a las preguntas urgentes y existenciales. Una de ellas es ética: no ceder en el deseo, resguardarlo y ponerlo del lado del principio del placer, esto es, de la voluntad de vivir; la pulsión erótica como fuerza dionisíaca –como la plateó Nietzsche en su obra— vale por sí misma, no necesita ninguna justificación, pero tiene un fin letal si no se acopla a lo apolíneo para que le dé forma y la incorpore a una perspectiva específica. Lacan, por su parte, nos advierte de no descuidar el fantasma para regular nuestro acceso al goce evitando así ser capturados por la pulsión de muerte; ese fantasma admite algunas de nuestras transgresiones como plus-de-gozar sin ponernos en extremo peligro. La voluntad de vivir, como la designara Schopenhauer, debía ser –según él— aniquilada para llegar a un estado de quietud; esta perspectiva nihilista fue luego atacada e invertida en voluntad de poder por Nietzsche y puesta así del lado de la vida, de lo afirmativo.

¿Cómo aproximarse al cine de Sarli/Bo desde estas consideraciones? ¿Qué relación e incluso qué deuda tiene este cine con el nihilismo? Todas esas películas se originan, indudablemente, en un malestar en la cultura o en un estado de enfermedad social marcado por la explotación capitalista, por la dependencia de los países latinoamericanos a los poderes centrales imperialistas, y por la opresión atroz ejercida por las dictaduras cómplices del imperio a nivel local. ¿Podemos aproximarnos a esa cinematografía considerando que *sintomatizan*, según el filósofo alemán, el estado del cuerpo social y de la cultura, sea abriendo horizontes de liberación y construcción de contra-hegemonía, sea en su versión decadente con el sometimiento del rebaño –como él lo designaba— a causa de su alienación a las moralidades burguesas de origen platónico-judeo-cristiano, que operan por contagio expandiendo la enfermedad? ¿Podrán las multiplicidades eróticas fundar una nueva moralidad contra-hegemónica, anti-patriarcal y anti-heteronormativa y ser capaces de reconocer "el sujeto como pluralidad" (Nietzsche, *La voluntad de poder* §485, 341); un sujeto tal que se haga "dueño –Lacan diría 'responsable'— de la multiplicidad de las sensaciones (*ídem* §511, 354)? Si bien, por un lado, ninguna de las películas de la dupla nos ofrece una versión dulcificada del trabajo y más bien nos alerta sobre la brutal explotación y animalización de la fuerza laboral, lo cierto es que, por el otro, tampoco elimina completamente los valores cristianos. No me refiero a que nos propongan desde la pantalla una compensación bienaventurada y de plena felicidad en un mundo suprasensible, *post-mortem*, sino al hecho de estar todavía comprometidas –tal como lo muestran muchos desenlaces— con ciertas instituciones de la moral burguesa: por ejemplo, la idea del matrimonio como salida para la mujer, la redención de los pecados por medio del amor, el ejercicio de la piedad y la dependencia de la mujer al hombre, dejándola a merced de la mirada masculina a fin de ser deseada, reconocida y, en lo posible, amada.

Hay aquí un enigma a descifrar en esta estética cinematográfica de la dupla Sarli/Bo. ¿Por qué no se inventan otros desenlaces para esas narrativas irreverentes que tan valientemente han asumido explorar los tabúes más extremos, temas tan controversiales para la Nación y la vida, al menos desde la perspectiva de la moral o decencia burguesa? ¿No debería esperarse de ese cine una salida narrativa política y éticamente más radical que la del conformismo, el amor melodramático o el pasaje al acto suicida? ¿Qué entrampa tanto a esta producción cinematográfica tan arriesgada, con su inicial "sí" a la vida, como para impedirle liberar al menos un significante flotante (Laclau) capaz de disparar el deseo de emancipación del público de los poderes que lo oprimen, liberándolo de caer en el nihilismo como negación de la vida? ¿Por qué animarse a tratar esos temas de los que la sociedad no quiere hacerse cargo para finalmente hacerse cómplice de la represión milenaria del patriarcado y retornar a su público a la metafísica y la moralidad del Occidente judeo-cristiano?

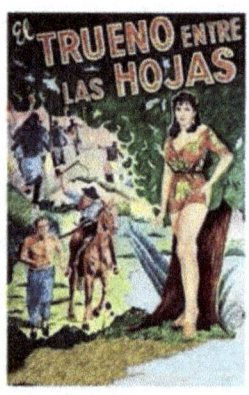

Para la época en que Sarli y Bo produjeron sus películas, lo logrado es mucho y admirable. Me pregunto qué cine de aquellas décadas puso en escena las comunidades indígenas, incluso hablando sus lenguas, como en *El trueno entre las hojas* y en *India*; qué cine fue capaz de explorar la violencia contra la mujer –emblema del subalterno, pero por esa vía también de los indígenas y los obreros—con la crudeza en que lo hizo, empoderándola en algunos casos y llevándola a percibir los resortes de la brutalidad machista y patriarcal; qué cine mostró tan tempranamente el avasallamiento de la Naturaleza y la explotación laboral extrema de hombres y mujeres, los abusos patronales como alegoría de los totalitarismos; que cine abordó las dimensiones perversas del deseo y la sexualidad, como la zoofilia y la ninfomanía. A pesar de la censura de que fue objeto y a pesar de la celebración que logró en un público marginado y marginal, el cine de Sarli y Bo supo sostener su proyecto cinematográfico y enfrentar las críticas a veces injustas y sobre todo crueles de los sectores dominantes de la burguesía. Este libro, a su manera, fue convocado para homenajear esta pasión artística y política de ambos; los ensayos que compilamos dan cuenta de las lecturas que hoy podemos hacer de ese cine desde diversas aproximaciones teóricas (algunas surgidas desde fines de los *sixties*, pero desarrolladas por la academia desde los 80s, fecha en que la dupla casi deja ya de producir) y le dan el reconocimiento que merece en la historia del cine argentino y latinoamericano.

La impronta de Nietzsche en Freud y en Lacan ya ha sido estudiada (Silvia Ons, Tim Themi, entre otros). Fundamentalmente, se retoma la crítica de Nietzsche al platonismo por postular éste un Bien Soberano, abstracto, suprasensible, luego retomado por el cristianismo y más tarde por la Ilustración al proponer la Razón y consecuentemente la ciencia como la verdad sobre el Bien para el sujeto, Bien indiscutible y universal, por encima de todas las diferencias (edad, sexo, clase, raza, etnia). Freud, pero sobre todo Lacan, nos harán dudar de este Bien Soberano para todos y, en la línea de la perversión polimorfa de la sexualidad humana, fundarán una ética atenida a un bien *singular* para cada sujeto, bien con el cual debe arreglárselas y del cual debe hacerse responsable en tanto es su modo de goce, ese resto pulsional al que se vio obligado a renunciar por exigencia de la Ley para ser miembro de la sociedad. Para lo que nos importa en esta introducción, me parece suficiente citar a Tim Themi:

> Lacan's Seminar *The Ethics of Psychoanalysis*, with its recurring critique of precisely this idea of the moral Good, contains what I take then to be Lacan's most direct connection with Nietzsche's main project of exposing the metaphysics underlying the history of Western morality as a Platonism which leads to neurosis and nihilism. Such metaphysics for both Nietzsche *and* Lacan might only mean now that some error, fiction, illusion or phantasy of the Good in the imaginary has

been mistaken as 'truth', as 'real', when it is really only the symptom of the *abeyance* of a particular aspect of the truth, or modicum of the real. (329)

Esa verdad ilusoria, ese 'error como verdad' tal como Nietzsche lo propone en sus *Consideraciones intempestivas*, es la responsable de la moralidad enferma del capitalismo, moralidad que hace síntoma y por ello convoca la atención del psicoanálisis. Y también por eso el proyecto nietzscheano ataca el mundo de las Ideas y de lo suprasensible, retomando la pulsión de vida en su íntima materialidad corporal. Es que, nos dice Nietzsche:

Llamamos 'vida' a una multiplicidad de fuerzas unidas por un mismo proceso de nutrición. A este proceso de nutrición, como medio de su posibilidad, corresponden los llamados sentimientos, imaginación, pensamiento, etc.: 1) una resistencia de todas las fuerzas restantes; 2) un poner en orden estas fuerzas según la forma y el ritmo; 3) un evaluar referente a la incorporación o a la separación. (*La voluntad de poder* § 634, 430).

Si, como dice el mismo Nietzsche, no hay hechos sino interpretaciones, entonces interpretemos la cita: materialidad del cuerpo como sede de las sensaciones, sentimientos y pensamiento; lucha constante de fuerzas activas y reactivas que ejercen mutua resistencia; voluntad de dominio de las fuerzas en pugna que deben ser unificadas mediante la postulación de valores, nuevos, que no estén orientados al nihilismo sino a combatirlo. Y es que, para el filósofo, para su ética, como la del psicoanálisis, "'Verdad' es la voluntad de hacerse dueño de la multiplicidad de las sensaciones —ordenar los fenómenos respecto a determinadas categorías" (*La voluntad de poder* § 511, 354), esto es, transvalorar los valores, o sea, apelando ahora al vocabulario de la política psicoanalítica, propender a la desalienación, esto es, la separación del sujeto del goce del Otro (sistema capitalista) a fin de enfrentar su castración y sus modos de goce para operar a partir de allí responsablemente apuntando y apostando a su emancipación.

Múltiples preguntas emergen de este marco, incluso en la injusticia de su brevedad: ¿Quién es el Otro al que el cine de Sarli/Bo, con su tratamiento polimorfo de la sexualidad, intenta completar o satisfacer? ¿Qué goce es el goce de ese Otro? ¿Cuáles son los recursos narrativos y audiovisuales que esta cinematografía instrumenta para satisfacer esta pulsión y abordar los modos de goce? Son, como puede verse, preguntas psicoanalíticas, pero fundamentalmente políticas. En esta introducción, más que alcanzar respuestas, procederemos a postular interpretaciones, esto es, un pensar capaz de contextualizar y contornear las preguntas: en primer lugar, vamos a postular a ese Otro en dos vertientes: (a) como el público al que se dirige Sarli/Bo y (b) como la cultura y la política post-peronista marginada proscripta, pero no eliminada durante los largos períodos dictatoriales que registramos desde el derrocamiento de Perón en 1955. En segundo lugar, vamos a intentar una interpretación rápida y obviamente conjetural respecto a las modalidades de la pulsión (Eros/Thanatos) tal como parecen proponerlas algunas películas y tal como pretenden dar cuenta de un Real no significantizado que anida en la enfermedad del nihilismo (Nietzsche) o en el malestar en la cultura (Freud).

¿Hacia dónde apunta la cinematografía de Sarli/Bo?

Me propongo, pues, trabajar en esta introducción sobre unas hipótesis para acercarme a la estética cinematográfica de la dupla Isabel Sarli/Armando Bo. Parto de preguntarme qué tipo de placer o de goce circulaba por esos relatos y cómo éstos convocaban a un público nacional e internacional, sumamente variado en cuanto a edad, clase, raza y sexo— con indiscutible éxito. Sin lugar a dudas, hay en la propuesta cinematográfica que nos ocupa un gesto de irreverencia y desafío hacia la 'decencia burguesa' que regía lo social, la cual también contaba con una cinematografía para trasmitir sus valores conservadores. Ese afán de subversión e irreverencia también aparece en relación a la parodia de textos literarios o teatrales consagrados, como el canónico "El Matadero" de Echeverría. Sin embargo, a pesar de la virulencia que muchos de estos films produjeron en su momento, quedaría todavía pendiente evaluar –como ya mencionamos— hasta qué punto esas fuerzas activas que intentaban poner en crisis la moralidad platónica-judeo-cristiana, pudieron realmente transvalorar todos los viejos valores. Porque, como lo plantea Heidegger en su libro sobre *Nietzsche*, la transvaloración no consiste en una inversión o transgresión de valores depreciados para sustituirlos por otros nuevos, sino la liquidación misma del lugar u origen en el que esos valores nihilistas se han sostenido en Occidente y llegan hasta hoy (592).

El "mundo invertido" que ofrecen las películas de Sarli/Bo –'invertido' en relación a las representaciones adecentadas de cierto cine de la época—, confrontan, al menos en el primer nivel de abordaje, sexo y pudor, lo pulsional y lo reprimido, la naturaleza y la cultura, lo masculino y lo femenino y lo hace con bisturí en mano, sin disimular la violencia que atraviesa los cuerpos y la escena social. Los relatos, además, no solo apelan a una lectura invertida y transgresiva respecto a textos canonizados haciendo emerger nuevas verdades desde interpretaciones realizadas a partir de otros parámetros, sino que no esquivaron entrecruzar vida y ficción, historia social y biografía personal, dejando así visualizar aspectos de la producción cinematográfica que otros productos disimulaban.

Si partimos del concepto de verdad en Nietzsche, resultará evidente el grado de conmoción que el cine de Sarli/Bo trajo a sus contemporáneos y todavía tiene efectos sobre los espectadores actuales. Nietzsche sostiene que la vida es un devenir formado por fuerzas activas y reactivas, capaces de afirmar o negar ciertos valores. Ese devenir tiene un lado caótico, ligado a la embriaguez y la ebullición de fuerzas carentes de finalidad; el filósofo lo denomina 'dionisíaco', el cual se complementa (pero no se opone) con otro lado llamado apolíneo cuya función es poner un orden, *objetivar en una forma* dicho caos a partir de *valores* concebidos como perspectivas que cambian en la historia del nihilismo occidental (Deleuze 77; Heidegger 596). Si Nietzsche puede decir que toda verdad es mentira, lo entiende en el sentido de que una verdad es una *fijación* de ciertos valores en el proceso histórico del nihilismo. Es una verdad que, una vez fijada, rige la vida por cierto tiempo, pero luego se desgasta o pierde sentido, valor y/o función, y entra en conflicto con la vida social. Es una verdad en la que *se cree*, pero en la que en un momento ya no se puede creer más y entonces hay que proceder a sustituirla por otra verdad. No es una verdad, pues, a la manera de la metafísica platónico-judeocristiana, que se propone como eterna, valiendo para siempre, en el supuesto de tener su fundamento en la Idea del mundo suprasensible o en la razón, postulada como esencial e universal. Para Nietzsche toda verdad tiene fecha de vencimiento y opera solo temporariamente como garantía de nuestra percepción del mundo. Como lo ha trabajado en detalle Gilles Deleuze en su libro *Nietzsche y la filosofía*, las fuerzas activas están en lucha con las reactivas y, según múltiples avatares y combinaciones, las fuerzas reactivas (negativas, nihilistas, negadoras de la vida) suelen vencer a las activas, que afirman la vida. Sin duda, el proceso de transvaloración de los valores registra etapas en esta lucha contra el nihilismo e incluso dicho nihilismo tiene etapas y varios sentidos en la obra de Nietzsche (Heidegger 596 y ss.). La educación y el arte tienen –como bien lo han analizado Karl Jaspers en su *Nietzsche* (326 y ss.)—un rol decisivo en el proceso de transformación de los valores; la educación y el adiestramiento son componentes de la Gran política nietzscheana. No sorprende, entonces, que el cine de la dupla sea hoy objeto de estudios académicos y sea exhibido en festivales de homenaje y en salones de clases de muchas universidades. Esto puede interpretarse como un síntoma de que ha pasado mucha agua bajo el puente en nuestra cultura desde los *sixties* y que la vida ha cambiado, solicitando nuevos valores. Indudablemente, el liderazgo del discurso feminista –siempre en la base de otros discursos académicos contemporáneos—ha ido facilitando que un cine considerado marginal o estéticamente devaluado, pueda ser hoy objeto de investigación y debate. Tal vez solo debamos estar alertas para que estos discursos académicos no sofoquen aquello que en esta cinematografía sigue siendo fuerza afirmativa de vida.

Para contextualizar gran parte de lo que pretendo elaborar en esta introducción, me resulta imprescindible aclarar al lector y a mí mismo ciertos aspectos de la perspectiva nietzscheana, asumiendo, obviamente, el riesgo de inexactitud e injusticia a que obliga toda pretensión de brevedad. No voy a detenerme en desbrozar cómo y por qué Nietzsche privilegia el arte como una forma fundamental del devenir concebido como voluntad de poder de tipo estimulante y hasta revulsivo (no como un "quietivo de la vida", como pretendía Arthur Schopenhauer [Heidegger 38-39]) y, consecuentemente, de manifestación de la verdad que éste procura. "El arte –escribe Nietzsche en *La voluntad de poder*—y nada más que el arte. Es el que hace posible la vida, el gran seductor de la vida, el gran estimulante de la vida" (II, 566). Nietzsche, nos cuenta Heidegger en su extenso libro, ya a los 28 años escribía que "[e]n los tiempos de gran peligro en los que aparecen los filósofos [...], ellos y el arte aparecen en lugar del mito que se diluye. Pero son enviados con mucha anticipación, porque la atención de los contemporáneos se vuelve hacia ellos sólo lentamente" (17). En este espíritu, podemos afirmar cómo el cine de la dupla Sarli /Bo fue paulatinamente ganando espacios de reconocimiento, desde un público general, poco alfabetizado, hasta ser de interés de los académicos desde hace un par de décadas. Ciertamente, Sarli/Bo se anticipan, con las temáticas y tópicos de sus películas, a múltiples cuestiones controversiales que el feminismo y otras posturas teóricas derivadas de él (estudios subalternos, estudios gays y lésbicos, estudios queer, estudios del medioambiente, etc.) han comenzado a profundizar en las últimas décadas del siglo XX. Los ensayos incorporados a esta colección abordan muchos de los temas nucleares y otros laterales, no menos importantes de esta cinematografía a partir de estas perspectivas teóricas.

Además, la cinematografía de Sarli/Bo, sin lugar a dudas y como lo demuestran los trastornos que tuvo que enfrentar contra las

autoridades y el autoritarismo de los sectores burgueses, con sus censores de turno, fue una producción realizada en tiempos de enorme
peligro: abarca desde la caída del General Perón en 1955 con el golpe
de estado conocido como Revolución Libertadora (*El trueno entre las
hojas* es de 1958), pasando por las dos dictaduras, con grado progre-
sivo de atrocidad política: la Revolución Argentina (1966-1974) y el
letal Proceso de Reorganización Nacional (1976-1983). Asimismo,
como lo plantea Nietzsche, el arte como forma del devenir y de la
vida emerge en momentos en que el mito se diluye. Las tres dictaduras mencionadas hicieron lo imposible por diluir el mito del peronismo en el contexto argentino y también, junto a otras dictaduras de
la región (Brasil, Chile, Perú, Uruguay, etc.), apuntaron a diluir (y en
parte lo consiguieron) el mito revolucionario que inspiraba la lucha
contra el neocapitalismo. No puede desconocerse cómo esta lucha
entre fuerzas activas y reactivas iba modelando etapas en un proceso
de democratización que, por ahora, no ha ido demasiado lejos de
ciertas cuestiones formales pero que, sin embargo, ha alojado una
toma de conciencia de muchos sectores oprimidos, empezando por
la figura de la mujer, con una remarcable voluntad de poder orientada, no sin progresos y retrocesos, en su lucha por la transvaloración
de todos los valores, es decir, esos viejos valores supremos[2] que conocemos como dios, patriarcado, heteronormativa sexual, etc.

Voluntad de poder significa un querer, concebido como "un
movimiento hacia..., un ir hacia algo" (Heidegger 47).[3] ¿Cuál es la
voluntad de poder que anima la cinematografía de Sarli/Bo? Por poder, según se nos aclara, hay que entender una potencia de acrecentamiento, de ahí que voluntad de poder es voluntad de acrecentar el
poder; no debe reducirse el sentido de voluntad de poder al dominio

---

[2] Aunque Heidegger afirme que ser, verdad, fin, totalidad y verdad son los
valores supremos de la metafísica occidental que Nietzsche quiere transvalorar (610
y ss.), me atrevo a usar otros significantes para designar los valores reactivos del
nihilismo europeo-blanco-burgués-occidental: postulo como valores supremos el
patriarcado, la heteronorma, la supremacía blanca, el matrimonio, dios, el machismo.

[3] De ahí el uso de la preposición 'hacia' que he puesto en el subtítulo de esta
sección de la Introducción.

de unos sobre otros, del amo sobre el esclavo y, aunque este sentido no está ausente en la perspectiva nietzscheana, no hay una correspondencia con el amo y el esclavo de la dialéctica hegeliana. Nietzsche habla de seres superiores y de los débiles, pero nunca dice que los señores sean los amos; por el contrario, como veremos, los débiles y las fuerzas reactivas son las que usualmente triunfan. Nietzsche llama seres superiores a los que están del lado de una afirmación de la vida, los que se conocen y dominan a sí mismos y los que encarnan una fuerza activa, una voluntad de poder que quiere enseñorear a partir de apostar al acrecentamiento del poder para alentar la transvaloración; en cambio, los seres débiles, que forman el rebaño, que encarnan fuerzas reactivas (resentimiento, mala consciencia, nihilismo), suelen ser mayoría y obviamente también tienen una voluntad de poder que los lleva, por lo general, a triunfar sobre los superiores. Gilles Deleuze en *Nietzsche y la filosofía* describe con minuciosidad esta lucha de fuerzas activas y reactivas, las diversas alternativas de triunfo, observando cómo opera lo negativo/lo afirmativo, la cantidad/la calidad, etc.

Sería extensa esta introducción si pretendiera revisar la cinematografía de Sarli/Bo seleccionando escenas precisas en que estas fuerzas activas, particularmente desde la perspectiva femenina, se enfrentan a la voluntad de poder del rebaño masculino que, a la postre, termina venciendo a las fuerzas activas en la medida en que, salvo escasos films de la dupla, los desenlaces de los relatos terminan consagrando la ilusión del amor —en su versión cristiana y sin duda nihilista—como forma de redención en la que la mujer queda dependiente de la mirada masculina. Los ensayos de esta colección procuran ejemplos contundentes de estos momentos de lucha de fuerzas en las películas de Sarli/Bo.

Ahora bien, si "la esencia de los valores tiene su fundamento en 'formas de dominio' [...y si] [d]ominio es el estar-en-poder del poder" (Heidegger 593), entonces el hecho de que la cinematografía de Sarli/Bo tome lugar en un momento de transición en el proceso de trasvaloración de valores, explica muchas de las ambivalencias que atraviesan el tratamiento de diversos aspectos temáticos y políticos. En todo caso, algunas películas no dejan de aliarse a valores revolucionarios de ese momento histórico, pero a la vez comulgan con algunos valores cristianos y hasta con valores del peronismo, al que Bo parece estar más cercano, aun cuando impugne a la derecha peronista y se sienta más representado por el ala de izquierda de aquellos "estúpidos imberbes" quienes, habiendo luchado por el regreso del líder al país, fueron inmediatamente expulsados de la Plaza de Mayo y de la escena política, desatándose así un campo de guerra en el que las fuerzas activas y reactivas se enfrentaron violentamente.

Si el nihilismo y la lucha contra los valores que lo sostienen en occidente registra momentos en su proceso de transvaloración, el cine de Sarli/Bo forma parte del momento de transición, o bien "estado de indecisión", como lo llama Heidegger, caracterizado como "nihilismo extremo" (Heidegger 598), y también como "nihilismo extático", es decir, el que "crea un espacio", abre las condiciones para el lugar de un nuevo origen de las moralidades (Heidegger 599). Este 'nihilismo extático' no solo se da en Argentina, sino a nivel de todo occidente a partir del corte socio-político-cultural que se inicia con el fin de la Segunda Guerra Mundial y deja emerger ese instante de radicalismo anticonservador y eufórico que hoy conocemos como los *sixties*. Los viejos valores, que como todos los valores adolecen de fecha de caducidad, tienen un lugar de origen y —como mencionamos más arriba— es precisamente ese lugar el que hay que destruir. Según la perspectiva nietzscheana, toda empresa que se proponga construir nuevos valores sobre el lugar de origen, procedencia y proveniencia de los viejos, está condenada al fracaso (Heidegger 598).

Nihilismo, una vez más, es para Nietzsche aquello que hay que destruir como condición necesaria para permitir la emergencia de fuerzas activas, de afirmación y creatividad. Y el método para ello es lo que él denomina la 'genealogía', esto es, ir al origen en el que emergen, se producen, de donde provienen las fuerzas reactivas. Nadie como Nietzsche para combatir el nihilismo, aunque, paradojalmente, él mismo califique su tarea filosófica como nihilista —nihilista activo— en cuanto a que su filosofía se inserta en la historia de la desvalorización de los valores hasta su propio momento –fin de la Modernidad— en que todavía no se vislumbran nuevos valores o no se visualiza el lugar de origen para una nueva etapa (*La voluntad de poder*, "Prefacio" 4, 32). ¿Qué significa esto? Pues, si el nihilismo es la instalación o fijación de ciertos valores, éstos suponen siempre una verdad mentirosa, una mentira que se postula como verdad; un error fijado como verdad cuya finalidad es regular la vida social de las nuevas generaciones. Ese mismo juego lo podemos leer hoy, por ejemplo, en una propuesta como la de Jorge Alemán –aunque la haya tomado de otros autores— entre lo instituyente y lo instituido. Una vez fijada una mentira como verdad, incluso después de una extensa lucha, no es sorprendente que muchos sectores sociales no vean sus demandas y valores representados o consagrados en lo instituido, e inicien a continuación otra lucha por transvalorar una vez más lo instituido. Y así es el devenir, con su voluntad de poder la cual, no hay que olvidar, también supone el eterno retorno de lo mismo.

En el clima de postguerra, el cine de Sarli/Bo, situándose en el "estadio intermedio" del proceso de transvaloración, se hace 'carne' de esos valores supremos ya perimidos y elucubra su destrucción; también, con algunas miopías, ejerce su voluntad de poder para visualizar nuevos valores. En ese sentido, esta cinematografía aporta a la desvalorización de los valores supremos, entre los cuales –como se aprecia en los ensayos incluidos en este volumen— figuran el supuesto privilegio masculino (siempre como sujeto y no obstante, en algunas películas, también desvalorizado) frente a la mujer (concebida como objeto), el matrimonio, las diversas formas de sometimiento del cuerpo femenino, entre otros aspectos ya perfectamente detallados por Michel Foucault en su *Historia de la sexualidad*, particularmente el volumen cuarto, póstumo, titulado *Las confesiones de la carne* –como vemos, muy a tono con la cinematografía de la dupla. Allí Foucault detalla la forma en que los pensadores cristianos construyeron subjetividades de sometimiento y opresión (tanto de mujeres como de hombres) apelando al pecado, a la culpa, a la pérdida de la salvación del alma, etc. A su manera, Foucault hace la genealogía de cómo se fue fraguando en el cristianismo, y hasta con detalles de alta sutilidad, todo el encuadre opresivo como un nihilismo reactivo, negador de la vida, del cuerpo y de la sexualidad, del placer, de los derechos de la mujer, etc. El cine de Sarli/Bo, casi siguiendo la sugerencia nietzscheana, se toma en serio ser un arte cuyo *ser* se instala como estado histórico intermedio (Heidegger 591), de ahí la tensión entre la potencia de la denuncia y la banalidad del desenlace de las narrativas.

Una visión panorámica de algunos hitos del cine de Sarli/Bo

Debido a cierto afán de método, me propongo deslizarme en primera instancia a lo largo de la metonimia de la producción del binomio; en segunda instancia, me gustaría capturar algunos resplandores que den cuenta de la insistencia de la repetición. Por cierta filiación lacaniana, me atengo a los detalles, los divinos detalles —como los denomina Jacques-Alain Miller— que emergen en la textualidad, que irrumpen tal como lo hace el inconsciente.

Sarli filma con Armando Bo desde 1958 hasta 1980. Pasamos de películas en blanco y negro a films en color. Y a lo largo de su filmografía, incluso con sus *ups and downs*, se percibe un cambio de perspectiva estética, narrativa y cinematográfica, que se va dando gradualmente a través de películas que no siempre manifiestan el mismo nivel de calidad. *El trueno entre las hojas, Sabaleros, India, La burrerita de Ypacaraí* y *Embrujada* sorprenden hoy día no tanto por la belleza de los paisajes selváticos, paraguayos y misioneros, o paisajes costeros, que forman parte de una narrativa que no los exotiza ni los presenta como decorativos, sino porque se integran a la narrativa mayormente desplegada en contextos rurales. Estos films abordan —como creo que nadie lo había hecho hasta ese momento en América Latina— la cuestión indígena, incluso hablando sus propias lenguas (no hay subtítulos en *El trueno*, pero sí ya los hay en *India*). El mestizaje, la problemática de la explotación forestal, los abusos patronales a los obreros, la corrupción y hasta criminalidad de la cultura urbana blanca y la potencia de las leyendas regionales (en *Sabaleros* y sobre todo la leyenda del Pombero en *Embrujada*) son datos que vale la pena subrayar como marcas de esta producción.

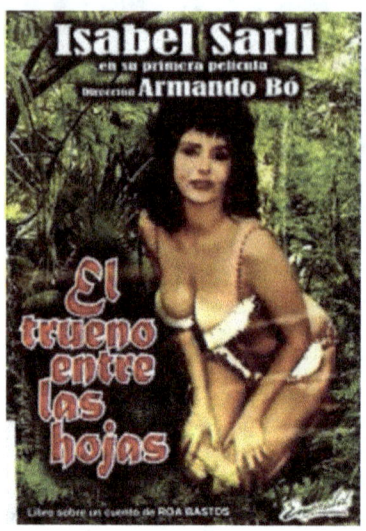 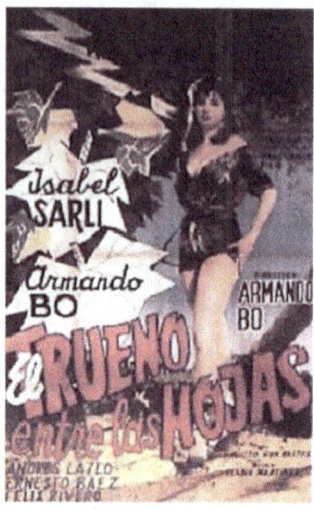

En *El trueno* la figura central es masculina: Armando Bo, en un personaje que, como en *India*, viene de lo urbano con un pasado oscuro y logra redimirse por medio de su liderazgo para la liberación del obraje y de los indígenas subyugados y explotados por un gringo lujurioso y violento llamado Folker que, triunfante la rebelión, termina arrojado vivo al río, dejando en suspenso la muerte del Amo que, en todo caso, podría regresar. El personaje de Sarli tiene una presencia marginal; poco se sabe del pasado del personaje. Como esposa de Folker, viene de la ciudad y del mundo 'civilizado' y desprecia la selva. Siente asco por su marido y es el objeto de deseo de varios hombres que intentan abusarla –según David Foster, se trata de una dinámica homosocial por medio de la cual los obreros e indígenas traman su venganza laboral y racial frente al patrón—, pero ella resulta rescatada por el líder blanco (Armando Bo).[4] Sin embargo, su

---

[4] Foster decididamente apuesta a interpretar la escena como violación; sin embargo, me parece que deberíamos distinguir entre violación, cuando implica penetración, y asalto o abuso sexual, siendo indudablemente ambos un delito que

amor por el líder rebelde la lleva a sacrificar su propia vida para salvarlo. El famoso desnudo[5] de esta película resulta mínimo si se lo compara con las tomas soberbias que recibe Armando Bo; hay una masculinidad erotizada y hasta fetichizada, con ángulo de cámara en contrapicado, como corresponde a la figura del héroe. Esta factura, en películas posteriores, se desplazará hacia los personajes encarnados por Víctor Bo, aunque éste presente otro tipo masculino más caracterizado por el modelo del cine de Hollywood: rubio, ojos claros, piel bronceada, casi un *Californian boy*.

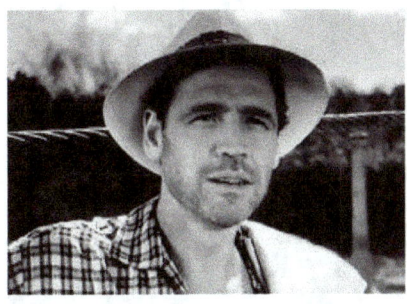 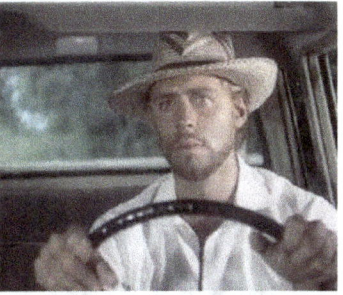

En una primera etapa, al menos de 1958 hasta 1962 con *La burrerita de Ypacaraí*, el cuerpo masculino y masculinizado por la mirada de la cámara de Armando –me parece– no desprecia las delicias del cuerpo del varón o las que éste pudo promover en su público. Armando es un hombre que, como Gardel, Hugo del Carril y sobre todo Juan Domingo Perón, responden a una fisionomía reconocida como

---

supone lo sexual sin consentimiento y conlleva siempre una coacción de tipo agresivo, sea física o psicológica. En la escena de *El trueno*, los hombres parecen luchar entre ellos disputándose ser el primero en violarla, pero luego ella, rescatada por Armando Bo, solo ha sido despojada de su blusa. El héroe aquí no solo se despoja de su propia camisa para que ella se cubra, sino que se niega a mirarla; a diferencia de los otros machos, el héroe no es un voyeur. Hoy miramos esa escena con ironía, porque en el cruce de ficción y biografía, sabemos que Armando Bo era quien poseía ese cuerpo; pero quizá esta ironía no ocurrió al momento del estreno, cuando todavía la relación entre Sarli y Bo no estaba consolidada como una pareja.

[5] Hasta ya avanzada la década del 60 el cuerpo de Sarli, indudablemente bello, no manifiesta la exageración de los senos ni la carnalidad de la boca que la harán famosa en el cine posterior. Su actuación es también, en estos primeros films, mucho más natural y menos acartonado que en los posteriores.

la del "macho u hombre argentino": piel aceitunada, ojos oscuros intensos, pelo renegrido, mirada sensualmente provocadora, cuerpo esbelto, aunque no musculoso (todavía no se había generalizado ese *look* de gimnasio), cuerpo que satisface en la platea a las mujeres y, sin duda, a muchos hombres con un deseo curioso, confundido o vacilante.

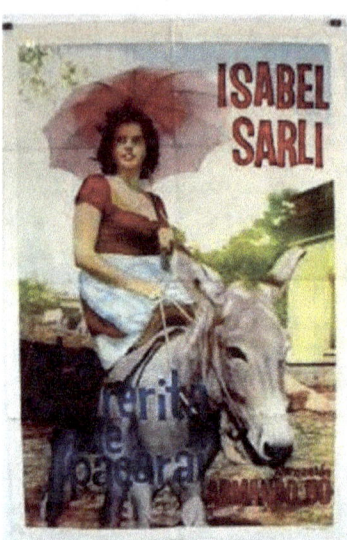 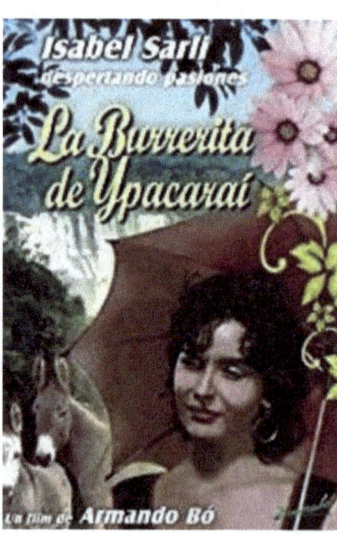

Se trata del retrato de un estereotipo masculino cuya estética nunca fue desperdiciada por el cine nacional aunque, en el caso de Bo, con sus personajes rodeados por paisajes salvajes, su torso a menudo desnudo y transpirado, acentuado por lo demás por una vida ruda y una lucha por la defensa de los desposeídos, lo hacen atractivo y hasta icónico para la identificación de los hombres y el deseo de las mujeres. Me pregunto hasta qué punto esa falicicidad de su presencia cinematográfica primero y de su reversión a personajes redentores, es la que se transfiere en producciones posteriores al cuerpo de los personajes de Isabel. Los machos de las películas responden a dos fuerzas opositivas que pugnan entre ellas: masculinidades patriarcales que buscan redimir a la mujer —siempre sede del pecado— por el

amor y el matrimonio, hombres comprensivos, y masculinidades ava-
sallantes que registran su debilidad (es mayormente violada por marginados) abusando violentamente del cuerpo de la mujer.

En *India*, el mestizaje racial marca al personaje de Sarli, lo divide, tensionando las identificaciones culturales como fuerzas que la
diferencian del entorno y entre las que se debate su deseo. En *India*,
Ansisé es hija blanca de padre indígena y madre blanca, que baila (con
poca destreza) para elegir marido, teniendo que optar entre un miembro de la tribu que la ama y quiere poseerla, al punto de raptarla y
finalmente morir por ella, y un hombre blanco, joven, guapo, varonil
y delincuente que se ha refugiado en la selva y la tribu para evadir la
justicia blanca que lo persigue; por su parte, él le devuelve el favor
cuando ella enferma y la lleva a un hospital (de blancos) para ser tra-
tada 'científicamente'.

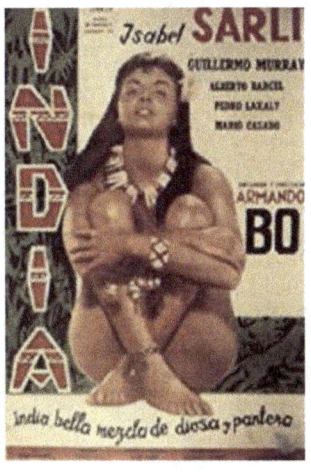

Hay en *India* dos detalles muy elocuentes: el primero, que Ansisé es mestiza, y esta hibridez racial se torna luego una línea divisoria
entre dos mundos: civilización y barbarie, con todos los derroteros
de significación a los que estos significantes son sometidos por Armando Bo a lo largo de su producción y por Roa Bastos en algunos;
el segundo, cuando Ansisé regresa a la tribu después de su estadía en
el hospital, vestida como una muchacha de ciudad, se saca los zapatos

y sigue caminando descalza, como un gesto de rechazo de la civilización, lo cual genera una tensión político-cultural que reaparecerá en muchos otros films. En casi todas las películas la ciudad corrompe, la selva es el lugar idealizado, puro, paradisíaco e inocente del buen salvaje, inocente en su desnudez requerida de ropas, lenguaje y sobre todo religión, tal como lo imaginaran los europeos del siglo XV y luego lo retomara Rousseau. Allí hay vida, justicia, violencia de la naturaleza, pero también satisfacciones exuberantes, como las cascadas, los ríos impetuosos, la frondosidad de la selva. El amor de Ansisé muestra su voluntad de poder por cuanto es capaz de transformar al fugitivo de la civilización blanca, convirtiéndolo en un hombre bueno mediante un misterioso procedimiento por medio del cual ella succiona la sangre de él y, con dicha sangre, el mal que lo aqueja. Bajo lo racial se desliza otro mestizaje, ya cultural, entre la selva (o lo rural) y la vida urbana, pero siempre invirtiendo la dupla civilización y barbarie. La verdadera civilización, la buena y digna, está en la selva; la barbarie, en cambio, procede del mundo moderno y citadino. La justicia no es igual en ambos contextos, como puede verse en la forma en que el enamorado indígena es tratado por su tribu (dándole la oportunidad de salvarse por azar o disposición de los dioses), en contraposición a la persecución policial del delincuente blanco, quien por su transformación y adopción de los valores de la tribu (su transvaloración), mueve el corazón del detective que lo persigue, quien lo deja libre para que viva en la tribu y disfrute de su amor con Ansisé. El amor es aquello que clausura la narración y redime a todos de sus pecados.

La tensión racial continúa en *Embrujada*, donde regresa Ansisé, pero casada con otro hombre blanco, rico y poderoso, que retoma la figura del gringo explotador en *El trueno entre las hojas*, con la diferencia de que, en *Embrujada*, este marido es impotente y además tiene relaciones sexuales con su capataz, llegando a travestirse para él. Ansisé, que ha vivido fuera de la selva por un tiempo, se ha asimilado a la cultura blanca y moderna, se ha transvalorado, pero a la inversa del viejo enamorado blanco y heterosexual que tuvo en *India*, al que parece haber olvidado; sin embargo, no ha podido superar su lazo con la selva, las cascadas de agua, la exuberancia de la vegetación, la *tierra* roja y caliente.

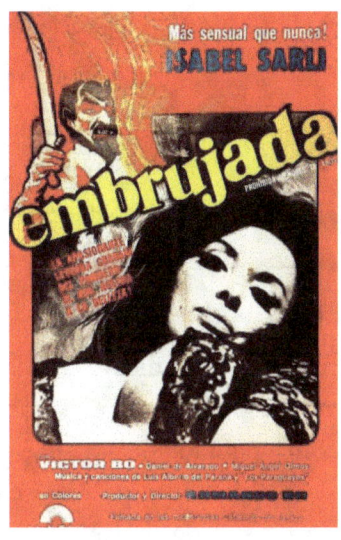

Como en *El trueno*, ella ahora es la esposa que ha regresado del gran mundo, pero sin despreciar el ambiente 'primitivo'. En *Embrujada*, además, el destino reclamará lo suyo, por la mala opción a la que la ha llevado la tensión racial que anida en ella; en este film la selva va a consumar la venganza de esta transvaloración cultural que la ha conducido a optar por la modernidad y su metafísica. En parte, esta tensión interior puede leerse como un lazo u homenaje, tal vez inconsciente, a una figura materna que no aparece en ninguno de los dos films; Ansisé termina poseída por el Pombero, casi una figura fantástica, dionisíaca, capaz de llevarla al goce que ningún otro hombre puede darle y diabólicamente conducirla al crimen y a la locura.

Dos películas de esta etapa inicial desplazan la acción a contextos urbanos y suburbanos: *Favela*, realizada en Río de Janeiro, y también …*Y el demonio creó a los hombres* que nos lleva a la costa uruguaya.

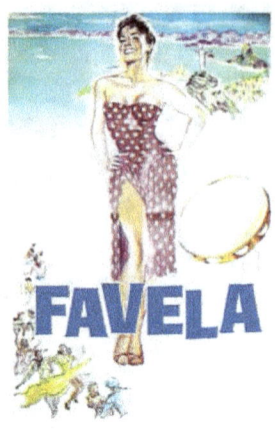

Favela presenta obviamente la vida en las favelas, pero de una manera un tanto decorativa y como contraste con la vida urbana, llena de tentaciones para los personajes; es una película bastante estereotipada en la cual la crítica política se esboza sutilmente y no de modo frontal como sucede en las anteriores. Pone en pantalla, no obstante, el mundo marginal habitado por personas de raza negra y su forma de sobrevivencia en base al canto y la danza en sus batucadas que no son meros entretenimientos, sino que constituyen el núcleo de su ser. Vemos aquí el famoso tópico nietzscheano de la danza como afirmación de la vida, lo que no ahorra el componente dionisíaco de la violencia y el crimen, mayormente encarnado en personajes masculinos. Concepción (Sarli) es una muchacha joven, blanca, criada por una mujer negra; nuevamente hay ausencia de figura matera. Como dice la canción que cierra el film, Concepción "sueña en el morro con cosas que el morro no tiene"; logra realizar sus sueños *bajando* al centro para *subir* de posición económica y social como estrella del espectáculo, una bailarina que toma un nombre artístico (Nina Fonseca) e imita a Carmen Miranda (explícitamente nombrada en el film, aunque las habilidades de Sarli como bailarina no son su fuerte). Ya rica y famosa, copia degradada de un original, baila música comercial, es objeto de exotismo para el gran público urbano, esto es, baila una música que ya no es afirmación de la vida sino mera mercancía: triunfo de las fuerzas reactivas, del nihilismo. Como luego ocurrirá en *Intimidades de una cualquiera*, vemos aquí el ascenso de una mujer marginada a un nivel socio-económico alto. Nina, sin embargo, regresa a la favela para acompañar la agonía de Fabio, su enamorado negro, un compositor del morro que no se ha vendido (y no ha vendido su cultura y su arte) a la industria del entretenimiento (solo anima algunas fiestas de ricos con su "orquestita" para sobrellevar la pobreza); Fabio es apuñalado por el padrastro de Concepción como venganza. La canción final, legado de Fabio y dedicada a ella, insiste: "tentando la subida, bajó, y ahora daría un millón para ser otra vez Concepción". Se puede conjeturar que esta película es un rito de pasaje en el que se quiere anular un pasado imborrable que, una vez más, tensiona al personaje, aunque Nina no manifiesta ningún deseo de regresar a la favela.

El juego de subida y bajada invierte el mito de Orfeo (el film *Orfeu negro* [1959], de Marcel Camus había sido un éxito notorio a nivel internacional): Bo tiende a reescribir obras conocidas, como *Yerma*, de Federico García Lorca, en *Embrujada*, invirtiendo casi todos los parámetros y aprovechando la parodia y la intertextualidad).[6] Concepción-Nina es la versión femenina de Orfeo, pero su arte está corrompido; también baja a los infiernos, pero no para rescatar a un enamorado, sino para triunfar y ascender económica y socialmente. En su subida al morro para ver a Fabio agonizando —el compositor y poeta que inversamente ocupa el lugar de Eurídice—, Nina no se transforma como les ocurre a los héroes mitológicos, literarios y hasta religiosos que bajan a los infiernos (Orfeo, Ulises, Eneas, Cristo, Dante); al final, baja nuevamente al infierno de la ciudad y la modernidad, el mundo de los muertos, Hades del capitalismo, espacio necrológico aquí otra vez presentado como la barbarie corruptora de la existencia y espejismo deformante de los valores de vida. Como vamos viendo en todos estos casos, las fuerzas activas y reactivas pasan sobre todo por el cuerpo de la mujer y, paulatinamente, esas fuerzas reactivas van empoderándose.

---

[6] Ver nota 101.

...Y el demonio creó a los hombres es otro intento de ambiente urbano que también al final retorna a lo marginal, localizado en una naturaleza potente y exuberante, aunque ya no selvática, sino rocosa y con la presencia brutal de los animales. El film tiene muy poca sensualidad, a pesar de la presencia del agua y el escaso desnudo de la diva. Es una película en la que se narra la trayectoria de una mujer, pero en forma invertida a la que vimos en *Favela*.

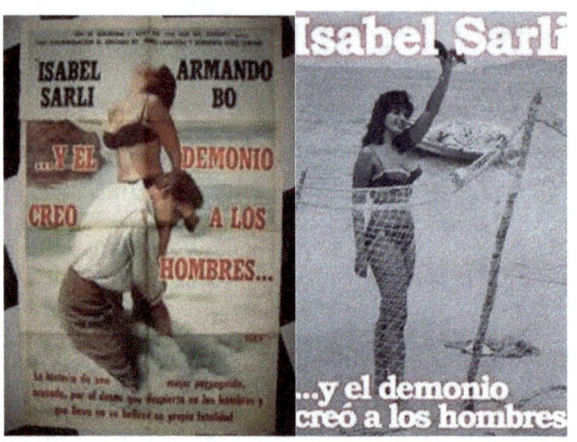

Aquí Magda (Sarli), nombre de evocaciones bíblicas nuevamente con sentido invertido, es una muchacha 'decente' de familia acomodada, pero venida a menos, que, a la muerte de su madre, se casa con un primo al que desprecia, pero que le permite mantener su nivel socio-económico. Una especie de Madame Bovary melancólica e insatisfecha, Magda es "una mujer que lleva en su belleza su propia fatalidad"; también en un momento baila, pero esta vez evocando a Rita Hayworth. En parte es una *femme fatal* a su pesar que despierta el deseo de los hombres –similarmente, según le espeta un personaje, hacía su padre— y los induce al crimen, porque, como le dice dicho personaje, "Donde quiera que vayas, habrá un hombre acechándote". En un intento de fuga y suicidio del mundo falto de vida, abúlico y decadente, termina en una isla en la que dos hermanos luchan por ella, destruyendo los lazos fraternos; las riñas entre machos van en paralelo con las riñas entre los lobos marinos que estos hermanos cruelmente matan para comerciar su piel. La defensa del medioambiente de las películas iniciales comienza a declinar. Al final, la lancha que podría retornarla a la civilización se va sin ella, porque prefiere quedarse con el hombre que ama en vez de ofrecerse a ser despedazada por los lobos marinos, como estuvo a punto de hacer. La fantasía de suicidio en tanto pasaje al acto está siempre en el horizonte de los personajes femenino sencarnados por Sarli; estos intentos funcionan como liberadores o bien como formas nihilistas de empoderamiento. El suicidio se concretará en *Fuego* y tendrá un valor sacrificial: es por amor. El amor otra vez casi siempre salvífico en estos films y, de alguna manera, funciona como un modo de pacificarla, a la vez que la rescatan del destino trágico que la persigue y la acosa. Aparece en *...Y el demonio...* la confrontación entre los deseos incontrolables de los personajes y el paisaje de animalidad que los circunda, anticipando la violencia y crudeza que se desplegará en *Carne*.

Hay retornos, eternos retornos como los designaba Nietzsche, en el cine de Sarli/Bo: no solo porque algunas películas reiteran esquemas, sino también porque otras, como *Embrujada*, retoma la historia de una película previa, *India*, y además de la intertextualidad obvia entre ambas, inserta imágenes de la anterior a manera de collage. El recurso a reciclar retornando a la producción anterior y volviéndola a la presencia en un nuevo relato, ocurrirá también en *El último amor en tierra del Fuego*. En *El trueno entre las hojas*, Sarli es una mujer refinada que regresa a la selva para encontrarse con el explotador marido; también en *Embrujada* regresa, de modo que no es casual que el regreso de Sarli, muchos años después de la muerte de Armando Bo, se produzca en un film cuyo título es precisamente *La dama regresa* (1996), una vez más jugando con la ficción y la biografía. En *Embrujada* también, como hemos visto, Ansisé se ha refinado con viajes a Buenos Aires y las grandes capitales, pero regresa a la selva para quedarse. Y luego tenemos el retorno indispensable de los desnudos de la diva, pero, al mismo nivel de importancia, el retorno de escenas en las que se exhibe el abuso económico, ecológico y sexual propia de la voluntad de poder del capitalismo tan como éste la ejerce repetidamente sobre los cuerpos de los trabajadores, de la naturaleza y sobre todo de las mujeres. Hay, en algunas películas, escenas enigmáticas: no solo el hecho sorprendente de que con los abusos sexuales Sarli nunca queda embarazada (ni siquiera en *Embrujada* donde lo desea), sino que a veces regresa a su casa después de una violación (para asistir a su madre enferma, a un tío incapacitado o alguien que ella respeta), y no registra –lo podemos ver en *Carne* y en *Furia infernal*— el más mínimo disturbio. Es así cómo se anuncia la preeminencia de un valor crucial en el nihilismo judeo-cristiano: la incorruptibilidad del alma por sobre la corrupción y envilecimiento del cuerpo, a la manera de dos mundos. Por ello al final de las películas el Amor redime, porque a pesar de las violencias ejercidas sobre el cuerpo, el alma permanece pura, intocada. Podemos interpretar esto de dos maneras: la primera, que la película termina cediendo a las fuerzas reactivas sostenedoras de los valores nihilistas; la segunda, que es en el dominio de sí, de su alma, donde el personaje femenino comienza a capitalizar su voluntad de poder como una fuerza activa, afirmativa.

Ahora bien, en varias películas los personajes encarnados por Sarli son redimidos por el amor de un hombre comprensivo, usualmente, aunque no siempre, de buena posición económica. Con el vestidito rojo ajustado que se repite en muchas películas, ella cae en las garras de machos abusadores que, a pesar de los maltratos corporales, no logran penetrar la inocencia de la protagonista, quien solo busca amor y, cuando lo encuentra, no siempre puede corresponderlo, como en *Fuego*, relato en el que, consciente de no poder superar su ninfomanía y amando a su esposo, sufre un dilema erótico-ético que la lleva al suicidio. La búsqueda del amor pasa, en general, por los sentidos y, en muchos casos, el desamparo afectivo y personal es tan grande que la hacen aceptar los 'servicios' sexuales de otras mujeres, como en *Sabaleros*, *Fuego* y *Carne*. Los personajes de Sarli, incluso en momentos de alto nivel afectivo, no besan en la boca, salvo si la acompaña en la escena Armando Bo. A los hombres brutales que la acechan, la violan y la explotan, las películas suelen oponer hombres más cariñosos y comprensivos, a veces culposos, impotentes u homosexuales, casi o todo a la vez como en *Embrujada*, con un marido brutal con los obreros, pero que mantiene relaciones sexuales con su capataz y hasta disfruta de maquillarse y perfumarse con los productos que le sustrae a su esposa. En *Carne* se trata de un artista que al final comprende que el amor no afecta al alma, en *Fuego* el marido acepta que ella necesite otros hombres.

En general, a medida que la cámara objetualiza progresivamente el cuerpo de Sarli, también ella va empoderándose y entendiendo la dinámica del machismo. Asimismo, las famosas tetas, tan perfectas en las películas de la primera etapa, se tornan exageradas y descomunales a partir de 1964. Sarli no está demasiado objetualizada en los primeros films o, en todo caso, comparte la objetualización de la cámara con Armando Bo, que despliega su belleza de macho argentino. La calidad de la cinematografía de la primera etapa se va perdiendo, igual que esos *nuances* de neorrealismo italiano o *nouvelle vague*, con evocaciones poéticas y fondos musicales que completan el ambiente; desaparecen los paisajes del Noreste argentino o de Paraguay, la majestuosidad de Río de Janeiro o el paisaje tropical panameño.

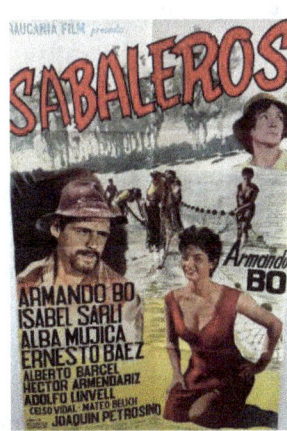

Pasamos ahora a los entornos marginales, suburbanos, al frigorífico, resaltados por colores contrastantes, interiores acartonados y con una estética plebeya o *mersa* más que kitsch. A partir de 1964 ya solo vemos el paisaje, usualmente del sur argentino, con sus lagos y bosques, pero que ofician como decorado; ya no vemos esas imágenes metafóricamente portentosas de los caballos en medio del mar como en *Sabaleros*. La estética de Sarli/Bo a partir de 1964 va haciendo de los films un espejo del barroquismo kitsch del campo popular, los ambientes reflejan el imaginario de los marginados, del público, como espacios con objetos degradados.

Suspendo mi recorrido por la cinematografía aquí, ya que otros films (los popularmente famosos *Fuego, Carne, Fiebre, Furia infernal*) son muy bien investigados en los ensayos incluidos en esta colección. Dejamos sin comentar otras cintas, mayormente comedias con una estética televisiva (por ejemplo, *La mujer del zapatero, La señora del intendente*) ya que, si bien merecen un estudio detallado, constituyen productos con menores pretensiones artísticas. Algunas de ellas serán comentadas en otros ensayos de esta colección.

Estadio intermedio: entre la perversión y el discurso de la Histérica

El comienzo de *Furia infernal* —su escena primera— condensa en cierto modo la estética perversa del cine de Sarli/Bo, en un modo realmente sorprendente de hibridez entre realidad y ficción. Es primera en la cinta y primaria en la propuesta cinematográfica que se desarrollará a partir de estos años. Se trata de un poster en el que vemos y reconocemos a Isabel Sarli (que en *Furia* será Bárbara Barrera), siendo mirada a la vez por tres personajes masculinos y, obviamente, por el público que la reconoce como Isabel Sarli fuera de la ficción. Vemos una actriz, bailarina de *striptease*, como exhibicionista, en el poster y luego en la escena, en posición de objeto y como instrumento al servicio de su esposo (Armando Bo) y del público, este último posicionado también como voyeur y como objeto al servicio del Otro. La estética es, además, perversa en el sentido de que, más allá de las transgresiones al patriarcado y la decencia burguesa que despliegan las películas, se ubican en ese momento de transición, de pasaje entre una moralidad conservadora depreciada y otra moral cuyos nuevos valores todavía no se han llegado a vislumbrar y menos todavía a instituir. Perversa, entonces, en cuanto a invertir valores tradicionales, pero no lograr todavía transvalorar completamente el lugar del origen de esa tradición.

Para sostener mi hipótesis sobre la estética de esta cinematografía apelo, como se ve, a ciertos conceptos lacanianos en la medida en que la teoría cinematográfica los ha incorporado exitosamente desde las últimas décadas del siglo XX y que, gracias a ello, me siento relevado de extenderme para describirlos. Solamente me parece adecuado adicionar al exhibicionismo/voyeurismo, la dupla masoquismo/sadismo que las narrativas van exponiendo a través de escenas de alta violencia y de gran crueldad, con tópicos considerados tabúes, algunos de los cuales nunca habían sido tratados antes, al menos en la cinematografía argentina. Ya en un plano más contextual, uno podría preguntarse: ¿acaso atribuir la violencia pulsional —imaginada como animalidad y como instintiva— al diablo (como en *Embrujada*) o a las clasificaciones patológicas elaboradas por el discurso médico-psiquiátrico (como en *Fuego*) no es una forma de velar y sancionar la estructura preponderantemente perversa del deseo humano? A pesar de cómo los personajes encarnados por Sarli, que responden en general a la estructura de la neurosis, aunque desplieguen un espectro de rasgos perversos de tonos sádico, masoquistas, exhibicionistas y hasta de opciones sexuales consideradas disidentes e incluso patológicas, cabe preguntarse si el objetivo de este cine es provocar la imitación en su público, o mejor, si propugna una toma de conciencia de las dimensiones de la sexualidad humana. Si esto es válido, otra pregunta surge: ¿se evita, al postular un Amor Supremo y Redentor al final de la narrativa —en general con visos melodramáticos y heteronormativos— que el sujeto (en la ficción y en la realidad) advenga a un saber sobre su pulsión sexual atrapada en la moralidad patriarcal judeo-cristiana e ilustrada —que es precisamente lo que las películas parecen querer conmover desde el principio? Si esto ocurre, el despliegue de opciones exhibidos en la pantalla podría llevar al sujeto a zambullirse en un goce desenfrenado, alienarse perversamente en él sin explorar su modo propio y singular; un goce excesivo no regulado por el fantasma, dejando así cancelada la dimensión del deseo y por ende de la Ley. O bien podría conducirlo a un goce capturado por los valores nihilistas, invitándolo a reproducir una vez más la norma patriarcal, heterosexista a partir de la culpa, del autocastigo –como ocurre con Laura en *Fuego*, acudiendo al suicidio e inmolándose 'por amor'— o de su pulsión de muerte con sus consecuencias de violencia y animalización.

No se haría justicia si no dejara planteada otra manera de abordar esta estética. Ensayo, como puede apreciarse, diversas aproximaciones para abrir a otras *perspectivas*, evitando en lo posible anquilosar mi pensamiento. Bien lo señala Mónica Cragnolini, autora de uno de los ensayos incluidos en este libro— al enfatizar cómo la filosofía de Nietzsche "encuentra su fuerza, su impulso y su movimiento precisamente en esa *tensión* que se produce entre los aspectos negativos y positivos, en ese juego entre el 'no' y el 'sí' que permite que el pensar no se anquilose en catedrales de conceptos ni se pierda, en el otro extremo, en la pura inmediatez" (229). Así advertido, hago, pues, el esfuerzo de no ceder a las posiciones decadentes que "representan formas de 'detención' del pensamiento, ya sea en los aspectos afirmativos, ya sea en los aspectos negativos o críticos" (228). Por lo tanto, regreso al psicoanálisis para reconsiderar el corpus cinematográfico de la dupla, pero desde otra estructura clínica: Lacan nos alertó de no confundir estructuras con rasgos o síntomas; en este sentido, podría proponer que los rasgos o circunstancias perversas que hemos señalado bien podrían no responder a una estructura perversa sino a una estructura neurótica, particularmente histérica: esta hipótesis tiene también varias posibilidades de funcionar en una interpretación de los films. No podemos dejar de lado la forma en que estas cintas se dirigen al Otro, el público, pero también al Otro del poder, para desafiarlo en su saber y hasta desestabilizarlo con sus demandas, a fin de develar su castración, la misma castración que el perverso obtura posicionándose como objeto para completar al Otro. La escena perversa es una escena triangulada (el perverso, el Otro, el partenaire) y controlada por un contrato (implícito o explícito) que regula el acceso al goce; esta escena se establece a partir del fantasma perverso cuya fórmula es $a \Diamond \$$, en la que el perverso se posiciona como objeto (a). Como sucede en *La Venus de las pieles* de Sacher Masoch, se establece un contrato extremadamente pautado, ya que el perverso debe tener *un dominio* de la escena fantasmática y de la regulación del goce implicado en ella, dominio además sobre su partenaire en dicha escena. Ese contrato también operaba entre Sarli/Bo y su público: podemos imaginar, sin mayor necesidad de hacer un estudio sociológico de la recepción de estos films, cómo la dupla Sarli/Bo sabía perfectamente qué se esperaba de sus producciones, también el público sabía perfectamente qué iba a encontrar en ellas. Ahora bien, la hipótesis de incorporar la fórmula de la estructura neurótica ($\$ \Diamond a$) se justifica en el hecho de que, como Lacan lo observó y a diferencia de lo que sostenía Freud, un perverso nunca se liga a otro: quien ocupa la posición de $\$$ en el fantasma perverso, el partenaire, es siempre un neurótico. Y para éste, concebido como un histérico, lo que cuenta, sobre todo en cuanto histérico, es mantener insatisfecho el deseo, de modo que lo defiende.[7] Podemos, pues, permitirnos pensar que la intención de los productores Sarli/Bo, por su voluntad de poder transgresiva, en su afán de acrecentar el poder, imaginaban contribuir a su manera a la demolición de la estructura patriarcal, con todo lo que ella implica en cuanto a la regulación de las sexualidades, del rol tradicional de la mujer, el machismo, etc. y, por otro, a conmover las formas de ejercicio de poder y los valores oligárquico-dictatoriales que mantenían proscripta a la democracia y al peronismo.

---

[7] La variable de que ese neurótico sea un obsesivo valdría para el caso de aquellos que, como muchos de los críticos y sobre todo los censores del cine de Sarli/Bo, se debaten entre el ser y no ser frente al Otro, aspirando a la muerte de ese Otro. Esta perspectiva requeriría de mucho espacio para ser desarrollada; la dejamos insinuada para futuros trabajos propios o ajenos.

El cine de Sarli/Bo construye sus narrativas a la vez que erige una máscara espectatorial[8] para sus films, la cual oscila en la frontera entre la perversión y la neurosis histérica, sea como una estructura perversa con rasgos histéricos o bien, a la inversa, como una estructura neurótica con rasgos perversos. Más allá de los temas de sus películas, es en esta máscara espectatorial donde se instala lo político como tal. Frente a la pantalla y como respuesta a esta máscara, es comprensible que el público, ahora como el niño del estadio del espejo lacaniano, a causa de su desvalimiento económico y social para acceder a ciertos bienes postulados como bellos, y frente a la exuberancia y belleza del cuerpo de Isabel, se manifestara gritando y gimiendo desaforadamente y sin pudor en la sala (fui testigo de ello). En estos gritos y susurros —de placer, de goce, de júbilo, de indignación— no hay todavía ningún *decir* realmente articulado; ciertamente, estos murmullos de la sala que emergen desde la oscuridad, se pueden interpretar como un intento de provocar la mirada del Otro (pulsión escópica) y también de querer hacerse oír en el Otro (pulsión invocante). A pesar de la censura sufrida por los films de Sarli/Bo, a pesar de la imposición de silencio implementado por las dictaduras, estos relatos fílmicos, ¿no sostenían acaso la utopía de que emergiera del *grito* algún *decir* (revolucionario, si fuera posible) como intento de nombrar la angustia, un decir capaz de impugnar el sometimiento y la opresión que sufría la ciudadanía? ¿No despliegan los relatos de estas cintas las miserias a la que este público estaba —y sigue estando— sometido (violencia generalizada, sea ésta explícita o sutil, corrupción política en todos los planos, drogas, machismo, violacio-

---

[8] En otros trabajos, referidos al teatro, he distinguido entre espectador o máscara espectatorial y público, como una forma de retomar la ya avejentada diferencia estructuralista entre narratario y lector. El espectador, concebido como máscara espectatorial, está construido por el teatrista, en este caso, el director de cine; esa máscara es una y fija, la que, además, define su posición política, en tanto organiza la mirada, cómo y qué debe verse. El público que asiste a un espectáculo es bastante imponderable y diferenciado, salvo cuando el director tiene ya una trayectoria y convoca a cierto sector social; el público varía de noche a noche, de región a región, etc., mientras la máscara espectatorial permanece.

nes, explotación laboral y sexual, destrucción de la Naturaleza, crimen, etc.)? A su manera, este cine se hacía cargo de la demanda del subalterno –emblematizado en la mujer— impedido de decir (y hasta de hablar), acogiendo así su malestar y su sufrimiento: asumía representar vicariamente la *falta* de ese público e invitaba, invocaba al otro –'compañero' de miseria— y también al Otro del poder a hacerse cargo de esa gesta peligrosa de ser escuchado y hacerse escuchar.

La pulsión erótica, como componente dionisíaco de la voluntad de poder, se despliega y se exacerba en estas producciones desde 1958 gracias, según dicen los críticos, al cuerpo de Isabel Sarli. La factura fílmica de la etapa inicial incorpora el desnudo de Sarli a la narrativa, del mismo modo que lo hace con la naturaleza. Sin embargo, en la producción posterior, la cinematografía se va deteriorando, ya no solamente, como hemos indicado, respecto al cuidado de la imagen y de los ambientes o *sets*, sino ahora en cuanto al modo en que cede al deseo, cometiendo una falta ético-artística: me refiero a la manipulación del relato: los tiempos de la imagen desaceleran la narración para permitir el goce del Otro, del público. Mediante una detención de la narrativa se abre el tiempo a-histórico del goce: Sarli se masturba mientras el público se toquetea, como mínimo. No hay pornografía porque la escena que le correspondería se monta no en la pantalla, sino en el imaginario del público al que Sarli/Bo quieren conmover, quizá para sacarlos de la alienación letal a la que están sometidos por el patriarcado y la moralidad judeo-cristiana. Los films recuperan así una larga historia de las representaciones eróticas y las exhiben sin pudor, las diseminan públicamente, a diferencia de otras películas fraguadas en la decencia burguesa que solo las insinuaban o las recluían en ambientes privados. Sin embargo, a pesar del gesto transgresivo, las películas de Sarli/Bo fueron paulatinamente cediendo demasiado espacio a estas escenas prolongadas: falta ética, por cuanto fueron cediendo en el deseo, aquello de lo cual, según Lacan, es lo único de lo que el sujeto es culpable. Al olvidarse del relato (que ha pasado a ser esquemático y previsible), estas escenas de exhibición de Sarli se extienden demasiado y culminan en una perversión más, ahora de tipo capitalista en tanto son ésas y no otras las escenas que acaban en una fórmula, las que convierten al producto en una mercancía con posibilidades de altos réditos financieros. Aquel público de los primeros films a quien se esperaba capturar para conmover su deseo y sacudirlo para invitarlo a ser agente de su emancipación, deja ahora de ser sujeto del deseo para convertirse en un mero consumidor de una mercancía, sujeto de goce.

Cosas del amor y cosas del sexo: cine de frontera

Sería muy injusto atribuir la popularidad de la dupla y su producción cinematográfica a la exuberancia de los senos y a los desnudos de Isabel, o al simple morbo del público. Lacan plantea que el fetiche hay que plantearlo a nivel del significante, a nivel de alguna frase –como la famosa *"Glanz auf der Nase"* [un brillo en la nariz] del famoso caso freudiano— y no a partir de lo visual: si esto es así, mi tesis sobre la estética del cine de Sarli/Bo se orientaría a considerar como fetiche los títulos de las películas: *Fuego, Fiebre, Lujuria tropical, Favela, Desnuda en la arena, Intimidades de una cualquiera*, etc. Gran parte de la producción de la dupla, culmina con el Amor heterosexual que redime de los pecados del cuerpo, en la medida en que, como lo dice Delicia en *Carne*, su alma ha quedado impoluta o inmaculada a pesar de haber sido violada en manada. Y este amor, tal como aparece en el desenlace de muchos de estos films, es precisamente la perspectiva todavía reactiva de la vieja moralidad que se quiere demoler. Ese amor, como fuerza reactiva y nihilista, recaptura las fuerzas activas y afirmativas de la vida que los relatos habían puesto en cuestión, tornándolas reactivas y, por ende, dejando a esta cinematografía en ese estado de transición, intermedio, sin poder avanzar hasta una transvaloración capaz de ofrecer nuevos valores y no meramente la inversión transgresiva de los viejos ya depreciados. Y es por esto que va a merecer nuestra consideración una de las últimas películas de Sarli/Bo: *El último amor en Tierra del Fuego* (1979). Aquí el significante 'amor' ya forma parte del título-fetiche.

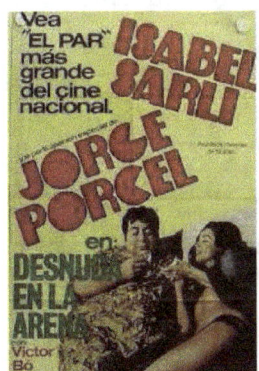
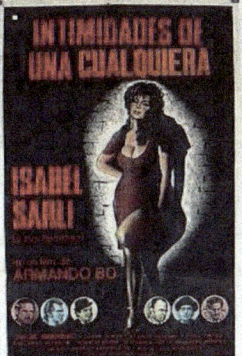
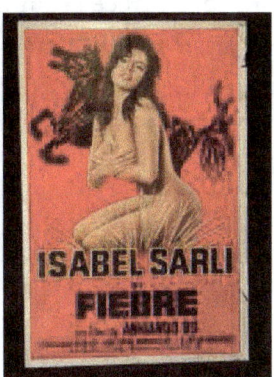

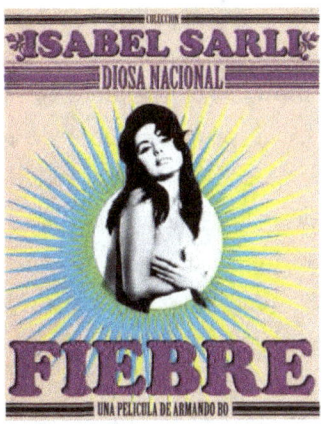
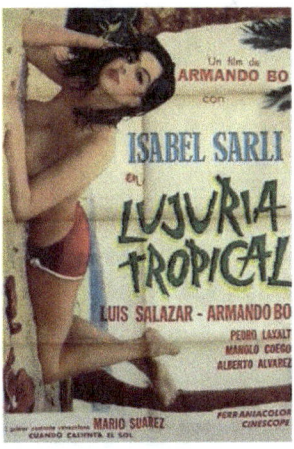

Antes de recorrer la narrativa de *El último amor*, vale la pena agregar otro aspecto de la estética del cine de Sarli-Bo: me refiero a su carácter fronterizo, no solo porque se filma en zonas limítrofes (internacionales, regionales, urbano/rural), sino porque, como ya mencionamos, aborda temas usualmente considerados tabúes para la 'decencia' burguesa y lo hace en la frontera *entre* la historia de amor y la pornografía, entre cosas del registro imaginario y otras cosas del registro de lo real, unas cosas que ponen en juego el Ideal y otras que se manifiestan como puras cosas, puros objetos, pura carne. En esta zona intermedia se juega la cuestión sexual y las cosas del amor. ¿Qué perspectiva ofrece el amor en estos films, pero particularmente en *El último amor*? La pregunta puede incluso generalizarse: ¿qué lugar tiene el amor en el capitalismo?

Cuando Lacan, después de diseñar las fórmulas de los cuatro discursos (del Amo, de la Universidad, de la Histérica y del Analista) agrega el pseudo-discurso del capitalismo, una prolongación del discurso del Amo, va a mostrarnos con su fórmula cómo este discurso opera por el rechazo, por la forclusión de la castración (haciendo del calvinismo una causa de este pasaje), contra la que se yergue el psicoanálisis (*Hablo a las paredes* 106). La forclusión en este pseudo-discurso, sin embargo, no es la del Nombre-del-Padre, como en la psicosis clásica (aunque haya hoy una pluralidad de neopsicosis); en el discurso capitalista, la forclusión de lo simbólico entroniza el superyó —no el moral, producto del Edipo— sino el heredero del Ello, atroz y obsceno, que impele a gozar; opera, así, por mandatos de goces plenos e impostergables. No sorprende que, en este contexto, donde el otro no importa —porque es mero desecho y donde el lazo social se ha astillado— la violencia y la pulsión de muerte se incrementen considerablemente, atacando todo el espectro de diversidades de género, clase, raza, orientación sexual, etc. El aburrimiento y la melancolía son los principales resultados de esta nueva cultura neoliberal porque se rechaza la castración —enfatizada por el contubernio entre capitalismo y ciencia—, impidiendo incluso los duelos ya que no se admite la pérdida (ni amorosa ni funeraria). De este modo, la voluntad de vida como erotismo queda obviamente afectada; Nietzsche diría que en estos casos en que triunfan las fuerzas reactivas del nihilismo, desaparece la danza, la alegría, la dimensión creativa, como formas de la voluntad de poder, esto es, como voluntad capaz de transvalorar los valores en forma creativa a fin de salir de la alienación provocada por la moralidad platónico-judeo-cristiana. Esa potencia afirmativa del devenir es la que se necesita para inventar y propulsar nuevamente el imaginario colectivo –como Lacan lo restablece al final de su enseñanza—permitiendo ponerle significantes a ese Real insensato y doloroso que insiste en el sujeto.[9]

Si el discurso del Amo sostiene al Otro proveedor de sentido y promete un goce como plus-de-gozar que pasa por los ideales sostenidos por el registro simbólico, instalando una barrera al goce para favorecer el principio del placer, el discurso capitalista, en cambio, entroniza la falta de sentido, rechaza lo simbólico, oprime el imaginario, armando su economía sobre la base de la imposibilidad de la castración; es decir, se trata de un discurso que constantemente apunta a un más allá del principio del placer; y esto lo hace provocando una "sed-como-carencia de gozar" que produce cada vez más objetos, particularmente gadgets, para hacer de la insatisfacción una constante que arrasa al sujeto del deseo y lo arranca de los ideales, capturándolo en un consumismo directo e irrefrenable, poniéndolo a merced del goce del Otro que, como quien está detrás de la cámara, controla la escena para que nada inesperado irrumpa en ella; le sustrae así la subjetividad y lo deja un mero cuerpo o, peor, un organismo. Si el sujeto del deseo en el discurso del Otro puede –digamos— velar su falta y su angustia con la ilusión del amor y sus relatos, negociando goce y placer, en el discurso capitalista, habiendo arrasado al sujeto del inconsciente, la angustia se tapa y se pacifica temporariamente con objetos diversos, no con ideales o fantasías.

Al rechazar de lo simbólico la castración, el discurso capitalista pone al sujeto en relación directa con el objeto *a*, como objeto de goce, eliminando la relación con el Otro simbólico, que todavía operaba en el discurso del Amo y proveía los ideales necesarios para velar la no existencia de la relación sexual. El capitalismo ofrece un goce directo del objeto en un mundo en el que se ha producido la declinación de la función paterna, de la Ley, de la prohibición que podía disparar el deseo y la transgresión, sin los cuales no hay historia

---

[9] A la postre, las dictaduras terminan desafiadas por el recurso a la invención y al imaginario rebelde, como lo demostró, por ejemplo, el movimiento de Las Madres de Plaza de Mayo y el de Teatro Abierto.

de amor. De ahí que el psicoanálisis se haya visto necesitado de hablar del Otro-que-no-existe para caracterizar esta etapa neoliberal del capitalismo, donde no hay prohibición y, por ello, tampoco deseo y transgresión, sino puro mandato superyoico a gozar de un objeto prontamente desechable y sustituible. Los grandes relatos de la Modernidad caen (Dios, Nación, Pueblo, Partido, Progreso, historia de amor), en favor de un sujeto narcisista, hedonista, pura individualidad, sin compromiso con los ideales del Otro, aislado, viviendo en un presente inmediato y sin proyecto a futuridad, solo en procura de un goce inmediato. Estos grandes relatos, sin embargo, se radicalizan en la extrema derecha política y refuncionalizan su eficacia residual acomodándose a la estructura económica neoliberal con el objetivo de justificar y acelerar la necropolítica sistemática: celebración de esencialismos patrióticos, nacionalismos e identidad nacional, fanatismos religiosos, protección fronteriza, ciudades-cementerios, monopolización de los medios de comunicación para la manipulación social, el disciplinamiento y el control biopolítico, eliminación de poblaciones descartables y prescindibles, utilitarismo extremado, depredación ecológica, racismo, xenofobia y homofobia exacerbados, frecuentes estados de excepción, avasallamiento de derechos, proliferación de cuerpos anónimos e insacrificados, etc. En cierto modo, es fácil comprobar cómo ya muchos de estos temas se inscribieron en las películas de Sarli/Bo.

Al proceder de este modo, el discurso capitalista deja de lado "las cosas del amor" (Lacan, *Hablo a las paredes* 106), esas cosas que le hacen decir a Lacan que "solo el amor permite al goce condescender al deseo" (*Seminario 10* 194). La fórmula de este discurso capitalista hay que leerla en relación a otra de Lacan: "no hay relación sexual", ese Real negado por el registro imaginario del Amor que supone —en la tradición occidental, platónica y cristiana, tan atacada por Nietzsche— el dos que aspiran a ser Uno. El amor, pues, es lo que se instala para velar imaginariamente la inexistencia de la relación sexual. Hay acto sexual, pero eso no significa que haya 'relación' sexual. Ese amor se instala como un narcisismo, una ilusión del sujeto que lo captura bajo la promesa de la fusión con otro que, no siendo realmente un 'otro' ser, es apenas el espejo de su propio ideal del yo o del yo ideal. El 'otro' ser –digamos— resulta inalcanzable, sobre todo en su deseo: la falta de mi deseo poco o nada coincide proporcionalmente con la falta del deseo *en* el otro. Las cosas del amor, en tanto basadas en este imaginario, son relatos que articulan secuencias diversas, pero siempre combinando fragmentos o figuras –como lo planteó Roland Barthes en *Fragmentos de un discurso amoroso*— recurrentes y hasta pre-formadas. Estos relatos recortan la ilusión y tienden a la decepción y la repetición si no se elabora la relación del sujeto a la castración. Solo el amor de transferencia –invento del psicoanálisis— es el que conduce al sujeto a develar las trampas imaginarias del amor y enfrentar la castración, acomodando a partir de ahí su modo de goce, tal vez menos eufórico, nada fusional y menos apasionado, pero capaz de evitar las repeticiones y decepciones en cuanto al amor y al otro. Es un amor que *sabe* que tiene que inventar siempre algo para el otro – *ars amandi*— si quiere realmente sostenerse como amor y no como enamoramiento.

Así, la insatisfacción, que antes era amorosa, ahora en el discurso capitalista deviene consumista: a la insatisfacción que deja un objeto, el capitalismo ofrece otro, y otro, y otro –nada parecido, pues, a la exclusividad inherente al amor cortés, pero, sin duda, más cercano pero depreciado, de la serie consumista del donjuanismo. Este discurso deja como saldo solo un plus-de-goce ligado a la imitación, incrementando la insatisfacción promovida por una economía que hace de la falta de gozar el resorte de su éxito –el consumismo— en el arrasamiento del sujeto y del placer. Si en el discurso del Amo, el fetiche todavía era esa presencia (producto de la negación de una falta) que, como sustituto simbólico es capaz de disparar el deseo, en el discurso capitalista el fetiche es objeto crudo, sin mediaciones del registro imaginario, pura mercancía, pura cosa. Se entiende, entonces, que del amor se pase a la pornografía como una mostración plena *de* goce y *del* goce que niega la castración desplegando puro sexo, obturando el hecho de que no hay relación sexual, en el sentido de Lacan.

Sin duda, desde Freud sabemos que el amor puede degradarse o sublimarse. La pornografía ofrece espectáculos de afectación violenta de los cuerpos (desde la pornografía sexual a las imágenes brutales de degollamientos públicos o cuerpos cruelmente cercenados, fosas comunes, paisajes naturales devastados) que, amén de desplegar el horror y diseminarse socialmente, convierten a esos cuerpos en instrumentos, usables, reproducibles, sustituibles y eliminables. Nada queda en ella de las cosas del amor, del sujeto y del deseo, de una posible historia de amor emocionalmente pendiente del sí o del no del otro, de lo inesperado; la exhibición pornográfica, carente y negadora de idealización, reemplazando la alegría por el entretenimiento, reprime la posibilidad de emergencia tíquica (*tyche*) como lo inesperado y favorece el cálculo en el sentido de que se contabiliza en relación a un más o un menos de objetos consumibles, entre los cuales está el individuo mismo, devenido ahora él mismo objeto desechable.

Una vez más, podemos ubicar a Sarli y los títulos de los films, en tanto fetiches, en este momento intermedio, fronterizo, de acomodación del capitalismo entre su etapa industrial y de dependencia neocolonial y su etapa neoliberal globalizada que Jorge Alemán denomina "el mundo abstracto de los algoritmos" ("Latinoamérica y los intelectuales europeos"). El cine de la dupla conmueve lo simbólico, pero no al punto de cancelarlo y de impedir el deseo, ya que invita a su público a permitirse ciertas transgresiones (plus-de-gozar), desnaturalizando la versión conservadora de la sexualidad patriarcal y todo el andamiaje (platónico-judeo-cristiano) en el que se sostiene, pero sin llegar todavía a la pornografía como puro goce del objeto fuera de la historia de amor y sus ideales.

Ahora bien, creo importante preguntar: ¿Qué tipo de consistencia tiene ese plus-de-goce que estas películas favorecen? Este cine promueve, por un lado, un plus-de-goce por imitación, seriado, correspondiente al cine industrial que produce mercancía para el consumo bajo la forma del entretenimiento: casi todas las películas recurren a escenas que el público espera: la mostración del cuerpo desnudo y de los senos de Isabel Sarli, con prolongadas tomas y morosos paneos de la cámara, pero en ellas nunca se muestra la penetración o la felatio, no se llega, pues, a la pornografía. El amor redime, es todavía posible a pesar de los horrores que atraviesan la trama: el desenlace de los relatos es casi siempre el amor como un anhelo, una esperanza salvífica frente a la violencia sufrida y hasta una redención, con lo cual el público, como los personajes, queda en el medio entre el placer y el goce. El fetiche 'Sarli', en el interior de la narrativa como en el exterior de la sala cinematográfica, no es sustituible, y por eso su cine es único; no se puede realizar películas parecidas con otra actriz.[10] Ella no llega a ser mercancía que se pueda reproducir, comprar o vender (conserva su aura, diría Walter Benjamin), pero su cine sí lo es. Sarli encarna personajes que, por un lado, repiten muchas situaciones de abuso (masculino y a veces hasta femenino), pero las películas van lentamente transformándose alrededor de su figura: se abusa siempre de ella en las historias contadas, pero paulatinamente vamos viendo a una mujer empoderada, incluso cuando hace el pasaje al acto suicida, como en *Fuego*.

También este proceso de empoderamiento tiene consecuencias del lado masculino: incrementa la violencia machista y/o va develando la impotencia del pene y la falta del falo del lado masculino, apuntando a la castración que el macho repudia. ¿Acaso no son los senos de Sarli, esas protuberancias excedidas, las que hacen vacilar la petulancia del macho en cuanto a su ilusión arrogante de ser el 'falo' imaginario que a ella le faltaría y que él podría proveer? El ejercicio de la masculinidad y de la violencia desplegados sobre el cuerpo del otro (varón o mujer), no solo es mostrado como canibalizante, sino también como posesivo, para lo cual el macho cree disponer del poder de devorar y apoderarse del cuerpo de la mujer, a quien le exige,

---

[10] Foster señala otras parejas en el cine argentino: Mirtha Legrand y Daniel Tinayre, Olga Zubarry y Carlos Hugo Christensen. Ambos directores intentaron exponer el cuerpo femenino, pero solo esporádicamente y sin lograr convertir a sus mujeres en verdaderos íconos sexuales.

además, que sea agradecida: la penetración de la carne del otro y la inseminación le parecen recursos de su generosidad machista que justifican su privilegio y su indiscutida dominación sobre una mujer sometida a su capricho. Por medio de esta ceremonia machista cree llenar el vacío que lo angustia: la falta del falo en el Otro, por eso procede a llenarlo de semen, invaginando el puñal que precariamente ostenta –incluso en la lucha entre machos que es una constante en estas películas—, pero también –o de igual forma— instilando en ese acto los valores patriarcales, heteronormativos y machistas desde la familia, la educación hasta otros aparatos ideológicos del Estado.

No sorprende que los machos que la abusan en los relatos afirmen que ella disfruta el asalto sexual y hasta que lo desea, o que eso es lo que se merece una puta, como contrapartida de la figura sacrosanta de la madre en la degradación amorosa quien, a pesar de parirlos, éstos mantienen siempre en el marco del imaginario mariano. Se trata para estos machos –amos o subalternos— de marcar territorio sobre los cuerpos y la naturaleza, como hacen los animales, como hace el capitalismo. En lo simbólico, el poder mortificante está a cargo del significante y del lenguaje, que también es una manera de dominación sobre la carne y el espíritu. No obstante este posicionar a la mujer como objeto y poseerla como puro objeto de goce, su cuerpo siempre produce cinematográficamente fantasías sexuales, es decir, promueve –aun en su repetición y hasta en su grotesco— un ideal para alimentar el deseo, ideal que, además, opera como el fantasma evocable por el público, generalmente masculino, pero también por parte de las mujeres, en tanto a unas y a otros les provee de un arsenal de figuras diversas de aproximaciones al goce más allá del principio del placer (incluso fuera de la norma heterosexual), aunque el amor consagre la versión judeo-cristiana al final con la salvación del alma, la condena del cuerpo, el ideal de la maternidad y de la familia como paraíso de la sexualidad y de la felicidad.

Primer amor y último amor

Dicho lo que precede, conviene ahora comentar *El último amor en Tierra del Fuego* (1979). Este film nos permitirá ver la caída del ideal amoroso producida una vez más en ese momento de pasaje de una etapa a otra del capitalismo, del discurso del Amo al discurso Capitalista. El amor se desvanece a tal punto en esta película, que solo deja un resto trivial y desvalorizado que ya la dupla no puede remontar con ninguna otra película recuperando una fuerza activa, creativa. Como vimos, el amor es una experiencia imaginaria, particularmente cuando se trata del "primer amor", como en la famosa novela de Iván Turguéniev, *El primer amor*, publicada en 1860.[11] Como el cine de Sarli/Bo reescribe e invierte paródicamente los hipotextos, no sorprende que *El último amor en Tierra del Fuego* pueda leerse como un intento de dar cuenta de esa experiencia imaginaria amorosa con la que culminaban las novelas decimonónicas, el folletín, los radioteatros y las telenovelas, pero ya no parodiando sino sometiéndose a clichés muy desgastados y ultraconocidos.

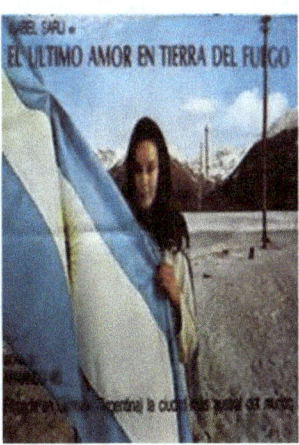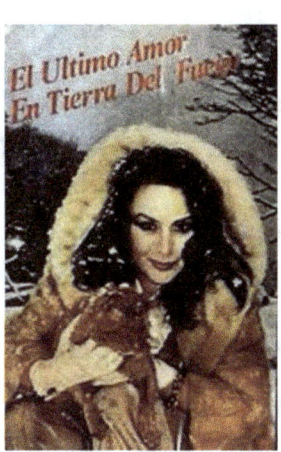

---

[11] Por homenaje a la brevedad, reprimo mi deseo de cotejar la estética cinematográfica de Sarli/Bo, en cuanto a la perversión, el amor y la castración, con el sugestivo ensayo de Sigi Jottkantd, "Prendas y comparaciones. Primer amor de Turguenev", dejándolo para otra ocasión.

El título de este film retoma dos significantes caros a la cinematografía de la dupla: significante 'fuego' y el significante 'tierra', pero incluye el significante 'amor': promete enfocarse en la experiencia del amor situándola ahora en la tierra del fuego que, paradójicamente, es el lugar más austral de América y con temperaturas y paisaje gélido. Pero el título introduce otro significante: "último', porque pretende referirse al amor, pero no a cualquier amor, no el primero (adolescente, de los films iniciales, o el amor depreciado de los films de la etapa intermedia) sino, inversamente, el último, el supuestamente adulto, el que podría considerarse terminal en el doble sentido de una experiencia destilada por la edad y en una edad próxima a la muerte. Se esperaría de este título que el sujeto saque partido de su experiencia en la vida; 'tierra' remite a la fecundidad como pulsión de vida y obviamente al polvo en el que nos convertiremos al morir. Una vez más, estamos ante Eros y Thánatos. El título promete una historia novedosa para el público de esta cinematografía, ya que pareciera privilegiar el amor y no el sexo; sin embargo, la película, decepciona, no solo por no ofrecer nada nuevo a nivel del discurso amoroso, sino a no exacerbar los desnudos de la diva. El título es el fetiche que atrapa la mirada y, como siempre, el fetiche es el significante de una falta; y en este film, casi todo parece faltar. Y esta falta ya no es disparadora de deseo, sino que se presenta como falta de vida, pura muerte (en la historia, los personajes, los paisajes). En este sentido, lo valioso es que la estética fronteriza de la dupla se topa ahora con la Muerte, no solo biográfica, sino de los ideales (peronistas, revolucionarios, eróticos, como fuerzas activas), de la desaparición de lo simbólico como tal frente al que ya no hay posibilidad de utopías. La película nos muestra personajes aburridos, solitarios que, al intentar vivir el amor, no pueden ir más allá de experimentar una versión banal e inmadura de la experiencia amatoria adolescente, sin explorar los vericuetos de la pasión. El film, a su vez, tal como es constante en su estética, vuelve a jugar con la ficción y la biografía de Sarli/Bo, pero ahora en una especie de ajuste de cuentas, como una larga retrospección de su vida juntos y de su cinematografía.

En 1979 Isabel Sarli cuenta con 50 años y Armando Bo, muy deteriorado ya por la enfermedad, con 65. El gesto político, que nunca falta en las películas de la dupla, no está ausente, pero meramente insinuado en relación al histórico conflicto con Chile por el Canal de Beagle reactivado en 1978 cuando la Junta Militar argentina, con su Operación Soberanía, invade las islas del canal. Ciertamente, es una película bastante fallida, casi afásica. Además de la pobreza del guion, el film falla debido a su incapacidad por explorar a fondo ese amor como factor redentor que clausuraba tantos films anteriores o bien un amor ya decantado por haber aceptado la castración; la película no logra ahondar en dicho tema más allá del melodrama básico y corriente. Ni hay ya lugar a la inversión de valores y tampoco para la transvaloración. No ya ni siquiera posibilidad de tragedia, todo es –para hablar con Nietzsche— puro pesimismo, del tipo del que se destruye a sí mismo, pura resignación que cancela toda apertura de una etapa posterior de alegría (Heidegger 257). Se trata, pues, de una película que da lástima.[12]

Don Pedro Argüello (Armando Bo) está viudo y tiene un hijo de unos 8 o 9 años; conoce a una actriz y escritora, Isabel Borjas/Beatriz Olaya (Isabel Sarli), que quiere retirarse en "la ciudad más austral del mundo" y añora no haber vivido un amor verdadero a pesar de su vida de lujos y éxitos. El conflicto es que el niño no acepta a su madrastra; la aceptará al final de la cinta mediante el típico recurso

---

[12] Por esto y para lo que diré luego, conviene tener presente el comentario de Heidegger a un texto de Zaratustra: "«Y cuando volví a oír aullar de ese modo, tuve nuevamente lástima.» Con ello Zaratustra cuenta cómo aún entonces, no siendo ya un niño, cayó también en el temple de ánimo de la piedad y la compasión y se representó el aspecto del mundo a partir de ella. Con las palabras de Zaratustra, Nietzsche alude a la época en que su mundo estaba determinado por Schopenhauer y Wagner, cada uno de los cuales, a su manera, enseñaba un pesimismo y en última instancia la huida en la disolución, en la nada, en un puro estar flotando y dormido, y anunciaba un despertar, para poder seguir durmiendo mejor" (353). Lacan, en su *Seminario 11*, también nos habla de un despertar para seguir durmiendo y para volver a una realidad en la que podríamos seguir soñando (66). Hoy, en la actualidad, el neoliberalismo nos ha capturado de tal modo que, al arrasar con el sujeto del deseo, arrasó también con su capacidad de soñar. El sujeto del neoliberalismo solo duerme y apetece como un animal.

narrativo a la enfermedad: las enfermedades —como muchas veces ocurren siempre al final en las telenovelas, donde la madrastra salva al niño, como Isabel aquí dándole su sangre— reconcilian a los personajes y provee un final feliz: la sagrada familia.

El relato nos presenta, entonces, a un hombre mayor, viudo, rico, casi anestesiado, muerto en vida, que al conocer a Isabel se da cuenta de que 'algo le falta'; su ocupación es la tala de árboles y, a diferencia de las películas iniciales del dúo, es curioso que en ésta se haga un discurso inverso al de aquellas primeras cintas. Hay aquí un retroceso en la perspectiva ecológica, tan subrayada en los primeros films. Don Pedro le cuenta con entusiasmo a Isabel que antes un hachador tiraba 18 árboles diarios y ahora con la sierra unos 200. La máquina muestra el pasaje de la producción artesanal a la industrial, pero la aceleración que promueve pone luz roja sobre la extensión que toma la devastación de la naturaleza; a la vez, invertirá el discurso sobre el ecosistema. A ella, mujer muy empoderada, la caída de los árboles —tal vez como metáfora de la declinación fálica del macho en la cultura— le parece encantadora. Se ha invertido la idealización: de la protección de la naturaleza frente al poder devastador de los capitalistas, mostrada en todo su esplendor en las primeras películas, pasamos a la idealización *inversa*: a esta mujer la devastación acelerada le lleva a ponderar una perspectiva del tipo de un *beatus ille,* porque el contacto con esa devastación pareciera redimirla del 'mundanal ruido' de la vida urbana del que ha huido voluntariamente: al mundanal ruido le corresponde ahora el vacío dejado por los árboles talados: hay una satisfacción en la nada. El ideal ascético, como la forma culminante del nihilismo, después del resentimiento y la mala conciencia (que Sarli/Bo confrontaron en otros films), toma aquí toda su virulencia.

Vejez, impotencia e ideal ascético (más que la aceptación de la castración) reinstalan una renuncia a las fuerzas afirmativas de la vida en el rincón más austral del mundo donde, quizás, podrían haber trasmutado los valores religiosos y morales del capitalismo. No sorprende, entonces, que este casi último fin asuma tonos melancólicos y crepusculares, capitulando todos los intentos de una trayectoria cinematográfica arriesgada y valiente que, a la postre, podría haber alcanzado una nueva tabla de valores.

Isabel Borjas/Beatriz Olaya es una mujer que ha vivido mucho, pero también registra una falta: no ha podido vivir el verdadero amor –ligado, como lo expresa en el monólogo inicial que abre la película, nada más ni nada menos que al padre y al hermano. Hay una insatisfacción originaria por renuncia a lo pulsional incestuoso que, obviamente, no se puede recuperar en ningún amor posterior con seres sustitutos. Cruce, una vez más, de ficción y biografía: el padre de Sarli abandona su familia cuando ella tiene solo 3 años; su hermano muere a los 5 años. El dato suma sentido a la ya mencionada metáfora de la caída de los árboles, la tala como castración: pasaje del falo imaginario a la del falo simbólico, o bien una elucubración cinematográfica del declive de la función paterna en el capitalismo, instalación de una falta a nivel del deseo, orientándolo hacia la figura paterna, rol que, como se deja leer en su biografía y en su filmografía, juegan Armando Bo y muchos personajes masculinos. Finalmente, en *El último amor* tenemos al niño sin madre, celoso y temeroso de perder el amor del padre, apegado a él e impidiendo la intromisión de una mujer (repudio de madrastra como repudio de la castración). Angustia, pues, de un niño frente al vacío dejado por la madre; duelo del niño y alianza desesperada con un padre devastado, casi impotente, que pondrá su mirada en esta mujer recién llegada, objeto de la envidia del pequeño, pero objeto de posible redención masculina en medio de un paisaje terminal: austral, frío y arrasado.

La película, casi toda ella narrada por boleros y tangos e ilustrada con tomas de Ushuaia, muestra a dos seres muy maduros –parecen abuelos— bastante agobiados e incapacitados de decir alguna frase que vaya más allá del estereotipo o del nivel adolescente de discurso. Carente de sensualidad, casi no hay ninguno de los reiterados desnudos a los que la diva tiene acostumbrado a su público; su vestuario, diseñado como siempre por Paco Jamandreau, es a base de pieles y reproduce modelos que usualmente se ven en películas rusas, lo cual se acomoda al paisaje helado del sur. Aparece, como siempre, la necesidad del macho de poseer a la mujer: "serás mía, o de nadie", le dice Don Pedro a Isabel/Beatriz; aparece también –como vimos— el tema de la destrucción de la naturaleza, pero ahora como celebración de la propiedad contrariamente a lo que nos planteó en sus películas tempranas, donde el héroe redentor del obraje estaba completamente desposeído. Hay una reproducción de clichés que, en la filmografía más temprana de la dupla, tenía todavía cierta efectividad, pero que ahora solo se muestran como algo remanido, incapaz de creatividad. Triunfo, pues, de las fuerzas reactivas nihilistas, captura casi total de la voluntad de poder afirmativa de la cinematografía anterior.

Lo más interesante de la cinta y que nos convoca a estos comentarios, es justamente que la ausencia de escenas de goce y la promesa del "último amor" no se equilibran; al desaparecer el componente perverso de las películas anteriores, con el correspondiente ejercicio de la violencia y el sadismo, al mostrar a una mujer empoderada que tiene dominio sobre su vida y sobre los hombres, a la incapacidad del relato de explorar un amor que acepta la castración, el cine de Sarli/Bo pierde completamente su aura. La estética que caracterizaba estas producciones deja de estar en la frontera entre el discurso del Amo y el discurso capitalista y, al hacerlo, pierde su rumbo y se resuelve en una salida retrospectiva a lo patriarcal y lo melodramático. Una vez más y tal vez con mucho énfasis, probablemente por el envejecimiento y la enfermedad que vivían, se vuelve a cruzar ficción y vida real. Todo el inicio de la película es un collage de fotos, tapas de revista, fragmentos de películas anteriores o de giras internacionales de Isabel Sarli, un archivo o un museo, bajo el coro de voces que, como en las manifestaciones peronistas de Plaza de Mayo, gritan "Isabel, Isabel", refiriéndose a Isabelita Perón, primera mujer en asumir la presidencia de la Nación a la muerte de su esposo, el líder Juan Domingo Perón, mujer empoderada pero ineficaz de gobernar o de promover un poder asentado sobre nuevos valores, esto es, sobre valores ligados a lo femenino. La película tiene un triste sabor testamentario, pero retrospectivo, como un análisis del final de una vida o el final de un análisis; su tono melancólico, todavía más intenso por el paisaje helado y el cielo gris e invernal del extremo sur, completa el panorama y sintomatiza la cultura del capitalismo tardío neoliberal.

Lo más rescatable no es un film que prometía un saber revelador en cuanto al 'último' amor, sino el largo monólogo inicial en *off*. Este monólogo (otra vez la escena inicial) anuncia ya un rasgo típico de la producción, sobre todo femenina (aunque no necesariamente feminista) de los 80s en adelante: la convergencia, esta vez muy deliberada, entre ficción y biografía, casi dentro del género testimonial. Ya no estamos en una frontera, sino en un cruce de géneros. Lamentablemente, el resto de la película, no está a la altura de este monólogo inicial, que transcribimos por completo:

ISABEL/Sarli/Borjas/Olaya: Y aquí estoy, frente a este imponente panorama; a mi izquierda, el majestuoso Canal de Beagle, codiciado y hermoso cauce natural; allá enfrente, la República de Chile, y aquí, a mis pies, Ushuaia, Argentina, la ciudad más austral del mundo. Yo he escrito infinidad de libros, he tenido éxitos, pero me pregunto, una y mil veces, si era más feliz antes, cuando vagabundeaba por el mundo llena de placer y lujo, o ahora. Antes vivía —digamos— físicamente, ahora vivo espiritualmente. Y escribo todo lo que siento, es parte de mi vida que se desarrolla en mis novelas. Yo supe siempre que el éxito es trabajo, y es algo que especialmente una mujer puede lograr si se lo propone. Se puede decir que me crie de la mano con el éxito, primero, como estrella de cine, y ahora como escritora. Sueño con encontrar a alguien a quien amar, pero hasta ahora no lo encontré. Vivo mis mejores películas, porque las imagino yo como quisiera que fueran realizadas. Me usaron en muchas de ellas, o me dejé usar; posé desnuda y fingí pasiones, amé sin medida a galanes estúpidos y presumidos, pero mi amor verdadero, el que me hará llorar de emoción y ternura, el amor que sentí por mi padre, por mi hermano, ése que nunca sentí, pero que presiento, ése que aún no llegó a mi vida.

Como al final de un análisis, el sujeto se topa con ese objeto *a*, perdido para siempre, esa falta estructural incolmable que es el deseo y sus referencias edípicas. Demás está decir que la trama despliega otra vez el deseo de Isabel Sarli de tener un hijo de Armando Bo o de Don Pedro, como Freud sostenía respecto al Edipo femenino. Tiene que conformarse, sin embargo, con ser una madrastra finamente querida por Matías, el niño y, seguramente, por Víctor Bo quien, en *El último amor en Tierra del Fuego* ocupa, al sesgo, la posición de su padre Armando, como productor de películas. La escritura que ahora realiza esta mujer como novelista en medio de un paisaje frío y solitario le permite imaginar las películas, sus propias películas, que 'alguien' no le permitió realizar. La escritura —a la que nunca accedemos, pero que ha resultado exitosa— supuestamente pone en escena las perspectivas de la mujer, pero sobre todo de Isabel Sarli; perspectivas que fueron despreciadas por su marido. Víctor Bo es ahora George; su breve escena y su parlamento son casi similares a los ya vistos y oídos en *Desnuda en la arena* (1969) unos cuantos años antes; el guion de *El último amor* casi repite a pie juntillas un diálogo —como el archivo de fotos— de un film previo, manifestando una creatividad ya aniquilada como fuerza vital. En *El último amor* —como lo haría en Panamá— George viene a ofrecerle un negocio que dará muchos dólares y a retomar una historia de amor.[13] La escena se introduce como

---

[13] La escena es la repetición y reproducción de otra en *Desnuda en la arena*, pero esta vez es Oscar (Víctor Bo), un bello delincuente que Alicia encuentra en Panamá y con quien deciden chantajear a hombres y mujeres de dinero y de poder, en general todos casados, a los que seducen y sacan fotografías. Son ellos ahora los explotadores. Alicia es en *Desnuda...* una madre (creo que la única vez que hace este rol, ya que en *El último amor* es solo madrastra) que necesita dinero para solventar los gastos de salud de Adolfito, su pequeño hijo, que ha quedado con problemas después del accidente en el que muriera Adolfo, esposo de Alicia y padre del niño. Después de varios intentos de trabajar 'decentemente' en Buenos Aires, siendo acosada por sus posibles empleadores, decide seguir el consejo de una amiga

un *flashback*, una rememoración: Isabel está en su auto; ha quedado varada en medio de una tormenta de nieve y recuerda escenas con George en algunas de sus películas, habladas en inglés. Ella rechaza ahora el ofrecimiento de George y lo despide tratándolo de cínico, y dejándole claro que ya sabe perfectamente que su interés no es ni ella ni su amor, sino los dólares. En esta película en la que, sin ser la última de la dupla, ya se vislumbra el final (de la vida y de la carrera), la escena tiene los visos de una puesta en claro de la relación de Sarli con Armando Bo.[14] Las réplicas de Isabel frente a George pueden leerse como una transferencia analítica en la que, dirigiéndose a George, en realidad se dirige a Armando. Las escenas recordadas en medio del camino –un infierno helado, pero ya no en medio de la vida, como en Dante, sino casi al final—[15] refieren a otros films, los cuales mostraban a una mujer cuyo ser dependía del hombre y del amor; dirigiéndose a Víctor Bo como partenaire de esas viejas películas ella verbaliza en inglés la posición sumisa de la mujer: "Ayúdame a vencer mi debilidad. No puedo resistir más. Ayúdame. ¡Por favor, ayúdame! […] Créeme, no me es permitido amar a ningún hombre. No me atormentes más", escenas que, como veremos, contrastan con su empoderamiento presente. En otra de las escenas de este rápido flashback, aparece un enmascarado como parte de alguna cultura indígena –aludiendo a las primeras películas de la dupla como *El trueno entre las*

---

y trasladarse a Panamá donde hay una fiesta de dólares, lujos y posibilidades. Allí conoce a Oscar que le propone un buen negocio. La maternidad no oculta, sin embargo, las ansias de aventura de esta mujer que se desplaza a Panamá y, en medio del vuelo (siempre por Pan Am), se cambia de ropa y se cambia de identidad. Recordemos que la misma Isabel Sarli, con padre ausente, se traslada a Buenos Aires con su madre para intentar mejorar su situación económica: los rasgos autobiográficos de Sarli/Bo siempre aparecen diseminados en sus films.

[14] No puedo resistir la tentación de analogar esta escena a una de las escenas finales de *Eva Perón* (1996), el film de Juan Carlos Desanzo, cuando ella, ya muy debilitada por el cáncer y en la conciencia de su muerte inminente, le reclama al general Perón reaccionar 'revolucionariamente' aceptando armar al pueblo para enfrentar a los 'gorilas' de la oligarquía y la alta burguesía.

[15] Como siempre, inversiones del hipotexto: aquí es *Beatriz* y no Dante la que está en medio del camino, entre la vida y la muerte.

---

hojas (1958) o *India* (1960)— que le recuerda a la protagonista su dimensión de fetiche: "Tienes todo lo que la gente quiere. La belleza que nunca muere. Eres la diosa". Ella responde, también en inglés: "No puedo irme. Nunca puedo ser una mujer. Nunca puedo morir". Ese no poder ser mujer probablemente se refiera a la maternidad que, en la visión cristiana, dejaría incompleta a la mujer sin esa experiencia (el hijo –según Freud— como sustituto del falo en la castración femenina). Víctor, como personaje –ya casi como Armando Bo en la vida real y como el público—, le dice: "No puedo vivir sin ti". La escena siguiente vuelve otra vez a mezclar vida y ficción, a la par que articula otros *flashbacks* y algunas anticipaciones, tanto en el relato como en la vida. Se la puede leer como reproches de Isabel a su amante (Armando en la vida, Víctor en la ficción). Conviene reproducir el diálogo de esa escena:

> George la mira de pies a cabezas. La cámara asume esa mirada:
> GEORGE: Estás como siempre. Hermosa. Te necesito.
> ISABEL/BEATRIZ: ¡Qué raro! Siempre me buscas cuando me necesitas. ¡Vaya novedad!
> GEORGE: Esta vez no; he realizado este largo viaje para convencerte.
> ISABEL/BEATRIZ: Bueno, ahora ¿qué pasa? ¿Qué has inventado de nuevo?
> GEORGE: Mira, vengo por algo concreto, tengo una oferta brillante. Fantástica, escúchala bien, ¡fantástica!
> ISABEL/BEATRIZ: Te has olvidado: todo terminó, mi carrera cinematográfica y lo nuestro. Esto es terminante. ¿Ignoras acaso el éxito de mis novelas?
> GEORGE: No, no lo ignoro, pero tus admiradores te extrañan… yo también.
> ISABEL/BEATRIZ: Vamos al grano. De qué se trata.

GEORGE: Una película junto a XX.[16] Muchos dólares, una vida maravillosa, claro, por supuesto, conmigo

ISABEL/BEATRIZ: Todo lo que tú quieres son los dólares.

GEORGE: Claro que los quiero y mucho, tanto como a ti.

ISABEL/BEATRIZ: Eres un caradura incorregible. Te olvidas todo lo que he sufrido por tu causa. ¡Qué poca memoria! Basta y vete ya.

GEORGE (*Saliendo*): Tú te acuerdas de los momentos feos, yo de los lindos. Donde hubo fuego, cenizas quedan.

ISABEL/BEATRIZ: Cínico. Continúas siendo un cínico. […] Y ya que te vas, saludos al ambiente cinematográfico. […] (*Para sí misma*) No sé si detrás de esa puerta, dejaba escapar mi felicidad.

Mujer deseada, fetichizada, explotada, abusada y mercantilizada por diversos hombres-personajes; mujer que, de pronto, toma las riendas de su vida y decide alejarse del mundo para vivir su falta: un amor. Amor que, como lo dice en el monólogo inicial, apunta al objeto perdido del deseo: el padre y el hermano, un amor incestuoso como goce prohibido, un amor primero e imposible, *último* refugio del deseo. Amor que, según decía la diva en las entrevistas, ahora vivía plenamente con y por sus mascotas. La tensión con la pornografía ha quedado atrás, pero esa mujer empoderada es capturada por la gran narrativa del amor patriarcal fundando una familia con Don Pedro y su hijo, en la ficción; con Armando y con Víctor, en la vida.

Bibliografía consultada: Ver al final de mi ensayo incluido en esta colección.

---

[16] No he logrado descifrar el nombre que se supone es un actor famoso.

La sumisión de las chicas

Sylvia Bonfiglio

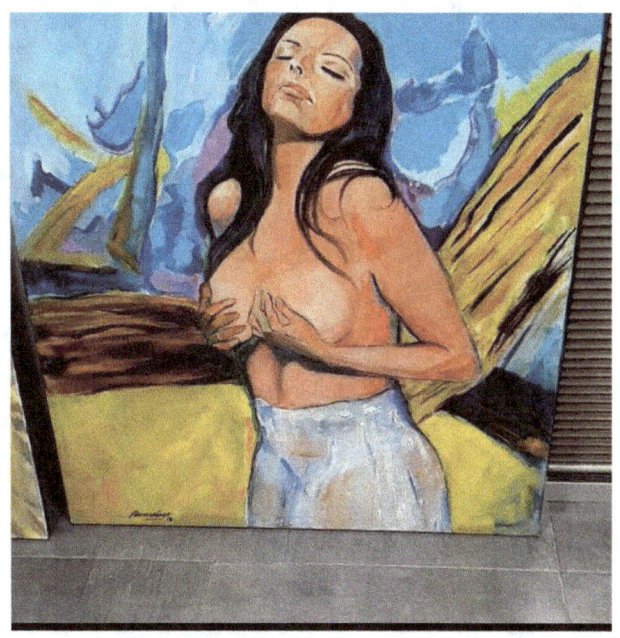

Gentileza Juan Alberto García

El cuerpo

N*adie sabe lo que puede un cuerpo* dijo el filósofo Baruch Spinoza en el siglo XVII y para explicarlo usaba un ejemplo metafórico, los seres humanos somos como esferas hechas de distintos materiales, es decir que somos geométricamente idénticos pero materialmente distintos. Esos diversos materiales ocupan el espacio y distribuyen su luz de diferentes maneras de tal forma que los límites que la luz proyecta no son iguales, son límites dinámicos. Ya en el siglo XX Michel Foucault acuña el concepto de *biopoder* entendido como formas de controlar la vida para optimizarla, es decir que nuestra propia concepción de la salud y del sexo sería una *biopolítica*. Así, las prácticas sexuales comunes y las concepciones sobre el sexo son una forma de apuntalar los equilibrios de poder del statu quo. Para Foucault los sistemas de conocimiento generan aquello que tratan de describir, de forma que son mecanismos de poder.

El cuerpo puede leerse, es un texto; no es ajeno a la cultura y a sus códigos. El cuerpo es la representación del cuerpo, se relaciona con el entorno sociocultural: lo constituye y a su vez es constituido por él. Más que tener un cuerpo, nos construimos cuerpo en el devenir de ser sujetos. El poder se entrama en el tejido corporal, en el hombre mismo, en el existir. Foucault se refiere a una "anatomía política ". Desde el disciplinamiento se fabrican cuerpos sometidos y al mismo tiempo dóciles. Pero siempre que se condicione la libertad del cuerpo la reacción será una lucha por su liberación, transformándose el cuerpo en el lugar de la resistencia para que el sujeto pueda experimentar su voluntad de poder.

Es a partir de Baruch Spinoza, siglo XVII, cuando podemos observar un giro radical en el tratamiento del cuerpo y él es quien inspiró a algunos pensadores significativos del siglo XX como Antonio Negri y Gilles Deleuze que plantean cuestiones como la "teoría política de la multitud" o "la vía del deseo como potencia". Claro que es Spinoza quien ilumina el asunto porque instaura la idea de la unidad entre el cuerpo y el alma y su teoría sobre los afectos del cuerpo como una política del deseo y como una acción legitimadora del cuerpo como potencial político. Los afectos se disponen en la obra de Spinoza como el hilo conductor entre el paralelismo cuerpo- alma y una teoría de la potencia del cuerpo.

La potencia de un cuerpo o el cuerpo como potencia según Spinoza radica en el esfuerzo o "perseverancia en su ser". Este esfuerzo destaca el alma, entendida como "voluntad" y el cuerpo como "apetito o deseo". Un cuerpo mediante sus afectos y pasiones se convierte en una figura subversiva de resistencia. Potencia y fuerza de un discurso corporal que se enfrenta a la razón en un ejercicio de resistencia y de combate. La idea de "perseverar en el ser" spinoziana se expresa como una resistencia del cuerpo por sí mismo. El movimiento implica ese lugar de apropiación de la propia corporeidad, lugar de cuestionamiento y al mismo tiempo lugar de resistencia.

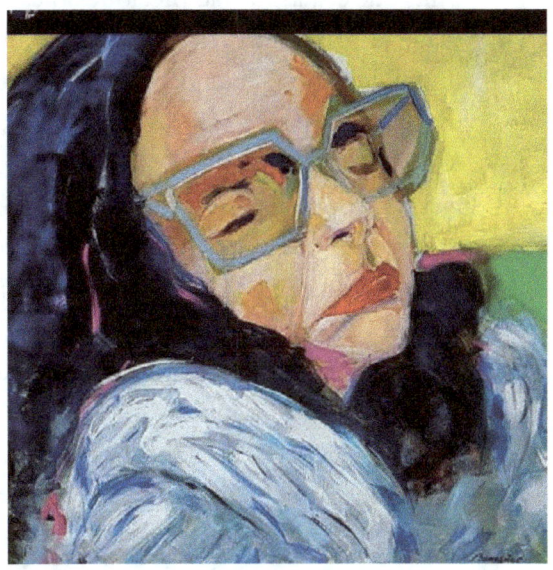

Gentileza de Juan Alberto García

La esposa ideal

En los años '50 Pilar Primo de Rivera, hermana de José Antonio Primo de Rivera –creador de la Falange Española— hija de Miguel Primo de Rivera, dictador español de los años'20, escribió la *Guía de la Buena Esposa* que incluye las *11 reglas para mantener a tu marido feliz*. Pilar era quien dirigía la Sección Femenina de la Falange y sus escritos, un adoctrinamiento, eran entregados a las mujeres que hacían "servicio social" en la dictadura de Franco. Entre todas las propuestas para "atender" al marido, se mencionan: cocina, aseo de la casa, aseo personal, atención de los niños, etc.; también había indicaciones…sugerencias acerca del comportamiento y la reacción de una esposa con respecto a la sexualidad. Leamos esta cita textual:

En cuanto respecta a la posibilidad de relaciones íntimas con tu marido, es importante recordar tus obligaciones matrimoniales: si él siente la necesidad de dormir, que sea así, no le presiones o estimules la intimidad. Si tu marido sugiere la unión, entonces accede humildemente, teniendo siempre en cuenta que su satisfacción es más importante que la de una mujer. Cuando alcance el momento culminante, un pequeño gemido por tu parte es suficiente para indicar cualquier goce que hayas podido experimentar. Si tu marido te pidiera prácticas sexuales inusuales, sé obediente y no te quejes. Es probable que tu marido caiga entonces en un sueño profundo, así que acomódate la ropa, refréscate y aplícate crema facial para la noche y tus productos para el cabello. Puedes entonces ajustar el despertador para levantarte un poco antes que él por la mañana. Esto te permitirá tener lista una taza de té para cuando despierte. (Constela, "Con un gemido basta")

Es decir que, además de cocinar, limpiar, ponerle las pantuflas, hacerse la desentendida si el marido vuelve de madrugada o a la mañana siguiente, la mujer debe cerrar la boca y sonreír sin ganas ante cualquier requerimiento. Entendemos, entonces, que el rol de la esposa ideal que se desprende de las palabras citadas incrementa absolutamente la idea de posesión, cosificación, esclavitud y, por qué no, prostitución del ama de casa.

Por esos años también circulaban cientos de anuncios que difundían la idea de "esposa perfecta". En las revistas femeninas proliferaban imágenes que fortalecían esta construcción de esposa feliz, fiel y eficiente. Era muy común tener en cada hogar libritos de fécula de maíz o polvo de hornear, o anuncios de lustra-aspiradoras o licuadoras con el estereotipo de mujer que propone y difunde abiertamente la *"Guía de la Buena Esposa"* y que, en palabras de Foucault, sirve para apuntalar los equilibrios de poder del statu quo. Para las muchachas de los años '50 ese era el ideal a seguir; este discurso estaba tan bien instalado y sostenido que resultaba indiscutible. Se necesitaba una mujer sometida para el modelo familiar que se sustentaba. Aquellas otras rebeldes que osaban cuestionar algún derecho igualitario para las mujeres eran juzgadas muy duramente. Las más transgresoras continuaron con su discurso feminista y lucharon por visualizar la sumisión y manipulación tan naturalizada en medio del señalamiento y la crítica demoledora de sociedades pobladas por *chicas machistas* sin siquiera notarlo. Para Pilar Primo de Rivera una mujer debía ser "femenina no feminista".

Si se analiza la historia en general comprendemos que las formas de representar a la mujer responden a una fuerte voluntad por contener su sexualidad y regular su cuerpo. Esto está indiscutiblemente ligado a factores de tipo social, económico, político y cultural que representan los valores y creencias vigentes de una determinada cultura en una época. Desde el imaginario social en la Argentina durante la llamada etapa peronista (1945- 1955) el rol de la mujer fue el del ama de casa. Bourdieu sostiene que a la mujer la define la "carencia", de tal forma que la construcción del otro femenino está basada en una diferenciación biológica y éste es el fundamento para su subordinación al género dominante, al hombre. Y si bien en la época peronista la mujer logra el voto femenino de la mano de Eva Duarte, el modelo de esposa seguía siendo el del ama de casa.

En función de "esa carencia" a la que hace referencia Bourdieu y de una función naturalizada, la mujer tenía el deber, natural, y casi moral de ser madre y esposa. En las creencias de la época estaba la expectativa de la mujer en la casa y no en el trabajo. Leamos otro comentario de Pilar Primo de Rivera:

> Las mujeres nunca descubren nada, les falta el talento creador reservado por Dios para inteligencias varoniles. La vida de toda mujer, a pesar de cuanto ella quiera simular- o disimular- no es más que un eterno deseo

de encontrar a quien someterse." (Velazquez, Lara. "El rol de la mujer argentina ama de casa, desde el imaginario social durante la primera presidencia de Hipólito Yrigoyen y durante la llamada ´Etapa Peronista´". *Revista Topía*)

Estos discursos eran de una fuerza tal que se replicaban en América y en nuestro país, lógicamente, como una idea naturalizada de las sociedades de esos tiempos. El sometimiento era difundido como una necesidad y una característica propia de la mujer.

***

La Coca

Por esos años una muchacha entrerriana, de condición humilde, criada por su madre y con la carga del abandono del padre, empezaba a trazar un camino que las sacase, a ella y a la madre, de la situación de pobreza y abandono que vivían y que les dejaría marcas inexorables. Ella se había preparado, tenía hecho el secundario y había estudiado inglés. Consiguió un puesto de secretaria y, ya instaladas en Buenos Aires, podría cambiar su suerte. Claro que falta destacar un detalle. Un detalle importantísimo, evidente: la muchacha era descaradamente hermosa. Dueña de una belleza natural pocas veces vista, mezcla de inocencia y voluptuosidad. Estamos hablando de Isabel Sarli, o Hilda Isabel Gorrindo Sarli o la "Coca" Sarli, apodo que deriva de la comparación de su cuerpo escultural con la botella de una famosísima gaseosa.

Realmente no nos consta que Isabel haya tenido noticias de la *Guía de la Buena Esposa*, ni de Pilar Primo de Rivera; lo que sí se puede afirmar es que la juventud de esta muchachita de provincia estuvo atravesada por ese discurso. Es inevitable. Los discursos y mandatos sociales nos atraviesan, aunque los desconozcamos, nos modelan, nos censuran, nos castran, incluso sin que lo notemos. Sólo escapamos a ellos si les damos entidad, si los conocemos profundamente y entonces tomamos partido. De otro modo iremos navegándolos para llegar a algún puerto como podamos. Y, en general, a ciegas. Tomaremos opciones y decidiremos sobre el destino de nuestras vidas con total desconocimiento de lo manipulables que somos. A ciegas, pero creyendo en nuestra libertad de elección, lo que vuelve más patético el rol de la mujer diseñado por sociedades patriarcales, que nos convencen de lo libres que fuimos para aceptar ser y repetir lo que la masculinidad "pretende" de nosotras.

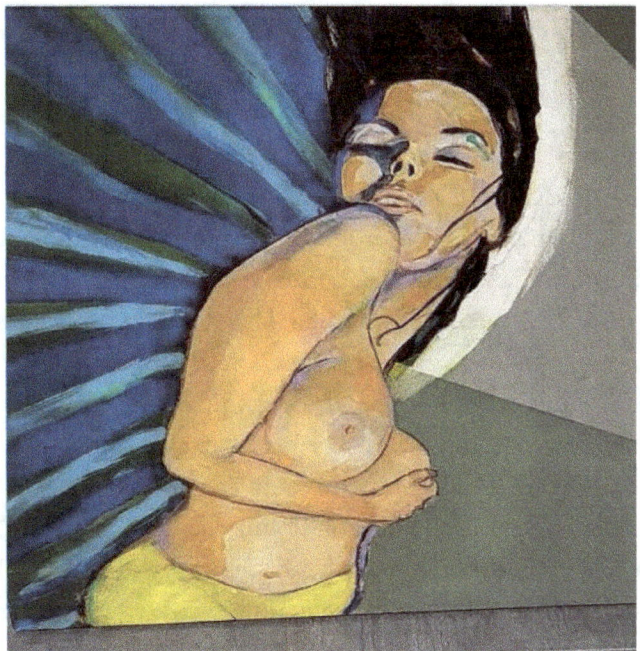

Gentileza de Juan Alberto García

Es evidente que en la sociedad argentina de principios y mediados del siglo XX domina la idea de la mujer en la casa y el hombre fuera de ella. Esa idea convierte a la mujer en un estereotipo de madre y esposa, se haya leído a Pilar Primo de Rivera o no, idea compartida por casi todas las ideologías desde los socialistas hasta los católicos y anarquistas. La sociedad atribuye roles y funciones. Hilda Isabel Sarli, la Coca, mamó de esa leche y fue hija de esos años y de las expectativas imperantes. Seguramente creció con el sueño de ser esposa y madre, tener un hogar y un marido, hijos a quienes cuidar.

La Coca, además de carencias económicas, sufrió carencias afectivas; su padre los abandonó cuando ella tenía 6 años; un pequeño hermanito murió a los cinco años, y creció con una madre que odiaba a los hombres y la cuidaba demasiado. Se casó en 1953 para escapar de esa casa. El matrimonio fue un fracaso, duró un año, hasta 1954. Para incrementar los ingresos hizo anuncios de electrodomésticos y ropa interior en las que su imagen escultural se resaltaba. Su cuerpo empezaba a tener entidad propia. Empezaba a ser leído.

Todo cambió en 1955 cuando Isabel Sarli fue elegida Miss Argentina.

– "Usted es la más importante de mis embajadores", se cuenta que le dijo Perón cuando pidió verla luego del certamen.

Esa muchacha se convertiría en embajadora de la belleza autóctona, ejemplo de la morocha argentina, pero también encarnaría a la incauta seductora, la pornógrafa *naif*, la enamorada hasta los tuétanos de un hombre que jamás iba a legalizarla, un hombre que nunca pudo amarla tanto como ella venerarlo. Que le negó ser madre, que no la consideró intelectualmente, aunque para cerrar algunos contratos dependió del inglés que sí sabía hablar la Coca.

Tal vez el peor sometimiento es el emocional. Cuando la gran morocha argentina soñaba con un hijo de ellos, Armando la desalentaba diciendo que una bomba sexy embarazada no resulta muy útil para la gran empresa erótica que juntos construían. "¿Y si dejo todo y te doy un hijo?", le propuso ella alguna vez. "No seas tonta, yo puedo ser tu hijo, tu hombre y hasta tu padre. No necesitás nada más, sonsa" (Sarli y Bo: "Una pasión marcada a fuego").

Hubo en nuestro país una mitificación de la relación de Isabel con Armando Bo, tan clandestina como popular. Se los reconocía y respetaba como una pareja consolidada en lo emocional y económico-laboral, juntos fueron una máquina de producir películas, comentarios, críticas, aplausos, dinero y taquillas completas. Se los admiraba y se los criticaba. Se naturalizaba esa relación de amantes clandestinos a los ojos de todos.

La Coca y Armando formaron una pareja indestructible y fundaron una sociedad comercial perfecta, que se constituyó en símbolo del erotismo, el camp y el kitsch del cine local e incluso del latinoamericano y europeo, pero, ¿es que había sometimiento en esa relación que se mostraba y duplicaba en el cine?

> *"Soy pavota, pero no tanto como para creerme una actriz",*
> decía la Coca.

Lo que Isabel consiguió a nivel actoral lo logró a la fuerza, sometida por la rígida dirección de Armando. Algunos de sus comentarios acerca de las filmaciones dan cuenta de muchos de los procedimientos que utilizaba Bo:

> Armando me explicaba. O me tiraba por una
> escalera, para darme susto. O me metía la cabeza en un tacho donde estaban quemando
> hojas húmedas, para que medio me ahogara
> y diera congestionada y con miedo. Bueno,
> ahora he mejorado un poco: ya me puedo
> asustar mejor, y sola. (Isabel Sarli: La verdadera historia de la morocha – *lavaca*)

Se dice que Bo le aseguró a la actriz que iba a filmarla de lejos y que casi no se la veía, y que hasta la hizo asomarse por el ojo de la cámara para que lo comprobara por sí misma. También que le dio whisky en una cantimplora para que se relajara.

–Anda sacándote la ropa –le dijo Armando e Isabel sintió que le temblaba todo el cuerpo.

—Metete al agua, Coca— le ordenó mientras, detrás de cámara, se deleitaba por las imágenes que le anticipaban el éxito.

(Isabel Sarli: La verdadera historia de la morocha – *lavaca*)

Quizá podamos leer el sometimiento al que era llevada. Quizá lo naturalicemos.

Armando la quería; sin embargo, nunca dejó a la mujer con la que se había casado. La quería, pero no aceptó tener un hijo con ella.

La quería y la necesitaba; la convirtió en la diosa nacional y popular, sólo que para eso la obligaba a rodar más de una película por año y con grandes esfuerzos físicos. "Pasé mucho frío filmando, era un gran sacrificio", ha contado Isabel. (Sarli y Bo, "Una pasión marcada a fuego). Además, Isabel se sometía como una forma de retenerlo y no perderlo. Armando jamás abandonó a su mujer, Teresa, madre de sus tres hijos. La Coca debió soportar la tiranía de un hombre férreo. Claro que había aprendido la sumisión bajo el gobierno implacable de su madre. Era una chica de los '50 y no importaba cuán escultural fuera su figura ante la rigidez de una madre cuasi endiosada, pero también temida. No quería perder más. Ya había perdido bastante. Si Armando no la ponía en el rol de esposa sino de amante legal, ella cumpliría ese rol a la perfección como corresponde a una chica de su época: con *sumisión*. Por eso consentía a sus pedidos. Era una forma de que él la amase más.

La sumisión de las chicas

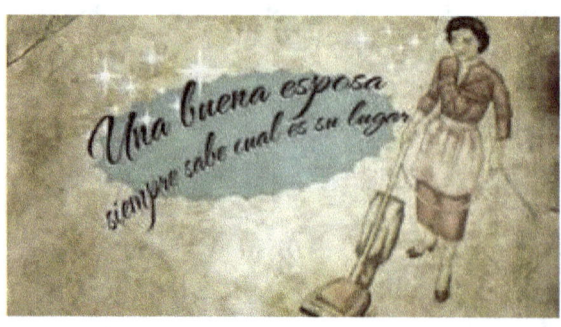

Pilar Primo de Rivera en su manual se refería a las buenas esposas, y si hay algo que la Sarli fue, es una buena esposa según los preceptos de los años '50. Fue obediente y dedicada; siempre acató las órdenes o requerimientos de ese hombre que le pedía que se desnudara para la cámara a fin de que muchas familias pudieran comer. Es decir que, más allá de su cuerpo voluptuoso y su imagen erótica y memorable para la iconografía popular, la chica humilde y provinciana seguía a raja tabla la regla de cumplirle al hombre, sin discusión. Hubo en ella una idolatría singular hacia la persona de Armando Bo. Fue su mujer obediente y fiel sin necesidad de papeles. Tuvieron un matrimonio a su manera, pero siempre dentro de los preceptos que atravesaban esos años. Y si alguno ve en esta relación un dejo de prostitución es porque todas las relaciones de esa época, de alguna manera lo tenían. Como sostiene Bourdieu, la mujer constituye su subjetividad como entidad negativa: la define la carencia de lo que el hombre en tanto sujeto es y tiene. Esta visión de mundo que está organizada de acuerdo a la división de géneros ha instituido las diferencias entre los cuerpos biológicos como fundamentos para una construcción social arbitraria del cuerpo masculino y femenino y las jerarquías de poder. Se entiende la sumisión de las chicas. No nos es lejana, hoy vamos develando una situación histórica que había naturalizado esta sumisión y se la replicaba de generación en generación para sostener el statu quo de un equilibrio social patriarcal. La sumisión de las chicas fue naturalizada en todos los estratos sociales, de tal forma que se invisibilizó la manipulación y el sometimiento. Debido a que las sociedades se construyeron patriarcalmente y se sostenía el statu quo como una forma de control, la mujer y su cuerpo quedaban absolutamente sometidos.

En las películas de la Sarli el sometimiento a ese cuerpo maravilloso es el centro del relato, sin embargo, su cuerpo despliega en sí mismo una poesía que va leyéndose y que se impondrá. Poiesis se refiere a la forma, es el proceso de pasar de no ser a ser, diría Platón en *El Banquete*. Es el poder de la poesía del cuerpo desplegándose en los filmes frente a los ojos de generaciones de admiradores o detractores que va construyéndose libre y potente.

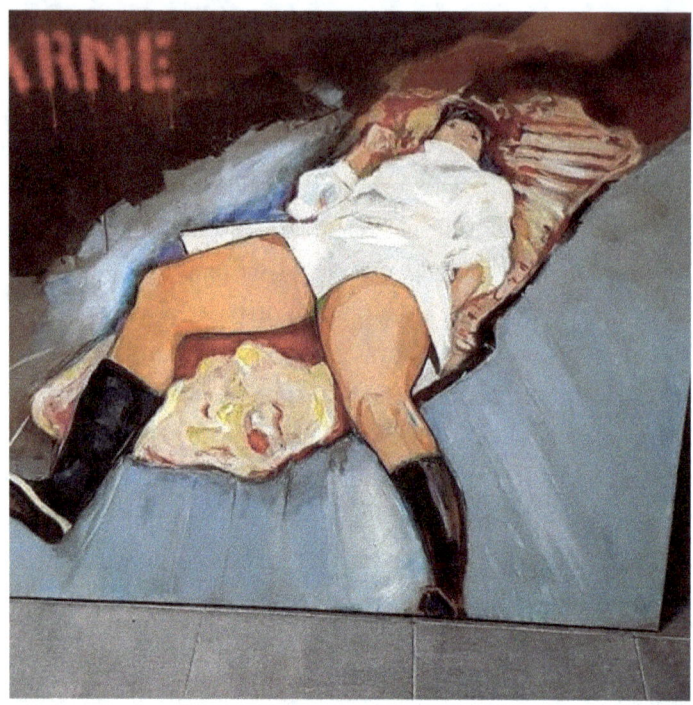

Gentileza de Juan Alberto García

La Coca Sarli protagonizó 57 películas eróticas que resultaron inolvidables: *El trueno entre las hojas (1958), Sabaleros (1959), Carne (1968), Fuego (1969), Fiebre (1972)* son algunas de las más recordadas. Si bien no todas las películas dirigidas por Bo se desarrollaron en ambientes marginales, el erotismo, sello distintivo de la Sarli, estaba rodeado de hombres duros, de obreros, de frigoríficos, de caballerizas, de violencia.

Los desnudos de la actriz llegaron hasta Rusia, llevados de contrabando desde Cuba y hasta inspiraron los versos de un poeta chino en Beijing. (España, en "Isabel Sarli: La verdadera historia de la morocha" – *lavaca*)

Las carencias marcan; el miedo al abandono es enemigo del empoderamiento; eran los '50, los '60, faltaba bastante para que las chicas decidiéramos dejar de ser sumisas y poco a poco fuéramos iluminando este mundo para que el sometimiento doméstico tan naturalizado se hiciera visible. Probablemente la figura de la Coca desplegándose en las películas de Bo haya sido un principio para que la discusión se instale.

Las líneas de las coordenadas de *La guía de la Buena Esposa* y el erotismo *naif* de la Sarli van a cruzarse. El exacto lugar de ese cruce es el cuerpo femenino. La mujer y su cuerpo. La posesión y el deseo. La obediencia y la prostitución: la sumisión.

En el cine de Bo se replica en la ficción la idea de someter a ese cuerpo deseable y se castiga con culpa el erotismo femenino. En la película *Fiebre* la protagonista es ninfómana, es decir que el deseo se relaciona con una enfermedad. El castigo será la culpa que siente el personaje y que la perturba al punto de pedir a Dios la muerte. Mujeres como ésta son repudiadas por sociedades que temen a lo que no se ajusta a la norma, es decir la mujer en su casa atendiendo los deberes de esposa.

Sin embargo, mediante las películas de Bo, pareciera que frente a lo espectacular de ese cuerpo, que se muestra y provoca mirarlo, cuestionarlo, se fuera instalando un espacio de discusión y también de resistencia.

La exposición, la mirada, la cámara, los ojos de los adolescentes que se escapaban del colegio secundario para ir a la oscuridad de un cine de barrio a ver "una de la Sarli" seducidos por la potencia de su cuerpo, fueron parte de un fenómeno artístico y social que dejó huella.

Las esferas con las que Spinoza ejemplificaba metafóricamente a los cuerpos proyectan una luz que alcanza diversos límites dinámicos. *Nadie sabe lo que puede un cuerpo*, el espacio que ocupó y la luz que distribuyó, *perseverando en su ser*, el cuerpo de la Sarli creó una poiesis única, una posibilidad de lectura en sus admiradores que supieron adorarlo en su magnificencia.

A lo largo de toda la historia, el cuerpo de la mujer ha sido objeto de uso y abuso. Esposas o amantes nos hemos esforzado en cumplir sin importar el cómo. Sin importar nuestro deseo: *Yerma*s de estos tiempos.

Hoy podemos discutirlo porque la sumisión se nos hizo visible. Hoy hemos encontrado nuestra voz para decir y decirnos lo que nos pasaba, y resulta que estábamos *rotas*. Hoy empezamos a sanar. Hemos aprendido a visualizarnos y entendernos entre nosotras mismas. Nos hemos iluminado unas a otras. Hoy el cuerpo de la Sarli se nos transforma en espacio de resistencia y liberación.

Celebremos a las mujeres que de su cuerpo han sabido hacer posesión propia y derecho al goce y al amor, libres de manuales, reglas y guías. El cuerpo de la Coca en las aguas calmas ha hecho visible la belleza del erotismo y el valor de mostrarlo. Ha sido lugar de resistencia y subversión. Ha desarrollado su potencia y se ha legitimado poderoso en un mundo de hombres.

Ya no importa *qué es lo que pretenden*, sino cuál es nuestro deseo libre de sumisiones.

Los años '50 y '60 ya son idos, mucha agua corrió bajo el puente y, si una imagen queremos guardarnos de esa época, es la libertad de la Sarli nadando sin pensar en la cámara que la robaba. Ese instante que nos la trae, una y otra vez, natural y potente, con sus senos al sol como banderas.

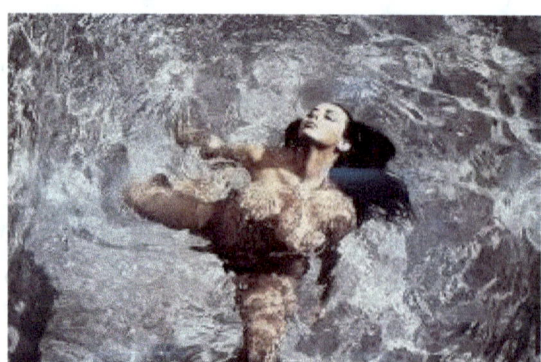

Isabel Sarli en un fotograma del film La mujer de mi padre, *dirigido por Armando Bo en 1968.*

Bibliografía consultada:

Baltiwala, Srilatha. "El significado del empoderamiento de las mujeres: nuevos conceptos desde la acción". En León, Magdalena (comp.). *Poder y empoderamiento de las mujeres.* Unicef y R. Clarke asociados, Tercer Mundo Editores, Universidad Nacional de Colombia, 1997. 187-211

Barrancos, Dora. *Mujeres en la sociedad argentina.* Editorial Sudamericana Argentina, 2015 (reedición)

Bourdieu, Pierre. *La dominación masculina,* Editorial Anagrama, 2000.

Burgos, Lola. "Nadie sabe lo que puede un cuerpo". *Arco europeo.* Disponible en: http://arcoeuropeo.org/?p=2446#:~:text=Nadie%20sabe%20lo%20que%20puede%20un%20cuerpo%20es%20un%20aforismo,un%20cuerpo%2C%20para%20un%20sujeto.

Caplliure, Johanna. "´Nadie sabe lo que puede un cuerpo´. El cuerpo como fuerza política en Spinoza". *Autopsia de la contemporaneidad.* Disponible en: http://autopsiadelacontemporaneidad.blogspot.com/2013/10/nadie-sabe-lo-que-puede-un-cuerpo-el.html

Carceller, A. "Sección Femenina. La mujer dentro del franquismo". Los ojos de Hipatia. Disponible en: https://losojosdehipatia.com.es/cultura/historia/seccion-femenina-la-mujer-dentro-del-franquismo/

Constela, Tereisa. "Con un gemido basta". El País, Cultura. Madrid. Mayo 9, 2009. *Economía doméstica en el bachillerato y el magisterio.* Sección Femenina: Madrid, 1958.

---. "Con un pequeño gemido, basta". Diario El País. 9 de mayo de 2009. Disponible en: https://elpais.com/diario/2009/05/10/cultura/1241906403_850215.html

De Beauvoir, Simone. *La mujer rota.* Debolsillo, 2016.

---. *El segundo sexo*. Debolsillo, Buenos Aires, 2016

Deleuze, Gilles. *Spinoza y el Problema de la Expresión*. Editorial Munchnik, 1975.

Gil Lozano, Fernanda; Valeria Pita y María Gabriela Ini. *Historia de las mujeres en la Argentina*. Editorial Taurus, 2000.

Goity, Elena. "Las batallas calientes. Armando Bo edifica a Isabel Sarli" en España, Claudio (Director General), *Cine Argentino: Modernidad y vanguardia 1957/1983*. FNA, Vol I. Fondo Nacional de las Artes, 2005.

Kuhn, Anette. *Cine de mujeres. Feminismo y cine*. Cátedra, 1991.

La Vaca. "La verdadera historia de la morocha". Disponible en: https://www.lavaca.org/notas/isabel-sarli-la-verdadera-historia-de-la-morocha/

León, Magdalena, comp. *Poder y empoderamiento de las mujeres*. Unicef y R. Clarke asociados, Tercer Mundo Editores, Universidad Nacional de Colombia: Bogotá, 1997.

Mascareño, Pablo. "Una pasión marcada a fuego." La Nación, 29 de junio de 2019]

Morales Morales, Ernesto. *Empoderamiento y transformación de las relaciones de poder*. Universitat Autónoma de Barcelona: Barcelona, 2015

Mujeres Publimetro. "La anticuada ´Guía de la Buena Esposa´ del año 1953". Disponible en: https://www.publimetro.com.mx/mx/estilo-vida/2014/02/17/anticuada-guia-buena-esposa-ano-1953.html

Peña, Fernando. *Cien Años de cine argentino*. Editorial Biblos, 2012.

Peruso, María Luisa. *Las mujeres y sus luchas sociales en la argentina*. Ministerio de Defensa de la Nación Argentina, 2006.

Piola, Renata. *El tratamiento de la cuestión de la diferencia sexual en el discurso periodístico. Una lectura del suplemento Las/ 12*. UNCuyo-Mimeo, 2004.

Primo de Rivera, Pilar. *Guía de la Buena Esposa*, 1953.

Serra, Alfredo. "Las esclavas de Franco" Infobae. Disponible en: https://www.infobae.com/america/cultura-ame-rica/2019/11/18/las-esclavas-de-franco-como-la-dicta-dura-fascista-hizo-de-la-mujer-una-prisionera-de-su-ma-rido-y-su-casa/

Spinoza, Baruch. *Tratado teológico–político.* Tecnos, 1966.

Velazquez, Lara. "El rol de la mujer argentina ama de casa, desde el imaginario social durante la primera presidencia de Hipólito Yrigoyen y durante la llamada ´Etapa Pero-nista´". *Revista Topia.* Disponible en: https://www.to-pia.com.ar/articulos/rol-mujer-argentina-ama-casa-ima-ginario-social-durante-primer-presidencia-hipolito

Agradecimiento a Juan Alberto García por permitir el uso de las fotos de las pinturas.

Isabel Sarli, ese oscuro objeto del deseo.
Entre el erotismo patriarcal y el goce femenino

Denise Pieniazek

> Ante la escasa participación
> de la mujer en el mundo audiovisual
> cualquier presencia y visión femenina es política
> (…) el sexo es bueno y beneficioso,
> es disfrute y placer no sólo para hombres.
>
> *Erika Lust*

Introducción

El siguiente ensayo se propone analizar las representaciones cinematográficas de la actriz Isabel "Coca" Sarli (1935-2019), las cuales configuraron su *texto estrella* como un ícono femenino del erotismo criollo a través de un proceso de *cosificación*[17] de su figura convertida en consecuencia en un objeto del deseo masculino. Las interpretaciones de Isabel Sarli a analizar, comprenden un extenso corpus de largometrajes, dirigidos en su totalidad por Armando Bo[18], el primer y prácticamente único cineasta con quien ella trabajó. Es pertinente mencionar que *resulta imposible disernir los límites personales del aporte artístico del binomio Sarli-Bo, porque este implica un trabajo en equipo, un éxito conjunto producto del talento de ambos. Isabel y Armando compartieron* equitativamente con el 50%[19] cada uno, *la productora* SIFA (Sociedad Independiente Filmadora Argentina) durante más de veinte años. Como es de público conocimiento Bo y

---

[17] Por "cosificación femenina" se entiende el uso de la mujer o de su imagen con la finalidad de convertirla en un objeto sexual a disposición del hombre.

[18] Armando Bo además de dirigir y producir la mayoría de las películas en cuestión, en muchos casos las escribió y coprotagonizó.

[19] La posesión de Sarli del porcentaje igualitario del 50% era algo totalmente atípico en un actor/actriz a nivel mundial.

Sarli, además de interpretar juntos romances en pantalla, fueron pareja sentimental en la vida real durante veintiséis años, hasta la muerte de él en 1981.[20]

Más allá de las especulaciones respecto a la vida personal de ambos, centrándonos principalmente en la producción del dueto artístico Bo-Sarli/Sarli-Bo, el interés del presente escrito reside en cuestionar las constantes tensiones entre la ideología patriarcal hegemónica del contexto de producción y las emergentes expresiones del derecho femenino al placer sexual propias del contexto histórico de los años '60. Aquella es "una sociedad que se debate entre la renovación del paradigma sexual y la reproducción de algunos de los valores morales tradicionales" (Drajner 2016 10). Por un lado, la ambivalencia observada oscila entre una mujer que transgrede los modelos canónicos de la época respecto del ideal de domesticidad, la institución familiar y que logra expresar el deseo sexual mujeril. Por otro lado, la forma en que esto es puesto en escena, evidencia la ocularización de un *voyeur* masculino, reafirmando así la tradición patriarcal. Al respecto parecen pertinentes los planteos de Laura Mulvey respecto del cine clásico, el cual manipula el placer visual proveyendo a ese espectador que se supone masculino, de "escoptofilia" (entendida como el placer de usar a otra persona como objeto de estimulación sexual a través de la vista) y de narcisismo, estableciendo entonces al hombre como activo y la mujer como objeto-pasivo (Mulvey 8). Asimismo, John Berger refiriendo a la cosificación de las mujeres en la historia de las artes visuales, afirma que verlas como un objeto estimula a usarlas como tal. En adición, se desea analizar cómo es representada la sexualidad en las películas Sarli-Bo, y preguntarse, si es posible hablar de forma plural de sexualidades.

La diva en cuestión merece reconocimiento, puesto que uno de los aspectos de gran potencial contrahegemónico de sus repre-

---

[20] Armando también mantuvo paralelamente, hasta el último de sus días, su matrimonio con María Teresa Machinandiarena, quien era hija de uno de los hermanos dueños los Estudios de cine San Miguel.

sentaciones reside en que siempre son figuradas desde un cuerpo mujeril, que nunca es negado como tal, no es travestido, ni masculinizado. Es desde su figura y género[21] femenino que sus personajes instauran permanentemente el conflicto. Incluso, teniendo en cuenta la cantidad de problemas con la represión moral de la época y la posterior censura estatal, cinematográficamente el cuerpo de Isabel es siempre un campo de batalla, "es lo que subvierte la moral" (Drajner 2013 17). En adición, Sarli no es sólo una integrante del *star-system*[22] latinoamericano, es además *texto estrella*. El concepto de *texto estrella* es comprendido como el anclaje de un in-térprete a la reiteración de personajes similares. De tal modo, las estrellas de cine atraían al público y eran ancladas a personajes estereotipados y a determinados géneros, de esta forma eran más que actores, eran *texto estrella* (Manetti 25). En efecto, la estrella es el resultado de la superposición de dos identidades, la del intérprete y la del personaje. En palabras de Edgar Morin "La estrella es el actor o la actriz que absorbe una parte de la sustancia heroica -es decir, divinizada y mítica- de los héroes del cine, y que, recíprocamente, enriquece esa sustancia mediante un aporte que le es propio" (Morin 45).

A modo de propuesta de análisis, la filmografía de Isabel Sarli puede dividirse, en cuatro grupos según su temática y género cinematográfico. La segmentación de la filmografía, tiene como ob-jetivo dar cuenta de las tensiones constantes entre la ideología patriarcal y las emergentes expresiones del derecho femenino al goce sexual. De tal modo que las ambivalencias permanentes en las representaciones de Sarli son fuentes interesantes para analizar la configuración de la sexualidad y la construcción de modelos de com-portamiento e identidades en el cine argentino del contexto.

---

[21] Se considera la "categoría de género para referirse a la simbolización que cada cultura elabora sobre la diferencia sexual, estableciendo normas, expectativas sociales sobre las conductas y los atributos de las personas en función de sus cuerpos" (Lamas 4).

[22] Según Rick Altman el género es una fórmula consistente de introducir grandes estrellas, ya que éstas garantizan un cierto estilo, una determinada atmosfera y un conjunto de actitudes que solemos conocer.

El primer corpus está integrado por *El trueno entre las hojas* (1958), *Sabaleros* (1959) –ambos filmes pertenecientes al drama social[23]-, *India* (1960), *La tentación desnuda* (1966), y en forma de transición hacia otra poética podemos incluir los melodramas *...Y el demonio creó a los hombres* (1960), *Favela* (1961) y *La Leona*[24] (1964). En este segmento, preponderan las leyendas indígenas, las problemáticas sociales de injusticia, no sólo frente a los aborígenes, sino también frente a la explotación laboral. Es decir, se plantean problemáticas étnicas y de clase. El segundo grupo de largometrajes está integrado por las comedias *La mujer del zapatero* (1965), *La señora del intendente* (1967) y *Una viuda descocada* (1980). La tercera y más extensa sección está compuesta por películas en las que predomina el melodrama prostibulario y el mundo criminal, tales como *La burrerita de Ypacaraí* (1962), *La diosa impura* (1964), *Lujuria tropical* (1964), *La mujer de mi padre* (1968), *Éxtasis tropical* (1969), *Desnuda en la arena* (1969), *Furia infernal* (1973), *Intimidades de una cualquiera* (1976), *Una mariposa en la noche* (1977) y *Los días calientes* (1966). El último apartado está compuesto por filmes en los que se observa una transgresión de las normas sociales, especialmente en cuanto a la sexualidad canónica de la época. Asimismo, hay una preocupación por visualizar las problemáticas sociales que puede padecer el género femenino, tales como la violación o la ninfomanía. Por ende, el cuarto grupo es integrado por *Carne* (1968), *Fuego* (1968), *Fiebre* (1972), *Insaciable* (1974), *El sexo y el amor* (1974), *Embrujada* (1976) y *El último amor en tierra del fuego* (1979).

El nacimiento de la Venus criolla

En 1955 Isabel Sarli ganó el concurso de belleza "Miss Argentina"[25] y posteriormente siendo modelo publicitaria pudo acceder

---

[23] Puede pensarse en ambos largometrajes el impacto de la película argentina anterior *Las aguas bajan turbias* (1952, Hugo del Carril), la cual suele ser calificada dentro del estilo de cine político-social.

[24] *La leona* también podría colocarse en el tercer corpus de películas.

[25] En esa época Sarli dijo que usaba el pelo corto, porque estaba de moda el look de Gina Lollobrigida. Se conserva un documento histórico de 1955, disponible en el canal de YouTube del Archivo General de la Nación, que es un breve

al mundo de la actuación. Es decir, que desde el inicio de su carrera su rol social y cultural giró en torno a la concepción de mujer como espectáculo. Sin dudas, el *texto estrella* de Sarli como mujer codiciada eróticamente por todos los hombres fue determinado por su exuberante figura con curvas y su cabello oscuro y abundante -símbolo de la potencia sexual según la tradición iconográfica visual- que la hizo representante de la sensualidad criolla, a pesar de ser distinta a todos los cánones de belleza prexistentes del cine nacional. Al respecto, Armando Capalbo y María Valdez exponen que ella poseía una sexualidad excesiva para la norma que encajaba en el es-tereotipo de latina ardiente cuyos pechos se volvieron "signo inequívoco de eroticidad de la diva" (Capalbo 367). Sarli comenzó su carrera en cine aproximadamente a los 23 años de edad, lo cual le permitía realizar otro tipo de papeles más osados respecto de los cánones domésticos. En dicho sentido, es más que pertinente recordar el planteo de Morin (1964), según quien los argumentos de las películas se preparan a medida de la estrella.

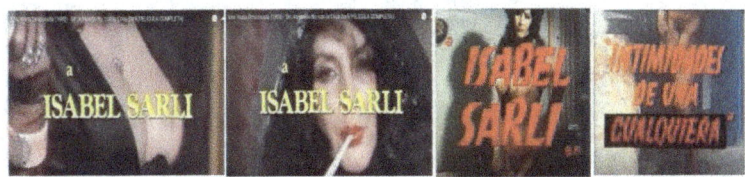

Imágenes N°1: Créditos iniciales de *Una viuda descocada* (1980) e *Intimidades de una cualquiera* (1976)

Sarli, después del estreno de su primer filme *El trueno entre las hojas* (1958), alcanzó el estrellato, puesto que además realizó allí el primer desnudo frontal del cine argentino[26], Incluso, quizás fue uno

─────────────────────

institucional de cuando Sarli ganó el concurso. Mientras que vemos cómo la cámara recorre su figura, la voz en off dice: "Isabelita es una chica muy de su casa que sabe atender (…) las tareas hogareñas". Nuevamente está presente esa tensión entre la cosificación sexual femenina y los ideales de domesticidad de la época.

[26] En varias entrevistas Isabel contó que en cierta forma fue engañada por Armando para realizarlo. Se suponía que utilizaría un traje de baño color piel, el

de los primeros del cine mundial, porque tal como expone Roman Gubern, éstos comenzaron a mediados de los ´60. Desde entonces, ella se volvió la principal atracción para el público como *sex-symbol*, es decir, como una representante del modelo de belleza erótica, con alcance internacional. A partir de allí, los relatos de Bo -que oscilan entre el cine social, el género del melodrama[27] (en sus distintas variantes) y la comedia, subsumidos cada uno de ellos al cine erótico- hicieron "énfasis en los atributos anatómicos excepcionales y las performances extravagantes" (Gubern 26). El *texto estrella* de "Coca" como *sex-symbol* latina, fue configurado formalmente a través de las posibilidades del lenguaje cinematográfico, sus movimientos corporales y el vestuario[28].

En el primer conjunto de películas compuesto por *El trueno entre las hojas, Sabaleros, India, La tentación desnuda, ...Y el demonio creó a los hombres* y *Favela*, las mujeres interpretadas por Sarli en medio de la naturaleza son vulnerables[29] porque son acosadas por los hombres. Al parecer, estos varones no pueden poner freno a sus "instintos salvajes" y conciben a la mujer como parte de su dominio. En este tópico donde los paisajes naturales "salvajes" son predominantes, todo es explotado y violentado: los hombres, los recursos naturales y las mujeres. Sin embargo, el dominio sobre la mujer parece estar naturalizado. En ocasiones los únicos protectores de la "Venus trigueña

---

[27] Linda Williams agrupa dentro de los "géneros corporales" algunos géneros cinematográficos, generalmente despreciados, como el melodrama y la pornografía, los cuales se proponen duplicar en el público algunas reacciones físicas como el llanto o la excitación respectivamente. Según Williams, la corporalidad es la fuente tanto de atracción como de rechazo a los mencionados géneros, lo cual resulta pertinente si se piensa que a grandes rasgos la oscilación y fusión entre el cine erótico y el melodrama, se encuentra la producción Sarli-Bo. Lo cual se refleja, en el estilo melodramático de actuación, donde los gestos reflejan emociones relacionadas a las categorías morales de la sociedad, como plantea Victoria Ruétalo retomando conceptos de Richard Dyer (Ruétalo 201).

[28] El vestuario era realizado casi siempre por el reconocido diseñador de moda Paco Jamandreu.

[29] Los paisajes son retratados por Bo desde lo autóctono, a diferencia del cine clásico que lo hacía desde el "exotismo".

traje nunca apareció e igualmente al no comprender cuestiones técnicas pensó que la cámara la tomaría desde más lejos.

de la selva" son interpretados por Armando Bo. Salvando las distancias, Sarli desnuda como Venus, nace cinematográficamente en el agua, que da como resultado una especie de *leitmotiv* visual a lo largo de casi toda su filmografía. Es pertinente mencionar que en el drama social *Sabaleros*, se esbozan osadamente cuestiones como la corrupción, la "trata de blancas", los juegos de azar y los estupefacientes. Por otro lado, en *India* lo social comienza a perder peso y se enfatiza en el romance y el tratamiento del cuerpo de Sarli. En consecuencia, "*India*, implica la abierta inscripción de Bo en la *sexploitation*, denominación que reciben los films cuya clara finalidad es económica y emplean como señuelo las escenas de sexo" (Goity 369).

Una de las películas más osadas de este corpus es *La tentación desnuda* que inicia con una joven burguesa, Sandra (Sarli), que se pierde en el Tigre en donde es socorrida por un amable y solitario lugareño llamado José María (Armando Bo). Aquí Sarli representa una especie de Eva, porque es la única mujer en el "paraíso", lo cual es explicitado por el relato: "Tan solos como Adán y Eva"[30]. En dicho sentido las relaciones intertextuales bíblicas y cristianas estarán pre-sentes durante todo el relato. El significado del título se explica literalmente, Sandra le dice a José María: "Soy la tentación desnuda, quiero hacerte caer en el pecado". En este sentido puede pensarse que hay una construcción peyorativa de la mujer, la cual es representada como la causante de los futuros males que padecerá el buen y culposo José María[31]. En adición, hay varios hombres en ese "paraíso", pero una sola mujer a través de la cual todos quieren satisfacer su instinto sexual. Como consecuencia, Sandra es violada por los otros hombres que la descubren. Al parecer, el pasado de excesos burgueses de la protagonista encuentra su castigo simbólico, en ese lugar donde la única ley es la del "macho". En el desenlace, todos los otros

---

[30] En esta escena Sarli aparece tras unos juncos que dejan entrever su desnudez generando erotismo, nuevamente la ocularización es desde el punto de vista masculino.

[31] Para enfatizar las cuestiones bíblicas José María es crucificado en el suelo por los hombres. Luego, se sobreimprime en el cielo la imagen de Jesús y, con un efecto de montaje, José ahora posee una corona de espinas como Cristo.

hombres que se han traicionado entre sí por poseerla, terminan muertos, es decir, que son castigados simbólicamente por su violencia y por tentarse ante la mujer. Sin embargo, en un gesto redentor y de empoderamiento femenino Sandra, la única mujer, sobrevive.

La película ...*Y el demonio creó a los hombres*[32] merece especial atención, ya que en ella surgió la frase, que debido al ímpetu y personalidad con la que es pronunciada por Sarli, la ha inmortalizado en la cultura popular. Incluso se ha jugado con la misma a lo largo de toda su carrera reciclándola reiteradas veces, como se expondrá más adelante. La frase a la que se refiere es "¿Qué pretende de mí?"[33]. En el filme en cuestión, Sarli interpreta a una joven burguesa llamada Magda (o Magdalena como la "pecadora" bíblica) que nuevamente será simbólicamente castigada por la diégesis siendo expulsada a una isla, debido a su pasado "pecaminoso"[34] según las normas patriarcales. Allí los hombres que habitan, la desean porque "Donde quiera que vayas habrá un hombre asechándote" (texto que resuena en la mente de Magda con la *voz over* de su madre que la mortifica). En ese retorno a la naturaleza de "Venus", lejos de la idiosincrasia de la alta sociedad, la mujer con un pasado abrumador puede redimirse y entregarse al verdadero amor, después de una vuelta al origen, una purificación del mar para librarse de los pecados del pasado que la condenaban. Al respecto, se coincide con la perspectiva de Capalbo y Valdez quienes plantean que las mujeres que Sarli interpreta son construidas y fetichizas: "Seducción y ofrenda visual sin secretos, pero travestidos de atribuciones culturales falocéntricas (...) [cuya] mirada asume los valores del patriarcado, de la culpa, de la sumisión

---

[32]El título de...*Y el demonio creó a los hombres* dialoga como respuesta intertextual con *Y Dios creó a la mujer* (*Et Dieu...créa la femme*, 1959) protagonizada por la *sex-symbol* francesa de cabellera rubia Brigitte Bardot. Recordemos que Armando Bo era una persona culta, estaba pendiente de la producción internacional, y le interesaban directores de cine como Ingmar Bergman, Russ Meyer y Vilgot Sjöman.

[33] Lo que pocos recuerdan es que la célebre frase comenzaba con otra pregunta: "¿Por qué me persigue?"

[34] Un pasado que había terminado en tragedia debido a un triángulo amoroso compuesto por ella y dos hombres.

a los roles establecidos, del uso determinado y constreñido del cuerpo y del sexo" (Capalbo 369).

Mujeres especuladoras y hombres poco viriles

En el segundo grupo de películas del binomio creativo Bo-Sarli se encuentran las que pertenecen al género de la comedia, ya sean en sus subgéneros de comedia de enredos (*screwball comedy*) o picarescas. Este corpus es el más pequeño y está integrado por *La mujer del zapatero*, *La señora del intendente*, y *Una viuda descocada*[35]. En las dos últimas, el personaje de Sarli se llama igual "Flor Tetis" aludiendo a los atributos corporales del busto de la actriz, sólo que en la última película del binomio Bo-Sarli se le adhiere "Flor Tetis Soutién…" que refiere obviamente a la prenda de ropa interior, recargando el sentido burlón y cosificador referente al cuerpo de su intérprete. En dicho sentido, es frecuente en los largometrajes de Bo-Sarli las repeticiones y reutilizaciones de elementos en otros filmes posteriores.

Tanto en *La mujer del zapatero* como en *La señora del intendente* los protagónicos encarnados por Isabel son mujeres que se casan por interés económico. Asimismo, mediante la comicidad ambos maridos representan hombres poco viriles, que se oponen a la construcción de masculinidad tradicional. En este sentido hay que reconocer que Bo expuso toda clase de hombres, incluso con deficiencias sexuales, algo poco frecuente hasta ese entonces en el cine argentino. En *La señora del intendente,* como el título indica la protagonista se casa con un aspirante a intendente. Pero él hombre adinerado también la utiliza a ella, porque el matrimonio es una imagen provechosa para su campaña política. Sin embargo, el personaje de Isabel no será una mera "esposa trofeo"; ella mantendrá una actitud activa frente a la política, es una mujer astuta. El director del filme además utiliza la comedia para defenderse de la censura excesiva de la época; entonces

---

[35] En ninguna de estas tres comedias está la presencia co-protagónica de Armando Bo junto a Isabel, a excepción de una pequeña participación en un *gag* del final de *La mujer del zapatero.*

Flor Tetis dice: "La pornografía anida en la mente de cada uno". Parafraseando los diálogos, se expresa que si las películas eróticas son de otro país son arte, pero no las argentinas, incluso se compara la figura de Sarli con la reconocida actriz Sophia Loren. Por último, el personaje proclama: "yo no prohibiré ningún espectáculo". Finalmente, en *Una viuda descocada* se vuelve sobre el *texto estrella* de Sarli y Flor Tetis Sutién de Gambetta enviuda por octava vez –sí, todo es llevado al paroxismo- porque no sólo ha "consumido" a los hombres sexualmente, sino que ha dilapidado su dinero.

Por ende, es claro que las temáticas y el esquema narrativo se repite en las tres películas del corpus. En conclusión, en las tres comedias Sarli interpreta mujeres que a través de su erotismo mani-pulan a los hombres, con fines económicos, es decir son ventajeras. Si bien son mujeres con deseos sexuales propios y carácter, aunque se desee suavizar la tipificación peyorativa femenina mediante la comicidad, se contribuye a establecer un estereotipo del orden patriarcal hegemónico, que anuncia a las mujeres como manipuladoras a través de la seducción. Asimismo, si se reflexiona literalmente sobre los títulos *La mujer del zapatero* y *La señora del intendente*, la mujer es construida ya desde allí como un objeto, como una posesión de otro masculino, como también sucede en la posterior obra *La mujer de mi padre*.

Entre la configuración belicosa y el sometimiento

A continuación, se plantea la tercera parte[36] de la filmografía en la cual prepondera el melodrama policial vinculado al mundo del crimen y de la prostitución, por supuesto fusionado con el cine e-

---

[36] En varias obras de este conjunto, por ejemplo, en *Éxtasis tropical*, *Los días calientes*, *Fiebre* y *Fuego*, comienza un estilema de Bo que implica la unión entre el título del filme con un tema musical. Un *leitmotiv*, en consecuencia, es la utilización de la *"música como recurso metafórico redundante para clausurar toda significación"* (Goity 371). Asimismo, en varias de estas películas los personajes de Sarli visten ropa de color rojo. Lo cual no es casual, ya que en simbología del color el rojo es asociado al pecado bíblico, al peligro, la pasión, la violencia y la tragedia.

rótico. Este segmento es compuesto por largometrajes como *La burrerita de Ypacaraí*[37] (1962), *La mujer de mi padre* (1968), *Éxtasis tropical* (1969), *Desnuda en la arena* (1969), *Furia infernal* (1973), *Intimidades de una cualquiera* (1976), *Una mariposa en la noche* (1977) y *Los días calientes* (1966). En varias de estas películas Sarli encarna a una prostituta o bailarina erótica explotada por el sistema patriarcal, como por ejemplo en *La mujer de mi padre, Éxtasis tropical, Desnuda en la arena*[38], *Intimidades de una cualquiera, Furia infernal y Una mariposa en la noche*.

Tanto en *La mujer de mi padre* como en *Éxtasis tropical* se presentan triángulos amorosos, y proxenetas del pasado de los personajes de Isabel que retornaran cuando ella quiere dejar atrás su vida de prostituta y entregarse al amor. En este sentido, en este corpus de su filmografía, continúan los baños eróticos en el agua como un bautismo que "limpia" el pasado pecaminoso de los personajes de Sarli para una nueva vida. Asimismo, cuando las protagonistas se encuentran en contacto con la naturaleza y los planos son abiertos, coincide generalmente con los momentos en que sus personajes poseen libertad del mundo patriarcal que las oprime. A pesar del pasado "inmoral" de la mayoría de los personajes de Sarli, los hombres de los relatos siempre la desean prolongadamente de forma obsesiva. En consecuencia, puede pensarse que esto presenta una transgresión respecto al cine clásico, pues generalmente las prostitutas eran abandonadas por los hombres para luego casarse y formar familia con una "mujer decente", con la "ingenua casadera" tradicional.

---

[37] En *La Burrerita de Ypacaraí*, Isabel (también su personaje se llama así enfatizando el concepto planteado de *texto estrella*, que es resaltado por tema musical homónimo), se enamora de un criminal y como castigo simBolico, es ella quien muere en el desenlace trágico.

[38] En este largometraje es la única vez que Sarli interpreta a una madre en las películas dirigidas por Bo. Este personaje abandona a su hijo al irse a otro país, a pesar de que lo deje en un internado y de que vuelva a visitarlo al final. En el cine erótico, explica Gubern, rara vez la mujer es madre, y casi nunca una mujer queda embarazada, porque en este género cinematográfico prima una "ética del despilfarro sexual improductivo" (Gubern 15).

En *Éxtasis tropical* se representa que José (Bo) le practica sexo oral a Mónica (Sarli), algo bastante osado en ese contexto. Es además poco habitual en el cine erótico, porque generalmente, según las reglas del género, es la mujer quien le practica sexo oral al hombre, es decir generalmente ella es quien se subordina (Gubern 32). En este sentido ya está presente desde aquí en el cine Bo-Sarli el goce femenino, a pesar de que sea principalmente para un *voyeur* masculino. El melodrama prostibulario desarrollado en *Éxtasis tropical* es retomado en los filmes posteriores *Intimidades de una cualquiera* y *Una mariposa en la noche*. El personaje que interpreta Sarli en *Intimidades de una cualquiera*[39] se llama María (nuevamente un nombre bíblico ya sea por la virgen o por María Magdalena) quien es una prostituta que a modo de raconto de toda su vida, se confiesa. Se ha mencionado que, a pesar del tratamiento estético, Bo muchas veces posee también un tono de denuncia frente a las injusticias sociales, aquí se pronuncia: "La prostitución de la mujer es la delincuencia del hombre". Esto se identifica en esta película en la escena en que María recibe los "consejos" de su colega Olga: "Después vienen los abortos (…) si no te zarpan una blenorragia o sífilis y empezás a ser una piltrafa barata". La inclusión de este parlamento implica una transgresión de Bo respecto al *soft-porn*, porque esto no forma parte de las reglas del género, el cual supone además que las mujeres no menstrúan (Gubern 39). Desde una lectura de género, no hay empoderamiento en este personaje porque su salida del mundo de la prostitución sólo le es posible a través de la ayuda de otro hombre, no por sí misma. Algo similar sucede en el relato *Una mariposa en la noche*, donde Sarli interpreta nuevamente una prostituta Allí en las calles conoce al personaje de Armando Bo con quien luego se pondrá en pareja, y heredará su fortuna.

---

[39] En *Intimidades de una cualquiera* María, por ejercer la prostitución, obligada por un proxeneta, estuvo presa en una cárcel de mujeres. En consecuencia, puede deducirse que en ese universo patriarcal la condena del sistema es para la mujer que es explotada y no para su explotador.

A diferencia del resto de las películas de este tercer grupo en *Furia infernal* y *Los días calientes* los protagónicos de Sarli encarnan mujeres empoderadas cercanas a la figura de la *femme fatale* del cine clásico. En *Los días calientes* se da a entender que la protagonista es una mujer con pasado y en configuración de su espíritu rebelde se llama Selva[40]. El personaje de Sarli se propone vengar el asesinato de su hermano. Nuevamente todos los hombres del filme la desean y hay un intento de violación, pero, a diferencia de las otras películas de Sarli, ella logra defenderse y evitarla, porque está presente "la fuerza del cuerpo de Isabel en un entorno de hombres y naturaleza salvajes" (Goity 367). En esta sociedad ella posee un rol activo, se mueve libremente por el espacio físico, lo cual es acompañado desde lo formal. La *femme fatale* en cuestión hace de este filme la transición hacia el periodo siguiente, donde el goce sexual femenino alcanza su plenitud. Contradictoriamente, a pesar de ser una mujer belicosa, desde el dispositivo cinematográfico es cosificada constantemente (ver Imagen N°2)[41]. Selva tiene relaciones sexuales con varios hombres de ese microcosmos, con algunos por deseo y con otros por venganza[42], porque en este mundo "cuando una mujer se propone algo lo consigue". *Los días calientes* evidencia el "cambio de víctima sumisa de la mirada masculina, a un objeto-sujeto más activo y deseador que también es plenamente consciente de su sexualidad" (Ruétalo 207).

---

[40] El personaje de Sarli se llama Selva, igual que la primera *femme fatale* del cine argentino que interpretó Mecha Ortiz, en *Safo, historia de una pasión* (1943), el cual es para María Valdez el primer film netamente erótico del cine argentino.

[41] Respecto a los planos y desnudos que colocan la atención sobre el busto o pubis de Sarli, puede vincularse este tratamiento dentro del "*star-system* anatómico o genital" (Gubern 28).

[42] El asesino de su hermano es un mafioso, que hostiga a los trabajadores del lugar. Al respecto, el relato enuncia una tesis social, que diferencia la negativa del crimen y los testaferros, del trabajo honesto producto del esfuerzo el cual "es el único camino para limpiar el país". Esta crítica social puede pensarse como un elemento residual del primer periodo.

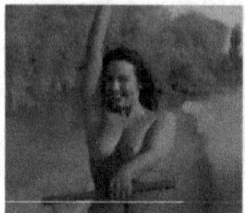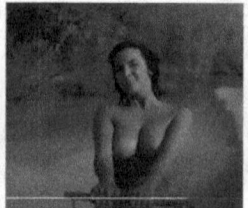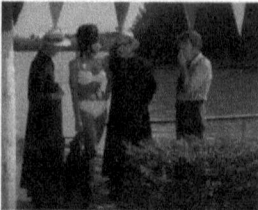

Imagen N°2: Fotogramas de *Los días calientes* (1966)

En *Furia infernal* Bárbara (Sarli) una bailarina erótica es secuestrada por un poderoso estanciero, configurado como un típico villano que es despreciable desde todos los aspectos sociales: explota hombres, ha exterminado indios, es mal padre, y un femicida. Tal como su nombre indica Bárbara es una mujer "salvaje", belicosa, y astuta que ni bien es secuestrada proclama: "Me vengaré". En esta mezcla de melodrama criminal y *western* que sucede en la montaña, hay una constante alusión a lo social e histórico, es decir que hay una conexión con las temáticas del primer periodo. En una escena en que él inmoviliza a Bárbara, y la golpea con un látigo semidesnuda -o desnuda según la versión[43]- diciéndole "Yo te voy a domar a azotes", luego la viola (ver imagen N°3). A diferencia de los peones que padecen los latigazos, ella es desafiante y pronuncia: "Pegue cuanto quiera, pegue canalla". Incluso ella les dirá a los otros hombres que habitan en el lugar "no son machos, cobardes, les faltan huevos", evidenciando que la representación de esa mujer, es empoderada. Lo cual se verá en el desenlace del filme porque como una *femme fatale* logra asesinar a su captor, en plena montaña. No sólo recuperando su independencia, sino también liberando al resto de los hombres y poniendo fin a ese orden tirano.

---

[43] Según se ha investigado y tal como se expone en el documental *Carne sobre carne* (2007, Diego Curubeto) generalmente Armando Bo realizaba varias versiones de cada escena, una para la distribución internacional y otra para el estreno en Argentina. Asimismo, el investigador Fernando Martín Peña ha observado en el material fílmico que Bo realizaba una doble clasificación según la versión, una "versión pura" (con cortes de censura o autocensura) y una "versión impura" la cual refería a la película completa.

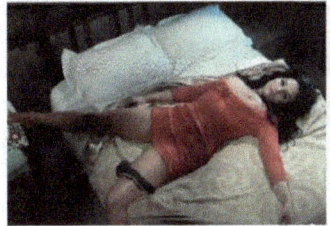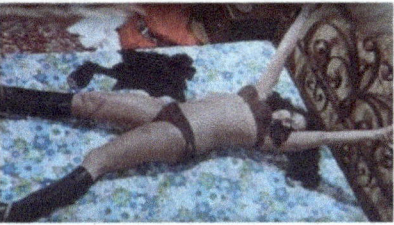

Imágenes N°3: Escenas de violación a los personajes de Sarli en *Éx-tasis tropical* (1969) y *Furia infernal* (1973).

Provocación, transgresión y polémica

El cine *soft-core*[44] de Bo-Sarli fue realizado aproximadamente desde 1958 hasta 1980, atravesando momentos histórico-políticos muy complejos en Argentina, llenos de represión ideológica y de estado, que incluyen la Triple A y la última dictadura militar. *En paralelo a la producción de dichas películas en los ´60 y ´70 circulaba el "Strea-king, actitud de protesta y descontento en la exhibición de la desnudez" (Capalbo 362). Debido a ello, se considera que el cine de Sarli-Bo es trangresor y provo-cador, porque expuso de forma única temáticas* antes ignoradas o no profun-diza-das por el cine argentino[45], tales como la explotación de género y de clase, la ninfomanía, la homosexualidad, el machismo, los abusos sexuales y la higiene sexual, mediante el cine erótico. Pues, no hay que olvidar que "los géneros cinematográficos son funcionales para su sociedad (…) permiten a los espectadores afrontar y resolver contradicciones que no consiguen dominar de la sociedad en que viven"

---

[44] Según Roman Gubern (1989), el cine *"soft-core"* es aquel en el que los actos sexuales son simulados. Mientras que Elena Goity distingue el *"erotismo, efecto de la funcion cerebral que se desarrolla en el espectador, y pornografía, resultado de una simple funcion corporal de los interpretes"* (Goity 367). Además, en el cine erótico o pornográfico "las escenas ficcionales de enlace están subordinadas a las escenas sexuales y no al revés" (Gubern 27) tal como sucede en el cine de Bo en donde "sexo y erotismo son los motores manifiestos de la historia" (Goity 367).

[45] El cine Bo-Sarli "se interesa específicamente por esas omisiones pasionales propias del cine tradicional (…) [es decir, que] focaliza su atención en lo no dicho del film tradicional" (Gubern 20).

(Altman 50)[46]. En adición, es destacable la intuición de Armando Bo quien "[supo captar] las necesidades del espectador medio latinoamericano" (Kuhn 29). Según Capalbo y Valdez, Bo fue uno de los pocos realizadores del cine argentino que indagó en la psicología sexual, la excitación y el "incidente eréctil".

En adición, en la filmografía estudiada hay una crítica a la institución familiar, puesto que "la familia [es representada] como espacio denso y conflictivo" (Capalbo 360). Asimismo, lo contra-hegemónico se hace presente en la filmografía en cuestión a través de la fuerte presencia de los personajes homosexuales. No sólo a través de los parlamentos, sino también con escenas de contenido erótico pioneras en el cine nacional, como por ejemplo la atrevida Andrea (Alba Mujica) junto a Sarli en *Fuego*, y la escena en la cárcel que comparte Sarli con su compañera rubia en *Intimidades de una cualquiera* (ver imagen N°4). La inclusión de escenas eróticas lésbicas por parte de Bo sin dudas tiene un fuerte poder transgresor en el cine nacional explicitando el goce sexual mujeril, sin embargo, Gubern hace una distinción que resulta pertinente al hablar del cine erótico. Mientras que la variante de la "Homofilia" era condenada a su clientela especializada, el "Lesbianismo" era un ingrediente habitual de las cintas para el público heterosexual, porque el cine erótico "está gobernado por un punto de vista predominantemente masculino, que exhibe con profusión fantasmas viriles característicos, incluso cuando pone en escena actuaciones lesbianas" (Gubern, 20). También hay que resaltar que el personaje de Andrea, encaja en los estereotipos de lesbiana al

---

[46] Según la historiadora Tamara Drajner los realizadores del cine argentino de los '60 estaban cargados de rebeldía contra la hipocresía y la pacatería, realizando fuertes cuestionamientos contra la moral familiar y las pautas de sexualidad dominante. Entre esos temas nuevos se encontraban la liberación de la mujer, las relaciones sexuales tanto pre-matrimoniales como ocasionales y sin fines reproductivos. Es decir, se debatieron toda clase de modelos represivos vigentes en un país como el argentino, mayormente católico. En consecuencia, según Drajner, los sesenta representan una sociedad marcada por exabruptos represivos y censuras, así como también una sociedad en la que la mujer tuvo un rol más activo en la explosión sexual (Drajner, 2013:8).

representarla con cabello bien corto, es decir como "varonil" a diferencia de Sarli. Asimismo, las representaciones de homosexualidades masculinas pueden dividirse en dos tipos. Por un lado, un estereotipo de *gay* que encaja en el cliché de la primacía de elementos "femeninos" sobre los masculinos, el cual compone una especie de caricatura (como el reiterado personaje de Manolo, el mayordomo interpretado siempre por Adelco Lanza[47]). Por otro lado, un homosexual reprimido, que se muestra para el afuera como tirano y "macho" pero cuya homosexualidad permanece oculta (representado en el personaje de Leandro en *Embrujada* y en *Carne*). En adición, en las películas de Bo los homosexuales son ridiculizados y no poseen escenas eróticas entre sí, sino que se los muestra aislados, a excepción de lo que se muestra en un santiamén respecto al personaje de Leandro (marido ficcional de Sarli) y su capataz en *Embrujada*.

En cuanto al elemento polémico dentro de la filmografía analizada, principalmente refiere a la forma en que son representadas las violaciones en el cine de Bo-Sarli (ver imágenes N°3). Por ejemplo, en *Carne*[48] Sarli interpreta a Delicia, una joven que sostiene económicamente su hogar trabajando en un frigorífico[49], y es violada reiteradamente por un compañero del trabajo. Desde la segunda violación (ver el último fotograma de imágenes N°5), en el filme funciona la

---

[47] Adelco Lanza formaba parte del equipo artístico que tanto a Bo como a Sarli les gustaba repetir. Lanza interpretó repetidamente homosexuales: el asistente en *La mujer del zapatero*, *La señora del intendente*, *Fiebre* y *Una mariposa en la noche*, *El último amor en Tierra del Fuego*, y el coreógrafo (que lo era realmente) en *Favela*.

[48] Por esta razón el filme *Carne* puede encontrarse en el linde entre el tercer grupo de películas y el cuarto. Porque si bien el personaje de Sarli allí no es una prostituta, es explotada sexualmente y violentada, aunque el tono de denuncia en el relato es mayor.

[49] La joven que interpreta Sarli en *Carne* vive con su abuelo, y sale de su casa todos los días para ir a trabajar en el frigorífico. Para ello, debe atravesar caminos sinuosos y las vías del tren, por eso Capalbo y Valdez la relacionan intertextualmente con el cuento aleccionador para niñas "Caperucita Roja". En este caso el lobo vendría a ser el violador, y de hecho ella, en esa escena donde padece la primera violación, viste de rojo. Si "Caperucita Roja" es un cuento moralizante para enseñar a las niñas el "camino correcto", ¿las películas de Bo serían aleccionadoras de la mujer adulta? Quizás, porque aquella muchacha que parece gozar del sexo con su novio, es luego castigada simBolicamente por el relato y violada por otros hombres.

"saturación de su condición de simulacro (…), lo hiperreal, res sobre res, carne sobre carne" (Capalbo 361).

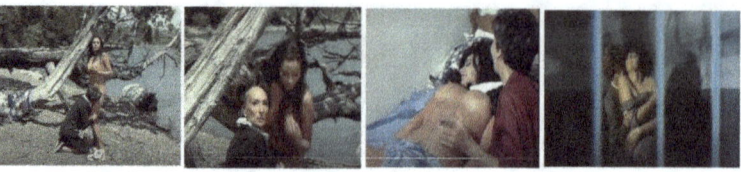

Imágenes N°4: Escenas lésbicas de *Fuego* (1968) e *Intimidades de una cualquiera* (1976)

La analogía entre el cuerpo femenino y la carne animal es explicitada constantemente durante toda la película. Incluso, cuando el violador tiene la impunidad de contar su accionar a otros hombres durante un asado, bajo el típico discurso machista expresado en "después les gusta"[50]. En *Carne* el espacio se va cerrando sucesiva-mente conforme a la situación de Delicia, que es cada vez más hostil: desde la apertura del descampado donde se produce la primera violación, a la cámara frigorífica donde se produce la segunda, hasta el acoplado del camión donde se produce la violación sistemática. Al respecto, Drajner plantea una dicotomía entre el espacio privado (con libertad y amor romántico) y el espacio público, en el cual tienen lugar el peligro, el machismo y la violencia de género (Drajner 2016 12). *Carne*, inspirada en hechos auténticos, es sin dudas el filme más cuestionable desde la teoría de género, por la forma en que representa eróticamente la violación conjunta hacia la protagonista. Es necesario antes, adentrarnos en el planteo de Capalbo y Valdez, según el cual en los

---

[50] Del mismo modo en la película de un año posterior a Carne, *Éxtasis tropical* Mónica (Sarli) es violada por su proxeneta, en una escena polémicamente erotizada. A continuación, el violador llamado Pedro y José (Bo) se enfrentan por Mónica, y ella le dice a Pedro: "ya bastante me has explotado, toda una vida revolcándome para que tú vivas (…) soy un ser humano, no soy un animal". Entonces, Pedro le dice a José: "Ella es una puta (…) no te quedes con *carne* trajinada", aquí aparece nuevamente este tratamiento machista de la mujer como un "trozo de carne".

filmes de Sarli-Bo hay "desnudez sin culpa, una condición no obscena de lo sexual" (Capalbo 361). Si se realiza un juego verbal, lo "obsceno" es aquello que está fuera de escena, inversamente Sarli-Bo colocan en escena y problematizan las violaciones sucesivas a la intencionalmente llamada "Delicia". La secuencia más impugnable, tiene lugar en el acoplado del camión donde se transporta la carne, y que funciona como "sala" del espectáculo del cuerpo/carne de la protagonista secuestrada. En consecuencia, el acoplado es resignificado metafóricamente, mostrando lo opresor que es el entorno machista para la mujer. Dicho espacio se vuelve simBolicamente una cárcel para Delicia, pero divertimento para los "machos", porque el violador inicial luego cobra a otros hombres que también la violarán allí. El problema principal es que el tratamiento de esta escena es altamente erotizado, para el goce de un perverso *voyeur* masculino. Aquello que tenía la valentía de denunciar los peligros que padece una mujer en la sociedad, ahora pierde seriedad, porque incluso se realizan chistes lo cual resulta atroz.[51] Por último, en *Carne* no hay un castigo para el criminal por parte de la ley, el Estado está ausente según la representación, es el personaje del novio de Delicia, quien lo expulsa de esa ciudad. Otra cuestión controversial desde la conciencia actual sobre la violencia de género es que, en el desenlace al enterarse su novio de todo, Delicia le dice: "¿Me perdonas Antonio?" ¿Por qué tendría que disculparse una víctima de violación? Absolutamente por nada.

---

[51] Luego esto se enfatiza, con el quinto hombre que entra al camión, que es la escenificación estereotipada de un homosexual reprimido, que se hace el rudo para el afuera, pero dentro del camión es una *maquietta* de un hombre "afeminado". Posteriormente, para aumentar la mirada crítica desde el feminismo, después que ella logra salir de las violaciones sistemáticas y del espacio que la oprime es cosificada y casi "violada" por la cámara quien recorre su cuerpo desnudo mientras se baña, y se toca constantemente los pechos eróticamente. Esa escena que se supone representa el deseo de Delicia de querer "limpiarse" de lo que ha sufrido y de cómo ha sido ultrajado su cuerpo, es utilizada nuevamente para el goce de los *voyeurs* masculinos.

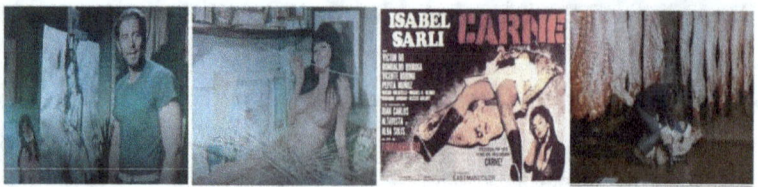

Imágenes N°5: Fotogramas y poster de *Carne* (1968)

Por último, teniendo en cuenta todas las películas donde los personajes de Sarli son violados por los hombres, hay normas del cine erótico que reafirman las ambigüedades: "las violaciones son raras, ya que el género se basa en la permanente y entusiasta disponibilidad sexual de la mujer, lo que gratifica altamente la fantasía masculina" (Gubern 20). En adición, Gubern también plantea que la escenificación del contraste de "raza" y clase, obedece al fantasma masculino de la rendición erótica de la mujer blanca (burguesa), que sucumbe al poder viril en su estadio más brutal y primitivo, encarnado por ese hombre bruto o de otro estrato social. Esto inmediatamente puede identificarse con el violador de *Carne*, o con los hombres salvajes del primer corpus que toman a Sarli por la fuer-za, como en *La tentación desnuda*. En consecuencia, una vez más la mujer es depositaria de una sexualidad en la que el hombre impone sus fantasías, estando sujeta al erotismo patriarcal.

El derecho femenino al placer sexual como desmesura

En la mayoría de los largometrajes del cuarto segmento, Sarli interpreta a ninfómanas, que representan el placer sexual femenino como desmesura. A diferencia de otras películas anteriores o de la época, los papeles de Sarli en películas como *Fuego*, *Fiebre*, *Insaciable* y *Embrujada* se alejan del mantenimiento de la moral sexual que niega el deseo femenino, aunque sí conserva su lugar de objeto, pero no uno pasivo. Asimismo, hay un potencial contrahegemónico al expresar la diversidad en la manifestación del erotismo, después de todo las fantasías sexuales son tan infinitas como la cantidad de personas en el mundo.

En *Fuego* Isabel interpreta a Laura, una mujer con apetito sexual constante, lo cual parece ser un problema para esa sociedad que la califica como una "mujer enferma" que, según el doctor que la examina, no tiene cura, pues ella padece una "apetencia sexual exagerada". La película comienza en un paisaje de montaña, con una atrevida escena lésbica entre Laura y su sirvienta Andrea/Mujica (ver imágenes N°4). Allí se produce una doble "escoptofilia", pues un hombre las observa dentro de la diégesis, además del espectador. Laura es construida como un "ángel y demonio": como una devoradora de hombres, pero al mismo tiempo como víctima de una "enfermedad"[52]. La película es transgresora al diferenciar el deseo sexual del amor, pero moralmente está a favor de los ideales de domesticidad. Con la necesidad imperiosa de apagar su "fuego" interior, Laura le es infiel a su marido Carlos (Bo)[53]. A Laura le da igual con quién realizar el acto sexual, incluso no discrimina género, por ende, es pertinente pensar la presencia de lo queer en Fuego. "El queerness es algo que finalmente se halla más allá del género: es una actitud, una forma de responder (…) [no] limitado por, nociones de una oposición binaria entre masculino y femenino o por el paradigma homo versus hetero que frecuentemente se articula como una extensión de este binarismo del género" (Doty 104). El personaje de Sarli va más allá de las construcciones binarias y genéricas sociales, sólo desea satisfacerse, sin importar cómo. Incluso a veces no necesita a nadie, hay una provocativa escena en la que se sugiere que recurre a la autosa-

---

[52] De este modo este personaje ambivalente de Sarli transgrede la dicotomía tradicional del cine patriarcal el cual dividía la representación femenina en "santas o putas" (De Lauretis 28).

[53] Reiteradas veces ella le es infiel a su marido, este accionar es representado generalmente en el bosque, como si la naturaleza del lugar aflorara sus "instintos salvajes". Por ejemplo, Laura, luciendo un tapado de piel sobre su cuerpo casi desnudo -otra vez lo hiperreal, la piel animal (lo salvaje) sobre la piel humana- recorre el pueblo en busca de alguien que satisfaga sus deseos, abriendo su tapado ante cualquier extraño.

tisfacción (ver imágenes N°6). Debido a las reiteradas escenas lésbicas entre Laura y la empleada doméstica, Carlos acusa a Andrea de abusar de una "pobre mujer enferma" como es su esposa "para satisfacer sus bajos instintos". Es decir, que ser ninfómana es menos grave para esta comunidad que ser lesbiana lo cual es totalmente punible. Luego de una visita médica, Laura es diagnosticada con "una neurosis sexual" que no tiene cura. En consecuencia, Carlos aleja a su esposa de la naturaleza, pensando que el contexto de ésta la corrompe, y la lleva a Estados Unidos para tratarla. Allí Laura intenta suicidarse, y en el desenlace la pulsión de muerte regresa debido a la culpa que ella siente por engañar a su marido. Privilegiando su vida Carlos le permite ser infiel pero finalmente ella se suicida vestida de blanco (pura) como cuando se casó. En conclusión, el relato tiene un castigo simbólico para Laura que se atreve a expresar y satisfacer su constante deseo sexual. *Fuego* parece tener una intención ejemplificadora, tanto para la mujer como para el hombre. Pues según el relato, el hombre debe sufrir humillaciones por haberse casado con una mujer que "sale de la norma". Aunque también el suicidio de Laura puede ser visto como poderoso, pues ella misma es quien decide sobre su vida.

De forma repetitiva este argumento que tiene como protagonista a una mujer sexualmente insatisfecha se reescribirá en filmes posteriores como *Fiebre, Insaciable y Embrujada*[54]. En *Fiebre*, Isabel interpreta a Sandra, dos veces viuda, que buscaba un "amor bestial",

---

[54] *Embrujada* está inspirada en una leyenda indígena Pombero, un mito popular trágico. A su vez, según ha confesado Bo tiene una relación intertextual con *El bebé de Rosemary* (*Rosemary's Baby*, 1968). En esta película una pareja de buena posición económica desea tener hijos, pero no lo consigue. Ansisé (Sarli) se obsesiona a tal punto con eso, que sabiendo que su marido es el problema porque es impotente, decide tener sexo con otros hombres para poder embarazarse, pero no lo consigue por eso cree estar maldita. Nuevamente, como los hombres de las comedias de Sarli-Bo, en esta película se representan hombres homosexuales e impotentes. Leandro (marido de Ansisé) es sorprendido por su esposa, teniendo sexo con su capataz, quien lo venera en un altar *kitsch*. Esta, sin dudas, es una de las primeras escenas de sexo *gay* del cine nacional. El orden de domesticidad se inmiscuye en uno de los parlamentos en donde la protagonista piensa "de qué sirve una mujer

"yo quiero machos con mayúscula (…) quiero hombres potentes, viriles como los padrillos que hacen gozar a su yegua con el solo aporte de su fuerza sexual que me enloquece" [55]. Sandra describe a su difunto amante como "sublime" porque "él sentía toda la ¨fiebre¨ que yo sentí". Accederemos a su historia de amor a través de los *flashbacks* de la protagonista, quien cree que el espíritu de su amante en cierta forma está presente en su caballo azabache llamado Fiebre, igual que el título del filme. El nombre es una metáfora del deseo sexual que arde dentro de la protagonista, al sentirse excitada por el caballo (ver imágenes N°6). Esto vuelve a traer el concepto de *queer* al mundo diegético[56], debido a que Sandra "necesita un animal porque ella es de otro orden" (Kuhn 16). En dicho sentido, por *queer* "se debería entender el atributo distintivo de un comportamiento que, sin ser ¨de este mundo¨, se atreve a hacerse presente en él; sin tener cabida en la ¨realidad¨, tal como es puesta por la civilización de la modernidad capitalista, se hace sin embargo un lugar en ella" (E-cheverría 3). Hay una representación híbrida entre la mujer y el caballo, porque cada vez que la morocha goza de placer, a través del montaje paralelo y la yuxtaposición, se superpone la imagen del animal de pelaje oscuro, y el sonido del relinchido del animal como si fuese su propio orgasmo o como si ella estuviese teniendo sexo con el animal. Puede pensarse que esta película, tiene elementos feministas por cómo es representado el deseo y la satisfacción de Sandra, pues ella se considera activa

---

que no puede tener un hijo". Incluso llega a prostituirse buscando quedar embarazada, pero su marido la descubre y se lo prohíbe. También el personaje de Sarli en *Embrujada* tiene visiones con el Pombero cuya caracterización y tratamiento amenazante le aportan a este melodrama elementos del género del terror. Finalmente, esta mujer poseída por el Pombero, asesina a varios hombres del lugar, terminando en tragedia; es poderosa sí, pero porque está posesa por un espíritu masculino.

[55] En una escena postcoital de la película, Sandra mientras fuma marihuana dice: "Respetando las leyes de la naturaleza el adulterio en la mujer es menos perdonable que el del hombre". Las drogas, el sexo y la prostitución, según ha comentado Fernando Martín Peña en "Filmoteca", son tópicos frecuentes del cine *exploitation* o sensacionalista, el cual explota de forma desvergonzada dichas cuestiones.

[56] Dicho vínculo erótico entre humanos y animales ya había sido representado en *Furia infernal*. Una de las escenas recortadas por la censura mostraba a un peón quien, fantaseando con el personaje de Bárbara, luego de masturbarse pensando en ella, decide ante la soledad "descargarse" penetrando a una oveja.

como Fiebre, no pasiva como las yeguas. En ninguna de las películas de Sarli-Bo se ve un desnudo masculino frontal, sin embargo, en *Fiebre*[57] hay un plano donde se muestra el pene erecto del caballo, y de éste apareándose con una yegua, es decir que el único falo presente en el cine erótico del binomio es de un animal[58]. Por último, en *Fiebre* se propone un modo alternativo de *voyeurismo,* sólo en esta película se piensa en la mirada de la mujer (su ocularización) a través de las miradas de ella hacia Fiebre. La "Zoofilia", según Gubern, es una variante de placer de la sodomización del cine erótico/porno, surgida a mediados de los '70, mientras que *Fiebre* es de 1972 evidenciando nuevamente lo adelantado y desprejuiciado que era el cine de Bo para la época a nivel internacional.

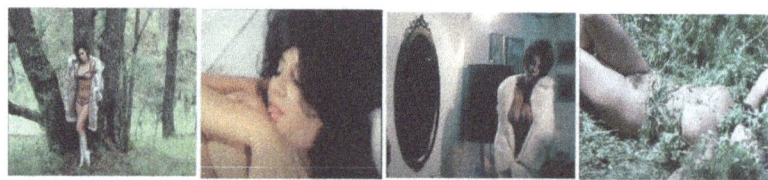

Imágenes N°6: Fotogramas de *Fuego* (1968) y de *Fiebre* (1972)

Al igual que en *Fuego*, en *Insaciable*[59] "Coca" interpreta a Carmen, una "psicópata sexual" según los conceptos médicos de la época que Bo decide citar. El personaje del médico explica la diferencia entre la "hiperestesia sexual"[60] y la ninfomanía, en esta última "la mujer difícilmente alcanza el orgasmo, hay una insatisfacción permanente". En consecuencia, según cómo la ciencia representa a una ninfómana en la película, la mujer "cuando es dominada por el apetito

---

[57] Por primera vez en las películas de Sarli-Bo, en *Fiebre* se sugiere que la mujer le practica sexo oral al hombre.

[58] Esta escena fue censurada previo al estreno, llamativamente por la distribuidora en Estados Unidos, cuando generalmente en dicho país en otras películas le pedían a Bo que agregara más escenas de sexo.

[59] *Insaciable* fue prohibida por la dictadura militar argentina (1976-1983) y estrenada posteriormente en democracia.

[60] En la película, Armando Bo cita explícitamente a Richard Von Kraff Ebing y su libro Las psicopatías sexuales (1886).

sexual pierde las consideraciones morales". Una vez más como una *vamp* de test blanca y cabello oscuro, Sarli viste su desnudez con pieles de animal que acentúan su lado sobrehumano de devoradora de hombres, que necesita alimentar su apetito sexual. A diferencia de *Fuego*, el primer marido de Carmen es un hombre que hoy llamaríamos "*open mind*", ya que acepta la "enfermedad" de su esposa y no tiene conflicto alguno con que ella se acueste con otros hombres para satisfacer su deseo. Es decir, que se propone una nueva concepción de la pareja y de la fidelidad no tradicional o exclusiva.[61] En conclusión, en este último grupo de largometrajes del binomio Sarli-Bo se enmarca el deseo sexual femenino dentro de una "patología", como un supuesto "desajuste psicosexual" lo cual evidencia una mirada patriarcal, que continúa la tradición que habían comenzado históricamente con conceptos como "histeria" y "fiebre uterina". Es decir, que hay una estigmatización del deseo sexual, lo cual se opone al derecho femenino del placer que es mostrado en pantalla. Una vez más, hay una tensión entre lo que se dice y cómo se dice.

Conclusión

El primer desnudo frontal de Isabel Sarli determinó posteriormente toda su carrera, entre el éxito popular y las contro-versias frente a la moral pacata de la época. Aunque la diva fue comparada reiteradas veces con actrices como Hedy Lamarr, Sophia Loren, Brigitte Bardot, Carmen Miranda y Gina Lollobrigida, Sarli inventó un modo de actuar y un lenguaje propio.

---

[61] A diferencia del esposo, su pareja posterior (interpretado por Bo), no tolera la idea de compartirla y la falta de "anomalía" de la situación. El personaje de Bo le coloca límites a Carmen incluso por la fuerza porque, según el relato, lo que ella necesitaba era disciplina masculina. En consecuencia, este goce sexual desmedido es apaciguado por el desenlace moral en el que finalmente un hombre logra controlar a Carmen llevándola a otro sitio. Sin embargo, al igual que *Fiebre*, no es castigada trágicamente como sí sucedía en *Fuego*.

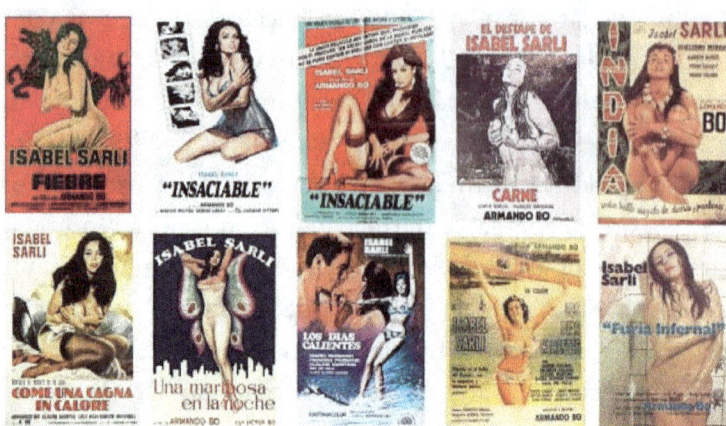

Imagen N°7: Posters de películas protagonizadas por Isabel Sarli.

"A pesar de los finales punitivos que padece Isabel en las películas y de la "hipersexualización" de su cuerpo (Drajner 2016 17), *logró un "sabor de lo prohibido que excede la diégesis" (Capalbo 370).* "Coca" es un modelo inalcanzable e indestructible, cuya "imagen muestra un nivel de su existencia que no se encuentra fácilmente en otras partes: la del deseo" (Tuñón 74). Es notable que los personajes que Sarli interpretó siempre son el centro de la historia (y de la atención del público), pues es ella quien hace avanzar la acción. Conforme creció la fama y popularidad de Isabel, así también lo hicieron sus personajes dentro de las películas. Al respecto, hay que reconocer que un elemento provocador del cine de Bo, es que a pesar del tratamiento formal co-sificador de la mujer, hay varios componentes que denuncian la vulnerabilidad de la mujer en un mundo machista.

En adición, puede concluirse que los modelos femeninos que interpretó Sarli se reducen a grandes rasgos en cuatro: ingenua sensual, manipuladora, prostituta y ninfómana. *La observada tensión constante entre la tradición patriarcal y las manifestaciones del derecho femenino al placer sexual, parecen ser producto de un contexto cultural que a pesar de seguir aferrado a la tradición, necesita liberar ciertas expresiones que comiencen a cuestionarla.* Si se reflexiona también sobre las diversas las representaciones masculinas en las películas analizadas, se concluye que es posible afirmar que en la filmografía analizada la sexualidad no es una, ni normativa, sino que se representan sexualidades.

El *texto estrella* de Isabel Sarli en tanto cuerpo contenedor del deseo (tanto del propio como del ajeno), tiene la particularidad de mantenerse en toda su filmografía, incluso en las pocas películas no dirigidas por Armando Bo. Tal como se ha analizado previamente, los nombres de los personajes se reiteran, y se utilizan fragmentos de películas previas en otros largometrajes. Por ejemplo, en *Embrujada* se insertan escenas de *India,* al igual que en *El último amor en tierra del fuego* (1979), donde se incorpora una secuencia de *La diosa impura.* En *El último amor en tierra del fuego,* el metalenguaje del estrellato de Isabel está presente todo el tiempo y se utilizan imágenes de archivo intercaladas con el relato. La protagonista Beatriz/Isabel Borja[62] (con su mismo nombre) es metadiscursiva porque funciona como un aglomerado de todos los personajes anteriores. Desde aquellas jóvenes ingenuas hasta las mujeres con derecho al goce sexual, pero esta vez por fin Sarli es dueña de su propio destino. En *El último amor en tierra del fuego* el personaje de Sarli expresa: "He tenido éxito (…) yo supe siempre que el éxito es trabajo y es algo que especialmente una mujer puede lograr si se lo propone (…) Se puede decir que me crie de la mano con el éxito, primero como estrella de cine (…) me usaron en muchas de ellas o me dejé usar, posé desnuda y fingí pa-siones". Es claro que el parlamento del personaje se funde con la vida real de Sarli y juega con su *texto estrella.*

Todo esto evidencia además el gusto de Armando Bo por autocitarse, como sucede con la frase que quedó inmortalizada en la cultura popular e incluso que ha sido distorsionada en el tiempo, lo cual refleja el impacto cultural de Sarli en el público. La oración "¿Qué pretende de mí?" pronunciada por la actriz en *…Y el demonio*

---

[62] *El último amor en tierra del fuego* es la última película que protagonizaron juntos Bo y Sarli. En ella Beatriz/Isabel Borja es una actriz ya retirada de la carrera cinematográfica, de este modo sin saberlo esta película anticipó lo que sucedió dos años después con la muerte de Armando. Sarli se retiró del cine por unos cuantos años, a excepción de producciones esporádicas posteriores como *La dama regresa* (1996, Jorge Polaco), cuyo título vuelve a jugar con su estrellato.

creó a los hombres es reescrita en *Carne* como "¿Qué desea conseguir?". Algo similar sucedió con la confección de los posters (ver imagen N°7) de promoción de las películas, los cuales reutilizaban imágenes osadas de Isabel en películas previas[63]. Este efecto acumulativo junto con el carisma físico y temperamental de "Coca" hizo que el exceso de sentido de sus interpretaciones permanezca debido a que "la naturaleza repetitiva y acumulativa tiende a disminuir la importancia del desenlace en las películas" (Altman 48).

Los binomios culpa/placer, sexualidad/amor son una constante en el cine Sarli-Bo, el cual transgredió de diversas formas tanto el universo cinematográfico, como su contexto de producción. Los constantes enfrentamientos del cine Sarli-Bo contra la censura de los distintos gobiernos y la moral de la opinión pública, fueron siempre provocados desde el cuerpo de mujer de Isabel. Por ende, cada gesto controversial resultó doblemente provocador logrando convertir a la actriz en una leyenda de la cultura popular. Kuhn plantea que en el cine Bo-Sarli hay una vuelta a los orígenes, a lo mitológico y quizás por eso Sarli quedó inmortalizada como la diosa del cine erótico argentino. Seguramente, la concepción y tratamiento de lo corporal de la filmografía del dueto artístico, cambió por completo las representaciones tanto del cine argentino como del cine extranjero posterior.

---

[63] Una de las representaciones visuales más famosas de Venus es la del artista renacentista de Sandro Botticelli. En ella Venus pose una mano en el pubis y otra en su busto. Resulta pertinente traer esto a colación, porque hay toda una tradición de las artes visuales y el desnudo femenino que pueden identificarse en algunas de las posturas de Sarli en las películas (como, por ejemplo, desnuda con los brazos en alto o tomándose el busto) y en los posters de promoción de las mismas (ver fotogramas de Imagen N°5 e Imagen N°7).

Bibliografía

Altman, Rick. *Los géneros cinematográficos*. Ediciones Paidós Ibérica, 2000. Impreso.

Baxandall, Michael. "El ojo de la época". *Pintura y vida cotidiana en el Renacimiento*, Gustavo Gili, 1972. Impreso.

Berger, John. *Modos de ver*. Gustavo Gili, 2000. Impreso.

Braslavsky, Eliana; Drajner, Tamara y Pereyra, Bárbara. "Insaciable, entre la liberación sexual y el castigo moralizante". *Imagofagia* 8 (2013). ASAECA. Archivo PDF.

Capalbo, Armando y Valdez, María. "Amor constante más allá de la pantalla. Armando Bo e Isabel Sarli en Columbia Pictures". *Cine Argentino: Modernidad y Vanguardia (1957/1983)*, Buenos Aires: Fondo Nacional de las Artes, 2005. Impreso.

Clark, Kenneth. *El desnudo*, España: Alianza Forma,1981.

De Lauretis, Teresa. *Alicia ya no. Feminismo, semiótica, cine*. Ed. Cátedra, 1992. Impreso.

Doty, Alexander. "¿Qué es lo que más produce el *queerness*?". *Debate Feminista* 15, (1997): 98-111.Impreso.

Drajner Barredo, Tamara. "Cine y sexualidad en los años ´60. La utilidad de las fuentes cinematográficas en los estudios de género". *XIV Jornadas Interescuelas. Departamentos de historia*. Acta académica. (2013). Facultad de Filosofía y Letras, Universidad Nacional de Cuyo, Mendoza. Archivo PDF.

---. "¿Cosificación o uso político? Carne de Armando Bo-Isabel Sarli". *Imagofagia* 14 (2016). ASAECA. Archivo PDF.

Echeverría, Bolívar. "*Queer*, manierista, *bizarre*, barroco". *Debate Feminista* 15 (1997): 3-10. Impreso.

Goity, Elena. "Las batallas calientes. Armando Bo edifica a Isabel Sarli". *Cine Argentino: Modernidad y Vanguardia (1957/1983)*. Buenos Aires: Fondo Nacional de las Artes, 2005. Impreso.

Gubern, Roman. *La imagen pornográfica y otras perversiones ópticas*. Anagrama, 1989. Impreso.

Kuhn, Rodolfo. *Armando Bo, el cine y la pornografía ingenua, y otras reflexiones*. Corregidor, 1984. Impreso.

Lamas, Marta. "Cuerpo: diferencia sexual y género". *Debate feminista* 10, (1994): 3-31. Impreso.

Manetti, Ricardo. "El melodrama, fuente de relatos. Un espacio para madres, prostitutas y nocherniegos melancólicos". *Cine clásico. Industria y clasicismo. 1930-1957*, vol. II. Buenos Aires: Fondo Nacional de las Artes, 1999. Impreso.

Morin, Edgar. *Las estrellas del cine.* Buenos Aires: Eudeba, 1964. Impreso.

Mulvey, Laura. "Placer Visual y Cine Narrativo". *Centro de Semiótica y Teoría del Espectáculo,*1(1998): 1-22 Valencia: Fundación Instituto Shakespeare/Instituto de Cine y RTV. Impreso.

Ruétalo, Victoria. "Temptations: Isabel Sarli exposed". *Latsploitation, Explotattion Cinemas*, and Latin America. Routledge Advances in Film Studies, 2009. Impreso.

Smith, Adrian. "The girl with the whole world waitting to see more of! Isabel Sarli and the failed attempt to launch a new star in 1960´s Britain". *Intensities: The Journal of Cult Media* 8 (2016):94-99. Archivo PDF.

Tuñón, Julia. *Mujeres de luz y sombra en el cine mexicano: La construcción de una imagen 1939-1952.* El colegio de México, Programa interdisciplinario de Estudios de la Mujer e Instituto Mexicano de Cinematografía, 1998. Impreso.

Valdez, María. "Mecha Ortiz". *Cien años de cine*, 26 (1995). Buenos Aires. La Nación. Impreso.

Williams, Linda. "Film Bodies: Gender, Genre, and Excess". *Film Quarterly* 44, 4 (1991): 2-13. Impreso.

Pulsaciones eróticas: el fenómeno cultural y social de Armando Bo con Isabel Sarli en Argentina

Ailín Basilio Fabri

Introducción

E n una de las columnas semanales que escribía para el semanario *Confirmado*[64], la escritora y periodista argentina Sara Gallardo describe un extraño episodio con extrañas similitudes a las películas y la estética de Armando Bo. El mismo ver-saba sobre el estreno nocturno de una película, donde una multitud apiñada a las puertas y en los alrededores de un cine porteño clamaban con fervor su idolatría en torno a la protagonista de la velada: la actriz Isabel Sarli. La escritora añadía que, de entre las masas, una mu-cha-cha emerge para regalarle a la actriz una alhaja como una ofrenda teñida por la admiración.

Este registro documental nos adentra en el eje del presente trabajo: analizar su cine a partir de las alocuciones con el fin de historizar la configuración de la sexualidad en la Argentina durante la segunda mitad del siglo XX. El foco puesto sobre esta dupla procura presentar un abordaje que nos permita conceptualizarlos y capturarlos como un fenómeno cultural y social, una práctica cultural (Williams) que incidió en la intelección de las relaciones, prácticas y representaciones en torno al género. Asimismo, abona a reflexionar acerca del entramado heterosexual como de posibles lecturas oblicuas a dicho estatuto (Simonetto, *Sexo, intimidad y dinero*).

Desde finales de la década del cincuenta, el cine de Armando Bo e Isabel Sarli ha suscitado una liturgia popular, teñida de ritualidad, en la que el cuerpo desbordante y curvilíneo de la intérprete acaparaba, y delineaba, las miradas, la curiosidad y las fantasías de diversas generaciones y países. En la Argentina, ambas figuras sembraron

---

[64] "La vida es un sueño. Con Noé e Isabel Sarli", 15 de febrero de 1968, *Confirmado*.

una prolífica producción filmográfica, veinte y siete películas, a lo largo de casi tres décadas. En ese interregno, las películas versaron sobre numerosos tópicos y problemáticas, cuyo vector cardinal se concentró en Isabel Sarli. Esa imbricación supuso imprimirle variables de deseo y de erotismo a la vez que dotarlas de otros significados posibles.

Los trabajos sobre el cine erótico de Armando Bo e Isabel Sarli presentan rasgos dispersos y heterogéneos. Las tempranas indagaciones asumieron un carácter ensayístico focalizado en reconstruir la obra del director (Martín); y destacarla como parábola de la moral conservadora local (Khun). Posteriormente, las trayectorias biográficas de ambas figuras fueron oteadas a fin de resaltar cómo su raigambre popular confirió de sentido al signo masivo de su obra (Romano; Fernádez & Nagi). En cambio, los trabajos académicos buscaron atender las aristas cinematográficas, su lenguaje estético, técnico e industrial (Wolf; Castagna; Capalbo y Valdez; Goity; Ruétalo "*Armando Bo*"; Zangrandi), así como también resaltar las influencias y problemáticas de género (Foster; Saxe); su construcción como símbolo (Ruétalo, "*Temptations*"); la negociación con la censura y los censores (Ruétalo, "*¡Prohibida!*"); y la limitada circulación en el mercado anglosajón (Smith).

El presente trabajo se propone como una contribución a la exploración del cine erótico de Bo y Sarli desde una perspectiva histórica en clave de género centrada en la articulación de representaciones, sentidos y discursos sobre lo femenino, lo masculino y el cuerpo que nos permitan desentrañar el lugar de la sexualidad con posteridad a la década del cincuenta. En este sentido, traza algunas claves de lectura posibles para comprender y explorar la envergadura del período estudiado, así como también del objeto en cuestión. En consecuencia, sostendremos que tanto su obra como su estela masiva y poliédrica ofrecen puntos de acceso al estudio de las agencias, vivencias y configuraciones de la sexualidad y la subjetividad.

El entrecruzamiento entre producciones culturales y ciencias sociales conforma las "aproximaciones instrumentales", desestabilizando un enfoque hermenéutico para explorar contenidos e interlocuciones en virtud del contexto en el que brotan (Zavala).

El artículo se encuentra estructurado en cuatro apartados. En primer lugar, se analiza la trayectoria biográfica de Bo y de Sarli. En segundo lugar, se describe y proponen algunas coordenadas para comprender el erotismo y la pregnancia de Sarli en él. En los últimos dos, se avanza en la dilucidación de representaciones y discursos del andamiaje erótico en dos películas, *Carne* (1968) y *Fuego* (1969), sosteniendo que ambas plantearon una interlocución y una injerencia en la comprensión acerca de la sexualidad y el escenario histórico de la segunda mitad del pasado siglo.

Esbozando erotismo

Mucho antes de imaginar un cine cuya premisa consistiese en desnudos femeninos y oferta de fantasías desbordantes al público, Armando Bo (1914-1981) comenzó su carrera en el ambiente del cine de manera marginal y, más tarde, como actor ligado al deporte. Su porte varonil, de rostro duro y anguloso, se acopló al imperativo masculino de galán, permitiéndolo avanzar dentro del campo cinematográfico.

A fines de la década del cuarenta, Bo fundó la *Sociedad Independiente Filmadora Argentina* (SIFA), desde la cual se fungiría una alianza profesional con Isabel Sarli. En el marco de avatares políticos, sociales y económicos que signaban al gobierno peronista y a diferentes sectores de la sociedad, la actividad cinematográfica comenzó un proceso de declinación que conllevó, en parte, paralizaciones y cierre de estudios. En consecuencia, SIFA atravesó un interregno de escasa producción y filmación, revertido en el último lustro de los cincuenta cuando Armando Bo encontró en Isabel Sarli a una protagonista femenina para comenzar a idear un proyecto en el cual su corporalidad, principalmente sus senos, prevalecieran como argumento central.

La emergencia de una figura cuya marca central radicaba en la voluptuosidad, una pose sensual y un carisma pueril, procuró interpelar disruptivamente en la escena local con relación al esquema femenino angelical e introvertido predominante. Sin embargo, Isabel Sarli (1936-2019) había comenzado su carrera laboral como secretaria en la Marina Mercante, donde había sido "descubierta" por un productor publicitario, iniciando una ascendente carrera como modelo gráfica en las revistas y los diarios de la época (Romano) que culminaría con su participación en *Miss Argentina* 1955. El noticiario *Sucesos Argentinos* celebraba el traspaso del título a manos de una "escultural porteña" que representaría al país en el concurso de ese mismo año[65]. Aunque nacida en la provincia de Entre Ríos, los me-dios no dejaron de mencionar la "belleza porteña" de la ganadora y cómo eso se correspondía con las medidas y las tallas de su cuerpo.

Para 1952 era asidua su presencia en diferentes eventos y concursos. Su rostro elegante, de angulosas facciones, se amoldaba tanto a un régimen de belleza femenina como a la moral esperada para las mujeres que participaban en sendos certámenes, donde la di-mensión de la virtud, el cuerpo y la gracia eran considerados valores naturales en las participantes (Lobato, *Cuando las mujeres reinaban* 10-19). A modo de conjetura, aventuramos que estas prácticas guardaban un nexo con dinámicas estatales que podían inscribir a la ganadora en una narrativa peronista acerca de la nación y del pueblo, pero también de las mujeres peronistas.

Una vez coronada *Miss Argentina* y felicitada por el presidente de la nación Juan Domingo Perón, el reconocimiento la llevó a postularse para *Miss Universo*[66], proceso malogrado a causa del golpe de estado de 1955. Hasta entonces, la vida de Sarli había discurrido entre el abandono de su padre, la crianza materna, la precariedad económica y la migración hacia Buenos Aires. Salvando las distancias, la

---

[65] Isabel Sarli, Miss Argentina 1955. Documento Fílmico. Tambor 260. Departamento de Documentos de cine, audio y video, Archivo General de la Nación.

[66] Entrevista a la Miss Argentina 1955 Isabel Sarli. Documento Fílmico. Tambor 283.C35. 1.A. Documento Fílmico. Tambor 260. Departamento de Documentos de cine, audio y video, Archivo General de la Nación.

trayectoria biográfica de Isabel Sarli coincidía con las propias vicisitudes que Eva Duarte había experimentado.

En el lapso que va desde su triunfo como *Miss Argentina* y su debut cinematográfico, Isabel había continuado como modelo gráfica, apareciendo en publicidades de jabones, indumentaria femenina y artefactos eléctricos. Fue en el modelaje gráfico que Bo encontró a la próxima protagonista de su propuesta. Si los concursos de belleza habían priorizado una imagen femenina que combinase belleza natural, una moral sexual respetable y un carisma inocente, el cine que Armando Bo buscó desarrollar, al menos en sus inicios, una profundización de esos estereotipos de género mediante la postula-ción de una corporalidad femenina exultante y exuberante asediada por masculinidades desenfrenadas.

La primera película que Armando Bo e Isabel Sarli filmaron juntos en 1957, *El trueno entre las hojas*, se inscribió en la línea de cine social, pero con un sello particular: dotarlo de leves cuotas de lujuria y de desnudez. Concebido como un drama situado en la selva misionera, el filme combinó la situación de explotación del obraje y su efecto en la construcción de una masculinidad desbordada frente al cuerpo y la sensualidad de la actriz.

En lo que restaba de la década, y durante las dos siguientes, Armando Bo e Isabel Sarli avanzarían no sólo en la filmación de películas, sino también en la interpelación a diversas generaciones y públicos alrededor de la sexualidad y el erotismo, impacto que ad-quirió diferentes sentidos, texturas y significados de acuerdo a los contextos históricos.

Las fauces del erotismo: claves y dinámicas de una experiencia histórica

Si *El trueno entre las hojas* fue la carta de presentación de Isabel Sarli como actriz de cine, su incipiente trayectoria despuntaba gracias a sus dimensiones físicas, las cuales fueron exaltadas en las marquesinas y avisos gráficos. Sin embargo, gradualmente sus actuaciones darían lugar a una agencia más activa en relación a la configuración, e intelección, de dinámicas y prácticas de sexualidad y moral sexual.

En este primer trabajo, y en co-producción con Paraguay, se revisitaba el tópico del trabajo, la explotación en un obraje del Noreste Argentino, a partir de un esquema de género en el cual Isabel Sarli anudaba los deseos de los trabajadores al tiempo que su subjetividad era dependiente de la mirada masculina.

La imagen capturó la emergencia de una mirada escrutadora, pero signada por la pregunta por el goce y el erotismo. Bajo un contexto en el cual la televisión comenzaba a conquistar audiencias (Varela), el lenguaje que afloraba en *El trueno entre las hojas* buscaba desbaratar la mirada para proponer otras estrategias en el ver, en el observar, en el ser y en el consumir. Una mirada que, a nuestro entender, procedía a manera de *voyeur* y dejaba entrever algunos contrapuntos analíticos: si resultaba una exacerbación del "machis-mo" (Foster 5-6), o un proceso cultural y una práctica social mutable y dinámica en torno a la heterosexualidad y el androcentrismo en un arco temporal más amplio.

Asumiendo que el régimen de deseo desplegado adscribía a una organización heteronormativa, binaria y universal, indagar sobre ello nos permitirá complejizar los modos en los que dicha heterosexualidad se configuró, sus condiciones de producción, y cómo pudo ser comprendido desde lógicas no androcéntricas. Consideramos que las películas de Bo y Sarli excedieron la noción de "cine", y buscaron delinear interpelaciones y relecturas sobre el despliegue de sentidos, prácticas, significados y experiencias en torno a las intersecciones entre sexualidad, política y contextos históricos.

A lo largo de casi tres décadas, Armando Bo e Isabel Sarli ingresaron al mercado internacional gracias a, por un lado, un contrato con *Columbia Pictures* en 1964 y, por el otro, a una retahíla de co-producciones con países latinoamericanos como Brasil, México, Paraguay y Venezuela. Su tránsito internacional permite reflexionar acerca de las formas de circulación, distribución y consumo y los significados que adquirieron de acuerdo a los contextos, los interlocutores y las cartografías. Asimismo, ¿qué significaba la figura de Isabel Sarli, sus apariciones públicas, sus filmes, en la década de los sesenta y setenta frente a la de los años ochenta, escenario de recuperación democrática, del *destape* (Milanesio) y su posterior televisación en la década de los noventa?

Del mismo modo, el consumo cultural de las películas de Bo y Sarli conllevó una negociación con la censura y las políticas sexuales que el estado autoritario desplegaba en los sesenta (Eidelman; Simonetto, *La moral institucionalizada*). Fueron numerosos los tópicos visitados por la dupla, cuyo hilo conductor fue la apelación y evo-cación a la cultura popular bajo diferentes escenarios. En efecto, problemáticas como la precariedad, el lupanar, la maternidad, la sexología, la violencia sexual, la prostitución, la participación de las mujeres en la política, las mujeres indígenas, la homosexualidad, abonaron a una reescritura de los códigos de lo popular a través del erotismo al tiempo que ello tuvo como eje cardinal el posicionamiento de Isabel Sarli como un ícono local, nacional, y como un símbolo de la sexualidad vernácula y plebeya.

A su vez, en la dinámica de circulación, apropiación y reconfiguración, los marcadores de género, clase y etnia podían, o no, tensar las narrativas hegemónicas, pero canalizaban y estimulaban discursos, representaciones e interpelaciones en donde lo autóctono, el cuerpo y la sexualidad operaban conjuntamente. La pregnancia de una actriz cuyos rasgos físicos, pelo oscuro, curvilíneo, voluptuoso, tez morena, y una inclinación a grandes multitudes, entraba en tensión con el perfil étnico racial de la nación (Adamovsky) y la moral católica de los gobiernos autoritarios después de 1955, en especial aquella bregada por Onganía en el segundo lustro de los sesenta (Manzano). En la metáfora *voyeur* Sarli comenzaba a fraguarse como un horizonte para la exploración y la construcción de una erótica atravesada por diferentes lentes, ropajes y consideraciones.

De esta manera, consideramos que su figura y su actividad, junto con la de Bo, consistió no sólo en ser un bien cultural sino también una producción *erótica* sobre la base de una serie de dimensiones encuadradas en una perspectiva tanto histórica como de género. Consideramos al erotismo como un elemento liminal entre la sexualidad y el deseo, entre el constreñimiento y la agencia, que agrupa a numerosos actores e instituciones (Parrini). A su vez, nos resulta un concepto relacional e históricamente situado, que aflora y se calibra de acuerdo a los escenarios y a las dinámicas socioculturales históricas. El erotismo, entonces, es una práctica pendular y situada cuya configuración supone intersecciones entre clase, género, etnia y raza.

Esta experiencia *erótica*, entonces, reposó en el carácter vertebral de la sexualidad y el cuerpo femenino como orientadores y depositarios de las tramas narrativas que implicaron un entramado de diálogos institucionales y discursivos como el estado, el mercado, pero también el delineamiento de identidades, subjetividades y significados. La pregnancia de Sarli atravesó reconfiguraciones conforme la tensión entre permanencia y cambio que se desarrollaron a la luz de diversas investiduras políticas, sociales y simbólicas. Roland Barthes consideró a lo erótico como aquello que es repetido hasta el cansancio o si, por el contrario, es tan inesperado e inusitado que descalabra (68-69).

Su actividad consistió en apelar a una semántica popular que conjugara lo conocido por repetición, sus películas precedentes, y la sublimación de lo inesperado, aquello que podría sucederle a la protagonista, a su cuerpo. Al reparar en ella como práctica cultural, buscó imbricar la potencialidad visual del cuerpo de Sarli y la interpelación a problemáticas de la realidad, de la cultura, para en-samblar un erotismo que horadara los marcos cinematográficos. En segundo lugar, la retórica del erotismo apeló a un sujeto, fuera de la pantalla, al que le concedió un rol significativo. Proponemos al otro, a los espectadores, como consumidores culturales que son interpelados intersubjetivamente por el erotismo. La dinámica *voyeur* (Williams) resulta tanto un mecanismo de participación como una metáfora acerca del proceso de constitución y emergencia de la sexualidad.

Película	Año de Estreno*
El trueno entre las hojas	1958
Sabaleros	1959
India	1960
...Y el demonio creo a los hombres	1960
Favela	1961
La burrerita de Ypacarai	1962
Lujuria Tropical	1964
La Leona	1964
La diosa impura	1964
La mujer del zapatero	1965
Días calientes	1966
La tentación desnuda	1966
La señora del intendente	1967
La mujer de mi padre	1968
Carne	1968/1979 (Reestreno)
Fuego	1969
Desnuda en la arena	1969
Éxtasis tropical	1969
Fiebre	1972
Furia infernal	1973
Intimidades de una cualquiera	1974
El sexo y el amor	1974
Embrujada	1976
Una mariposa en la noche	1977
El último amor en Tierra del Fuego	1979
Insaciable	1979
Una viuda descocada	1980

Películas dirigidas por Armando Bo y protagonizadas por Isabel Sarli (1958-1980). Fuente: Elaboración propia. Datos recopilados de la base de datos de Red de estudios sobre Historia de los Medios

En tercer lugar, lo erótico fue constituyéndose sobre la base de la apelación y una resignificación de un repertorio de imágenes, sentidos y prácticas ligadas a la cultura popular local en un contexto histórico de transición. Al absorber diferentes problemáticas sociales propuso una configuración plebeya del erotismo, incidiendo en la construcción de sentidos sobre la sexualidad y el género en la época.

Finalmente, ¿qué disposiciones de género organizó su erotismo? Al considerar que Sarli y Bo filmaron alrededor de veinte y siete películas juntos (ver Cuadro 1), su acontecer social y cultural discurrió de manera dinámica. En consecuencia, así como la cultura popular se inscribió como hilo conductor, el prisma androcéntrico apeló, en una primera instancia, a una división jerárquica de los géneros a través de roles binarios y una subordinación de lo femenino frente a lo masculino. Sin embargo, en los intersticios de la heteronorma hubo lugar para las resistencias sin por ello horadar la cosmovisión masculina.

La perspectiva de género busca poner en tensión las narrativas hegemónicas que organizan la realidad social de los cuer-pos. Reconstruir y desandar las huellas del erotismo de Bo y Sarli su-pone ofrecer el problema por la constitución del género en perspectiva histórica y situada al mismo tiempo que expone los pilares que lo sostienen.

Carne: *la connotación sexual y erótica de la violencia sexual*

Carne buscó narrar la intersección entre violencia sexual, erotismo y masculinidades a través de la vida de una trabajadora de la industria de la carne en el cordón sur del Gran Buenos Aires. Según el propio realizador, *Carne* se basó en una historia real de una trabajadora que había sido abusada en reiteradas ocasiones por sus compañeros de trabajo y presentarse como "una crítica constructiva en favor de un proceso sexual que se vive" (Martín, 56). Su trasposición a la pantalla grande encontró carnadura en Delicia, una joven humilde y trabajadora que anhelaba consagrarse a la vida de familia a la vez que era habitada por un deseo sexual vivaz hacia su pareja.

La película da inicio con una Delicia cubierta de paja y posando como modelo a los ojos de su pareja, Antonio, jefe del personal de frigorífico, quién se desvela tratando de retratar a su exuberante modelo. En la plática entre "la vida necesaria para vivir", la del trabajo fabril, y una otra que involucra el esparcimiento, *Carne* trazó una primera demarcación entre una esfera "privada", en la que la pasión heterosexual desenfrenada ocurre, y una esfera pública, expuesta a los "peligros" sociales como el frigorífico, la calle.

De camino a su jornada laboral, Delicia es atacada por un maleante que pretende hurtarla y violarla sobre las vías, hecho malogrado gracias a la intervención de un tercero que, no obstante, exige un pago: el interventor, Humberto-"El Macho"-, había pergeñado toda la secuencia para, finalmente, abusar sexualmente de ella y asimilarla a un objeto: "yo sí sé, con dinero fresco, pero tenés carne, y de la buena".

Un primer punto de *Carne* nos habla de las políticas de identificación y subjetivación de los cuerpos sobre la base de características físicas y simbólicas de género: tanto los nombres de pila, Delicia, como de los sobrenombres, "El Macho", responden a un estatuto de género y a la organización social del mismo dentro de las estructuras y disposiciones que vertebran la cotidianeidad de esos sujetos. En consecuencia, al personaje principal de la película se le aduce una correspondencia entre su identificación civil, su corporalidad y la analogía del consumo. Al antagonista, por otro lado, se lo revistió de aristas viriles inscritas en una masculinidad considerada como desbordada y efervescente.

El universo social y cultural *Carne* se focalizó en torno al par violencia sexual-erotización, el deseo, las relaciones afectivas heterosexuales y la organización jerárquica de la diferencia sexual entre varones y mujeres, estimulados por discursos acerca del trabajo y la construcción de un otro femenino a la luz de un contexto histórico donde la pregnancia del trabajo y los trabajadores fermentaba bajo una tensión social entre diversos sectores de la sociedad y el estado (Gordillo; James).

En esta primera violación emergió una premisa central que vertebrará una interpretación posible del erotismo: la configuración de una práctica social que equiparó la carne humana, la corporalidad femenina, a un consumo material dado y natural; un consumo leído en clave patriarcal que estribó en la construcción de un deseo a base de un despojo de la voluntad del cuerpo femenino para convertirlo en un objeto disponible para el varón. Otra vez el testimonio de Bo arroja luz sobre esta idea: "Hacer un parámetro entre la carne que se consume todos los días y la carne como objeto sexual [...] porque la verdad todo es carne. Sin espíritu. Sin alma" (Martín, 57). No obstante, la pregunta por la perspectiva de la protagonista queda soslayada y sólo sobre el final se ensaya una representación del deseo como consecuencia del deseo masculino.

Asimismo, la cuestión de la carne adscribió a un relato nacional que pensaba que el imaginario identitario de la nación se erigía como principal consumidor y productor de carne vacuna y ganadera. Con el afianzamiento del estado nacional, dichas narrativas se enraizaron en una cultura popular local que abonó a la generización de la carne en función de una ritualidad, a través del hacer asado, que lo dispuso como variable de la masculinidad.

En este sentido, *Carne* abonó a la elaboración de un correlato consustancial de índole cultural, social y simbólica a partir de dos tipos de consumo: por un lado, enaltecer la carne como relato de la cotidianeidad nacional y, por el otro, su senda equiparación con la corporalidad femenina. Para Carol Adams existen correlaciones entre la violencia sexual hacia las mujeres y el consumo de carne animal inscritas dentro de una estructura de poder patriarcal que ha significado históricamente a la carne como alimento y rasero de virilidad. (58-63)

Empero, la violencia erotizada de *Carne* descansó en dos procesos simultáneos: la exaltación de una masculinidad desbordada y una feminidad deseante, objetualizada y pasiva y la búsqueda de una excitación y la construcción de un deseo codificado como masculino alojado en su consumo cultural. En efecto, la *carne* condensó una serie de significados y configuraciones que atravesaban y variaron históricamente de acuerdo a los contextos históricos en los que era consumida.

Los estudios históricos sobre trabajo desde una perspectiva de género en Argentina atendieron el impacto de la industria de la carne a fines del siglo XIX y principios del XX (Lobato, *Historia de las trabajadoras en la Argentina*). La instalación de los mataderos y los primeros emplazamientos frigoríficos en los cordones al sur de la

Municipalidad de Buenos Aires fue percibida, desde sectores funiculares, como focos de propagación de dolencias y conductas que afectaban al "cuerpo social" de la entonces nación en ciernes (Armus; Lobato, *Mujeres en las fábricas*; Salessi).

A su vez, estos estudios resaltaron la temprana participación de las mujeres en un mercado laboral androcéntrico, incluida la industria de la carne, y en el que el trabajo femenino asalariado se vislumbró o acomodó, de manera diferencial según la clase y el tipo de labor, a un orden de feminidad donde la virtud y la honra de la asalariada eran tensionadas en función de una compatibilidad, o no, con los mandatos sociales y el comportamiento femenino (Lobato, *Historia de las trabajadoras en la Argentina*). En este sentido, el filme enfatizó la experiencia de las mujeres que trabajan al disponer el problema de la violencia sexual como una dimensión cotidiana, pero exacerbada por el relato de la carne y una economía moral que despolitizaba los cuerpos de las mujeres.

En el transcurrir de las escenas, Delicia ocultó el abuso a su pareja mientras realizaba diferentes tareas laborales. Las representaciones germinadas en torno al trabajo asalariado femenino han proliferado en las primeras décadas del cine sonoro local (1933-55), en las que la tensión entre la órbita del trabajo remunerado y el trabajo doméstico operaban como hilo conductor. En este sentido, en *Carne* la pregnancia de la sexualidad, el deseo y la violencia desplazaron el eje hacia la disyuntiva del goce androcéntrico y el despojo masculino a través de la cosificación y objetualización del cuerpo de un otro.

El *consumo sexual* del otro femenino se anudó a una noción de violencia, y violencia sexual, que busca poner de relieve no sólo las preguntas por el consentimiento, sino también sobre la agencia sexual de las mujeres. En consecuencia, aventuramos que la problemática de la violencia sexual, el erotismo y el deseo en *Carne* se desplegaron, también, para construir un consumo, una identidad consumidora, que incidiese en el delineamiento de sentidos y prácticas en torno a la sexualidad.

Una segunda violación acontece en los pasillos de la cámara frigorífica. Mientras realiza un inventario, Delicia es acosada y perseguida por Humberto. Sabiendo sus intenciones, procura huir en el laberinto de reces vacunas que cuelgan dentro de la sala. Sin embargo, Humberto la intercepta y, al grito de "carne sobre carne", descuelga una media res del techo como soporte para la violación. La brutalidad del abuso queda plasmada en el llanto desgarrador y posterior desmayo de Delicia. La idea de erotizar mediante un consumo sexual del cuerpo fue exacerbada a través de una nueva homologación entre la carne vacuna y la "carne" corporal femenina, al cual lo ubicó como un receptáculo pasivo.

En un contexto posterior que tiene como epicentro un asado entre varones, trabajadores del frigorífico y vecinos del barrio, uno de ellos pregunta a Humberto por la "situación" en el frigorífico, empleando vocablos como *matracaso,* o "trabajar fino", para referirse a los vejámenes. La conversación se circunscribe a detallar cómo Humberto "se come la carne gratis", trazando una analogía entre la delicia de la carne y la delicia de la corporalidad femenina de la prota-gonista. El encuentro discurre en una representación de la vida cotidiana de las clases populares y los trabajadores, durante el cual son medidos estatutos de virilidad, de poder, y donde es reforzada la intelección de un contrato sexual en el cual la reticencia de las mujeres frente al sexo heterosexual opera como una metáfora a la idea de un orden de género en el que los hombres son naturalmente desenfrenados e incontenibles mientras que las mujeres buscan ocultar su predisposición biológica, fisiológica, de atracción y de deseo hacia ellos. En consecuencia, *Carne* transita la ambivalencia entre proponer un ejercicio de la sexualidad, tanto de sus protagonistas como de sus espectadores, al amparo de la violencia, la agudización de la diferencia sexual y las resistencias a un universo social, cultural y simbólico que cosifica la feminidad. La experiencia y la construcción de la sexualidad atraviesan a *Carne.*

Durante la última parte del film, Humberto pergeña un rapto y una violación colectiva hacia Delicia dentro de un camión frigorífico, donde sucesivos varones ingresan al camión y se acompañaban charlas posteriores para describir los encuentros con Delicia. En este sentido, la violación de Delicia se vuelve inteligible como parte de un relato de masculinidad en el que se busca reforzar la posición de poder del varón (Segato, 37-42).

El primero de los hombres en violarla, Humberto, intimida a Delicia con un cuchillo mientras le expresa que "yo también te quiero pintar, como el degenerado ese lo hace, sos la ternera más linda de todas". En la procesión de hombres, son expuestos los distintos argumentos que incentivaron a cada uno de ellos a participar, en la que los modos de habitar la masculinidad son múltiples: a diferencia de Humberto, que encarna una masculinidad preponderante, otro de los varones se asume como homosexual y otro busca demostrar que puede desplegar una masculinidad acorde a las expectativas sociales. De manera complementaria, la experiencia de la violencia sexual es presentada como una consecuencia ante la supresión de las "casas públicas".

Mientras tanto, Delicia padece abusos sucesivos hasta que logra escapar y refugiarse en un bar, donde la oleada de dolorosos recuerdos la acuciará. Al buscar la supresión, el purgamiento, las huellas de los varones, *Carne* la transfigura en una figuración del de-seo: la reminiscencia de la violación la excita, produciéndole sentimientos contradictorios que oscilan entre la culpabilidad, y la preocupación por su moral sexual, y el goce.

Esta situación, sostenemos, plantea una paradoja acerca de la representación de la agencia sexual de las mujeres en relación a la mirada y a la matriz androcéntrica y que excede las fronteras del dispositivo fílmico. El cuerpo de Delicia se torna un locus de disputa a razón de los posicionamientos históricamente configurados para las mujeres, los cuales colocan la sexualidad de las mujeres en una tensión entre el peligro-violencia sexual- y el placer (Kratje). El filme culmina con un desenlace exitoso para el orden y la moral heterosexual, en los cuales la masculinidad obtura al deseo femenino de la protagonista y presenta una lectura de la realidad social en la que la violencia sexual responde a desigualdades estructurales, en las que las relaciones y las problemáticas de género no tienen centralidad.

En suma, *Carne* explora un mundo cultural y social en el que habita el problema de la sexualidad, el erotismo y el orden de género y se resalta la violencia y la explotación desde la configuración de un sistema de género en el cual las mujeres son presentadas como sujetos atravesados por sentidos y experiencias del deseo, del hogar, la familia y del goce, mientras que los varones son pernotados como indómitos e incontenibles en función de representaciones de masculinidades, populares y trabajadoras, signadas por dinámicas de clase enraizadas en imaginarios sociales y culturales más amplios.

Fuego: *los límites heterosexuales del homoerotismo*

Al año siguiente de estrenar *Carne,* Armando Bo escribió, protagonizó y estrenó *Fuego,* cuyo personaje era un ingeniero acomodado que se enamora de Laura, una mujer de físico exuberante y voluptuoso, adinerada y que acapara todas las miradas en el escenario de la Patagonia. El director relató que la idea nodal de *Fuego* abrevó de una historia que le fue relatada por un médico que diagnosticó un caso de ninfomanía a una mujer que era considerada "la prostituta del barrio" porque amaba a su esposo, pero mantenía encuentros sexuales con otros varones (Martín, 62).

La cinta abordó una relación homoerótica entre dos mujeres y, al mismo tiempo, el lugar que el discurso biomédico, y la heterosexualidad, detentó en la configuración del cuerpo femenino como patológico al considerar que tanto la homosexualidad como el ávido deseo de flexibilizar la agencia sexual femenina constituyeron espacios fértiles para el disciplinamiento médico y social de la sexualidad. Desde la conformación de espacios institucionalizados a mediados de los años cincuenta, la sexología atendía "afecciones" psicosexuales y forjaba una episteme abocada a mitigar su efecto en las parejas (Maffía).

En el período que el filme fue estrenado, la literatura médica gozaba de una próspera recepción y consumo en grandes públicos por fuera de los consultorios, en especial las teorías del psicoanálisis (Plotkin). Sin embargo, *Fuego* avanzó sobre su contexto y propuso un doble andamiaje: identificar en el homoerotismo femenino un espacio para el deseo y hacer visible la relación entre la heterosexualidad y el discurso de la medicina, enfatizando la condena moral hacia las mujeres y la subordinación de la experiencia de deseo femenino al orden androcéntrico.

La secuencia de apertura desplegó un encuentro homoerótico entre Laura, Isabel Sarli, y Andrea, su empleada doméstica, a la orilla de un lago en la Patagonia, que se malogra cuando Carlos se convierte en un testigo *voyeur*. En las escenas posteriores, los protagonistas son oficialmente presentados e invitados a una fiesta esa misma noche, en la que mantendrán un fogoso encuentro y Carlos confesará la atracción que siente por Laura y que desea convertirla en su esposa. No obstante, Andrea le advierte el carácter peligroso de la unión porque entiende que su relación homoafectiva era de carácter monogámica, concitando en Laura una postura contraria basada en el anhelo por encontrar al hombre que "satisfaga todos sus deseos". El desacuerdo entre ambas provoca que Andrea manifieste que el apetito sexual de Laura nunca podrá ser satisfecho porque es "mitad ángel y mitad demonio" y proponiendo que el varón heterosexual es incompatible con la agencia sexual que practica.

Estas dos escenas se conectan a través de nociones del amor y del deseo llevadas a cabo por Andrea y Carlos. La primera utilizará sus sentimientos de afecto y cariño hacia Laura para que se conviertan en algo más que amantes, prescindiendo del orden masculino; Carlos comprende una idea de amor en el sentido heterosexual y androcéntrico que implica atravesar el matrimonio, la planificación de un hogar y una familia nuclear. Sin embargo, la perspectiva homoerótica del afecto tendrá menor legitimidad social, cultural y moral, frente a la producción del deseo desde la matriz heterosexual, la cual se dirimirá en favor de la segunda.

El entramado que plantea *Fuego* permite habilitar el relato por la historicidad y la opacidad del registro de las relaciones entre mujeres en el largo aliento. Circunscribiéndonos al siglo XX vernaculo, la cuestión de la experiencia homosexual femenina se ancló en el emergente proceso de medicalización de la sexualidad que prescribió tipificaciones biopolíticas sobre corporalidades "anorma-les" frente a las "normales", ensayando formas de ejercer el deseo sexual como moralmente correctas diferentes a las "desviadas", "perversas", y "patológicas" en base a una cantera de disciplinas científicas (Ramacciotti y Valobra, 494-497). En el disciplinamiento de la otredad femenina, términos como invertida, tribadista, safista y lesbianismo, fueron parte de una densa red de poder articulada en la conformación de los estados nacionales y a la ascendente cimentación de la medicina como saber legítimo e incuestionable (Ben). Aun cuando las experiencias de deseo fueron examinadas como "peligrosas" desde los discursos médicos y los registros jurídicos, en el reverso de las prácticas existieron intersticios desde dónde desplegar el afecto homoerótico (Figari & Gemetro).

La promoción de estas tramas no resultaba novedosa en el cine argentino clásico ya que en el imaginario social se encontraba sedimentada una correspondencia entre la homosexualidad femenina con espacios y los espacios y atmósferas de encierro (Tacetta y Peña), los cuales construían arquetipos de mujeres sádicas, masculinas que sometían a otras congéneres.

La sexualidad es transfigurada en perniciosa: el apetito sexual de Laura, si no es en el hogar y con su pareja masculina, puede resultar perjudicial para ella y para el resto. El desplazamiento de escenas eróticas y onanistas entre Andrea y Laura hacia escenas de confesiones amorosas entre esta última y Carlos, allanan el camino hacia el matrimonio, profesando valores propios de la moral católica: protección, defensa y seguridad. En este sentido, *Fuego* dispuso no sólo las tensiones entre la heterosexualidad obligatoria y el homoerotismo femenino, sino la posibilidad de que lo femenino sea sexualmente activo desde una sexualidad construida como irrefrenable e irracional.

Simultáneamente se superponen escenas de Laura, en situaciones similares, con otros hombres, lo que eleva la insatisfacción y el enfurecimiento de Carlos hacia ella. Laura enuncia: "deseo ser libre, no puedo ser fiel a nada ni a nadie". Su libertad sexual, su decisión de gozar con quien quiera, cualquiera sea su género, el sentirse deseada por hombres y mujeres la hace sentir a la vez plena y desdichada. La disyuntiva entre el libre ejercicio de su libertad sexual y el enconsertamiento en la monogamia heterosexual puede ser leída como parte del espectro de paradojas que el género propone como variable primaria en las relaciones de poder (Scott).

Los presagios de Laura comienzan a cumplirse en tanto ellos implican el cercenamiento de un ejercicio sexual menos flexible y donde la doble pauta de género opera para hacerla sentir culpable de sus encuentros con otros hombres una vez casada. En una de las escenas recorre el pueblo ataviada con unas botas, una cartera y un tapado bajo el cual yace desnuda y que solamente abre cuando un varón aparece en su campo de visión. En el fragor del remordimiento y la desdicha, Carlos aprueba y entiende el deseo sexual desbordado de Laura con un aleccionador: imponer castidad, fidelidad y monogamia. Mientras tanto, los encuentros sexuales entre Andrea y Laura persisten, pero son confinados al espacio privado y en la ausencia de Carlos en tanto este descubre que Laura mantiene encuentros sexuales con otros hombres, azotándola y gritándole "eres una puta". A diferencia de *Carne,* la fragilidad de la masculinidad se expresa a partir del conocimiento extendido de los pobladores sobre los encuentros entre Laura y otros varones, lo que implica que la configuración de virilidad se vea fracturada en tanto supone una incapacidad a la hora de ejercer los arreglos del matrimonio.

Esta suma de elementos impulsa a Carlos a acudir a un médico, una voz colocada como autorizada y legítima para poder comprender qué es lo que "aqueja" a Laura. El médico le señala que:

"Tiene una apetencia sexual exagerada [...] Hay una neurosis sexual, una neurosis que afecta, principalmente, a la función genital. Hay una exageración patológica de la lívido".

Toda la secuencia se impregna del discurso médico biologicista, el cual no sólo nomina al cuerpo femenino bajo un sustrato esencialista, sino que también lo dispone como una entidad patológica. El discurso médico tradicionalmente ha caracterizado a las mujeres como seres patológicos, meritorias de una regulación, clasificación y normalización de las decisiones sobre sus cuerpos (Barrancos). En consecuencia, el galeno cribó una continuidad his-tórica entre la prostitución y la locura ninfomaníaca de Laura, cuyo correlato entrañaba la supresión del deseo y la agencia activa de las mujeres bajo argumentos de índole biológica y androcéntrica que conminaban una "exageración de la lívido". Desde esta perspectiva, las mujeres eran asumidas como seres que portaban una pulsión sexual desbordante e indómita, propensas a desarrollar afecciones sexuales como parte de una naturaleza biológica inestable.

Frente a la coerción y sujeción de la medicalización, las explicaciones que el psicoanálisis y la sexología diseminaban en la época partían de una concepción clínica y terapéutica que procuraba brindar consejos a públicos más amplios (Jones y Gogna). El registro médico de la ninfomanía atribuía una desviación en la naturaleza de las mujeres que, además, sólo podían ser tratadas a través de dife-rentes técnicas y procedimientos. ¿Se convertía *Fuego* en un andamiaje discursivo y cultural para vehiculizar el discurso médico dominante o comprendía que el deseo y la sujeción de las mujeres por parte de dicha investidura podían cuestionarse?

Buscando una solución para su esposa, Carlos culpó a Andrea de ser la causante: la génesis de la ninfomanía tiene como presupuesto una alteración en la propia heterosexualidad. El viaje a Estados Unidos para obtener una segunda opinión médica aumentan en Laura la culpa de no poder cumplir un rol femenino ligado a la fidelidad y la regulación de la sexualidad; por otro lado, al incrementarse su des-

bordante deseo sexual como resultado de las miradas que los tran-
seúntes despliegan alrededor de ella en las ajetreadas calles de Nueva
York, ello la impulsa a querer finiquitar, sin lograrlo, la pregnancia
que el discurso médico selló en su subjetividad a través de la muerte.

El regreso a Argentina exacerbó la aflicción de Laura. Com-
pungida, le ruega a Carlos que la mate, pero éste no lo hace. En cambio, le perdona todas sus infidelidades porque la ama. A pesar de la
absolución, Laura comprende que ni su marido ni el resto de la sociedad comprenden, sino que refuerzan un control moral y biomédico sobre ella, la acuciante situación que ellos mismos desencadena-
ron. Vestida de blanco, se suicida lanzándose desde un acantilado. La
ninfomanía, en tanto estigma, es finiquitada bajo un orden moral de
cariz punitivo y normalizador que encapsula y nominaliza al cuerpo
femenino como patológico.

Si *Fuego* procuró visibilizar los alcances de la agencia sexual
de las mujeres mediante la negociación de la propia identidad, el filme
puede leerse como una sátira con el objetivo de usar al discurso médico como metáfora acerca del disciplinamiento político y nor-ma-
tivo de una censura cultural y política en el marco de una cruzada
moral sobre las sexualidades insuflada por el gobierno de Onganía
(1966-1970) a fines de los sesenta. La mirada *voyeur* no se acotó a los
posibles consumos de los espectadores, sino también a la alocución
de una audiencia más amplia que apelaba a otras inquietudes y ansie-
dades del cuerpo social.

Finalmente, el filme ancló sus diferentes problemáticas, la heterosexualidad, la ninfomanía, la homosexualidad femenina y el uti-
llaje biomédico, en un entramado histórico que interpeló políti-came-
nte a su contexto social y cultural al abordar ejes como el deseo, el
erotismo y los límites que ellos mismos presentan. En un escenario
donde la configuración de la sexualidad estaba signada por discursos
de flexibilización e inestabilidades políticas, *Fuego* propuso leer la
realidad social coetánea desde otras coordenadas.

A modo de conclusión

A lo largo del presente artículo se estudió el fenómeno cultural del cine de Armando Bo e Isabel Sarli en la segunda mitad del siglo XX, prestando atención a la estructuración de un erotismo que buscó relatar y componer imágenes, representaciones y discu-siones sobre la sexualidad. El lugar auxiliar que dicha experiencia ocupaba en los estudios académicos revela que la complejidad por comprender las producciones culturales conlleva ensayar otras preguntas y problemas analíticos sobre el pasado y el presente.

En primer lugar, se indagó acerca de los perfiles biográficos de las dos figuras, en particular el de Sarli, asumiendo que la reconstrucción de sus trayectorias arroja luz sobre sus intervenciones y desempeños en diversos planos. Asimismo, se avanzó en la problematización de la erótica como parte de la liturgia y la circulación popular que ambas figuras exhibieron durante más de tres décadas. Pensar el erotismo incorporó el interrogante sobre el deseo y cómo ello apeló a pensar las disposiciones de género y corporalidad coetáneas.

A su vez, se analizaron dos películas, *Carne* y *Fuego*, con el objetivo de comprender cómo lo estudiado se estructuró de acuerdo a problemáticas sociales diferentes: por un lado, *Carne* puso en el centro de la escena la consumición tradicional de la carne como un problema de género. Por otro lado, *Fuego* incorporó las figuraciones de la homosexualidad femenina desde el prisma del discurso biomédico y la heterosexualidad compulsiva. En ambas producciones, la cuestión de la agencia de la sexualidad femenina osciló en la abigarrada trama cultural de la clase: *Carne* representó la pregnancia de las jerarquías de género en los contextos de las clases populares y trabajadoras, mientras que *Fuego* las flexibilizó en tanto quienes las encarnaban pertenecían a círculos sociales de sectores pudientes.

En suma, avanzar en el estudio del cine erótico procuró vehiculizar reflexiones analíticas centradas en el género y la sexualidad bajo el supuesto que este fenómeno tuvo aristas sociales y culturales que coagularon representaciones, discusiones y prácticas sobre el cuerpo y las limitaciones de la agencia femenina. La erótica asumió una posición *voyeur* como metáfora para comprender el orden moral y sexual de la segunda mitad del siglo XX en Argentina. Al cribar relatos e imprimirle connotaciones eróticas a la cultura popular, la figura de Isabel Sarli tuvo una injerencia duradera sobre la cultura y la sociedad local.

Bibliografía

Adamovsky, Ezequiel. "A strange emblem for a (Not so) White Nation: *La morocha argentina* in the Latin American Racial Context, 1900-2015." *Journal of Social History.* Vol. 50, N° 2, 2016, pp. 386-410. Web. 1 de mar. 2020.

Adams, Carol. *The sexual politics of meat: a feminist vegetarian critical theory.* Continuum, 2010. Impreso.

Armus, Diego. *La ciudad impura. Salud, tuberculosis y cultura en Buenos Aires.* Edhasa, 2007. Impreso.

Barrancos, Dora. "De ciertas obsesiones históricas a los estudios de género". *Trampas de la comunicación.* Vol. 66 (2009): 25- 28. Web. 25 de mar. 2020.

Barthes, Roland. *El placer del texto.* Siglo XXI, 1982. Impreso.

Ben, Pablo. "Cuerpos femeninos y cuerpos abyectos. La construcción anatómica de la feminidad en la medicina argentina". *Historia de las mujeres en la Argentina Siglo XIX Tomo I.* Comp. Fernanda Gil Lozano, Valeria Pita y Gabriela Ini. Taurus, 2000. 253-71. Impreso.

Capalbo, Armando y María Valdéz. "Amor constante más allá de la pantalla. Armando Bo e Isabel Sarli en Columbia Pictures", *Cine Argentino. Modernidad y Vanguardia, 1957-1983Tomo I.* Dir. Claudio España. Fondo Nacional de Las Artes, 2004. Impreso.

Castagna, Gustavo. "El buen salvaje y la mujer codiciada. El cine de Armando Bo e Isabel Sarli" *El amante de cine* vol. 5, N° 52 (1996). Web. 25 de mar. 2020.

Eidelman, Ariel. "Moral católica y censura municipal de las revistas eróticas en la ciudad de Buenos Aires durante la década de los sesenta". *Deseo y represión. Sexualidad, género y Estado en la historia argentina reciente.* Ed. Débora D'Antonio. Imagomundi. 2015. 17-36. Impreso.

Fernández, Rodrigo y Dennisse Nagi. *La gran aventura de Armando Bo.* Corregidor, 1984. Impreso.

Figari, Carlos y Florencia Gemetro. "Escritas en silencio. Mujeres que deseaban a otras mujeres en la Argentina del Siglo XX." *Sexualidad, Salud y Sociedad* Vol. 3, 2009, pp. 33-53. Web. 25 de mar. 2020.

Foster, David William. "Las lolas de la Coca: el cuerpo femenino en el cine de Isabel Sarli." *Karpa: Dissident Theatricalities, Visual Arts and Culture*, Vol. 1, N° 2, 2008, pp. 1-6. Web. 25 de mar. 2020.

Goity, Elena. "Las batallas calientes. Armando Bo edifica a Isabel Sarli." *Cine Argentino: Modernidad y Vanguardia, 1957-1983 Tomo I.* Dir. Claudio España. Fondo Nacional de Las Artes, 2004. Impreso.

Gordillo, Mónica. "Protesta, rebelión y movilización: de la resistencia a la lucha armada 1955-1973". *Violencia, Proscripción y Autoritarismo (1955-1976) Tomo IX.* Dir. Daniel James. Sudamericana, 2007. 329-380. Impreso.

James, Daniel. *Resistencia e integración. El peronismo y la clase obrera trabajadora.* Siglo XXI, 2013. Impreso.

Jones, Daniel y Mónica Gogna. "De los médicos pioneros a la explosión del Viagra: medicalización y sexología en Argentina". *De las hormonas sexuadas al Viagra.* Comp. Agustina Cepeda y Cecilia Rustoyburu. Eudem. 139-71. Impreso.

Khun, Rodolfo. *Armando Bo. El cine, la pornografía ingenua y otras reflexiones.* Ediciones del Corregidor, 1984. Impreso.

Kratje, Julia. "El cuerpo y la sexualidad como locus de disputa. Aportes para una lectura crítica de las figuraciones fílmicas de las mujeres en el cine argentino", *Papeles de Trabajo* vol. 7, N° 12, 2013, pp. 248-71. Web. 25 de mar. 2020.

Lobato, Mirta Zaida, *Historia de las trabajadoras en la Argentina 1869-1960.* Edhasa, 2007. Impreso.

---. comp. *Cuando las mujeres reinaban. Belleza, virtud y poder en la Argentina del siglo XX*, Biblos, 2005. Impreso.

---. "Mujeres en la fábrica. El caso de las obreras del frigorífico Armour, 1915-1969", *Anuario del IEHS*, Vol. 5, 1990, pp. 171-205. Web. 25 de mar. 2020.

Maffía, Diana. "Normalidad y alteración sexual en los 50: el primer departamento sexológico." *Moralidades y comportamientos sexuales. Argentina 1880-2011*. Edits. Dora Barrancos, Donna Guy & Adriana Valobra. Biblos, 2014. Pp. 217-36. Impreso.

Manzano, Valeria. "Sexualizing youth: morality campaigns and representations of youth in early 1960s Buenos Aires." *Journal of the History of Sexuality* 14.4 (2005): 433-61. Web. 25 de mar. 2020.

Martín, Jorge Abel. *Los filmes de Armando Bo con Isabel Sarli*. Ediciones del Corregidor, 1981. Impreso.

Milanesio, Natalia. "Sex and democracy: the meanings of the *Destape* in Postdictatorial Argentina". *Hispanic American Historical Review*, vol. 99, N° 1, 2019, pp. 91-122. Web. 25 de mar. 2020.

Parrini, Rodrigo. *Deseografías. Una antropología del deseo*. Unam, 2018. Impreso.

Plotkin, Mariano. *Freud en las pampas*. Editorial Sudamericana, 2005. Impreso.

Ramacciotti, Karina y Adriana Valobra. "El campo médico argentino y su mirada al tribadismo, 1936-1955." *Estudos Feministas*, vol. 16, N° 2, 2008, pp. 493-516. Web. 1 de mar. 2020.

Romano, Néstor. *Isabel Sarli al desnudo*. Ediciones de la Urraca, 1995. Impreso.

Ruétalo, Victoria. "¡Prohibida! Armando Bo and Isabel Sarli´s struggle with censorship in Argentina." *Porn Studies*, vol 5, N°4, 2018, pp. 380-392.

---. "Armando Bo and Isabel Sarli beyond the nation: co-productions with Paraguay." *Estudios Interdisciplinarios del Caribe y América Latina*, vol. 24, N°1, 2013, pp. 83-98. Web. 15 de mar. 2020.

---. "Temptations: Isabel Sarli exposed." *Journal of Latin American Cultural Studies*, vol. 13, N°1, 2004, pp. 79-85. Web. 15 de mar. 2020.

Salessi, Jorge. *Médicos, maleantes y maricas: higiene, crimonología y homosexualidad en la construcción de la nación argentina (Buenos Aires,
1871-1914).* Beatriz Viterbo, 1995. Impreso.

Saxe, Facundo Nazareno. *"Gender Trouble/Female Trouble,* de John
Waters y Divine a Armando Bo e Isabel Sarli: algunas consideraciones sobre las posibilidades transnacionales de la teoría
queer." *Actas de las Primeras Jornadas Interdisciplinarias sobre Estudios de Género y Estudios Visuales.* Ed. Andrea Torricella. Universidad Nacional de Mar del Plata, Facultad de Humanidades, 2014. 1-9. Impreso.

Scott, Joan. *Género e Historia.* Fondo de Cultura Económica. 2008.
Impreso.

Segato, Rita. *Las estructuras elementales de la violencia. Ensayos sobre género
entre la antropología, el psicoanálisis y los derechos humanos.* Universidad Nacional de Quilmes, 2003. Impreso.

Simonetto, Patricio. "Sexo, intimidad y dinero. Prácticas de mujeres
que vendieron sexo al sur de la Provincia de Buenos Aires
1936-1960." *Historia y Sociedad* N° 38, 2020, pp. 154-75. Web.
25 de mar. 2020.

---. "La moral institucionalizada. Reflexiones sobre el estado, las sexualidades y la violencia en la Argentina del Siglo XX." *E-
l@atina,* vol 14, N°55, 2016, pp. 3-22. Web. 25 de mar. 2020.

Smith, Adrian. "The girl the whole world is waiting to see more of!
Isabel Sarli and the failed attempt to launch a new star in
1960s Britain." *Intensities: Journal of Cult Media* N° 8, 2016, pp.
94-99.

Tacetta, Natalia y Fernando Peña. "El amor de las muchachas." *Otras
historias de amor. Gays, lesbianas y travestis en el cine argentino.*
Comp. Adrian Melo. Ediciones Lea, 2008. 115-132. Impreso.

Williams, Linda. *Hardcore. Power, pleasure, and the frenzy of the visible.* University of Califonia Press, 1989. Impreso.

Williams, Raymond. *Sociología de la cultura.* Paidós, 2015. Impreso.

Wolf, Sergio. "Armando Bó con Isabel Sarli. El folletín salvaje." *Cine Argentino: la otra historia.* Comp. Sergio Wolf. Letra Buena, 1994. 77-89. Impreso.

Zangrandi, Marcos. "Una mujer desnuda en la selva. Bo, Roa Bastos y El trueno entre las hojas". *Imagofagia,* N° 14 (2016): pp. 1-19. Web. 15 de mar. 2020.

Zavala, Lauro. "El análisis cinematográfico y su diversidad metodo-lógica." *Revista Casa de Tiempo,* N° 3, 2010, pp. 65-68. Web. 25 de mar. 2020.

La materia de los sueños. Pólvora y alcanfor

Néstor Cremonte

Isabel Sarli fue la última *Miss Argentina* coronada por el presidente Perón; en 1955 la saludó en su despacho con una sonrisa gardeliana y la instruyó: "A partir de acá usted es una embajadora de Argentina". Un visionario con todas las letras, el General. Isabel, por entonces, se ganaba la vida como secretaria, aparecía en fotonovelas y era modelo publicitaria, una especie de deidad tutelar que legitimaba la excelencia de marcas reconocidas (*Casa Perramus, Loción Colonia Atkinson, Mallas Minstinguett, Telas Muhair, JaBon Palmolive,* entre otras).

Un año después Armando Bo la convocó, un sábado a la tarde, en el *Hotel Claridge,* de Buenos Aires, un sitio de estilo georgiano con ladrillos a la vista y columnas neoclásicas. Al cruzar el hall de entrada el entorno emanaba ese perfume entre rancio y de azahares de naranjo después de la lluvia. Selecto y longevo, un sello de prestancia envolvía el conjunto y, a la manera de los clubes ingleses, era frecuentado por los descendientes de aquel viajero infatigable de principios del s. XIX cronista, ladrón de guante blanco, mercader y espía al servicio de la corona que desperdigó por el mundo la primera revolución industrial.[67]

Se encontraron en el bar-restaurant del piso 13, un espacio recatado con su moblaje macizo y finamente torneado característico del Tudor. Armando había regresado hacía poco de Paraguay donde Nicolás Bo, un empresario y aventurero ligado al dictador Alfredo Stroessner lo tentó para rodar una película en exteriores con la pretensión de hacer alarde de los paisajes naturales de su país. Don Nicolás había impuesto una sola condición: la presencia de Isabel en el rol estelar. Armando, ya tenía entre manos un cuento de Roa Bastos,

---

[67] Ver Prieto, Adolfo. *Los viajeros ingleses y la emergencia de la literatura argentina.*

no le sobraba el trabajo ni la plata y, aunque no la conocía, aceptó a regañadientes.[68]

El pidió whisky con hielo y ella té con limón. Intuitivo, frontal, alto, de mandíbula cuadrada y ojos fisgones, su nariz aplastada por un mamporro añoso le daba un cierto carácter. Para vadear malentendidos, a poco de dialogar le ofreció el papel protagónico de una película donde tendría que hacer un desnudo total.

Nunca más certera aquella expresión: "toda obra no es más que la expansión de una frase" (Arfuch 176).

Ella, sin conmoverse por la propuesta, mostró cierto desgano y parecía más interesada en curiosear el roble obscurecido que tapizaba las paredes del piso al techo del bar, pero finalmente inclinó el cuerpo hacia atrás, se apoyó en el respaldo del sillón en el que estaba sentada, lanzó como a vuelo de pájaro una última mirada sobre las arañas de hierro forjado que iluminaban el lugar y aceptó el desafío.

Cuando los cubitos del segundo whisky pedido por Bo aún no se habían derretido ya estaban enamorados.

"Como modelo yo ganaba más de lo que podía pagarme por la película, pero acepté para estar con él" -confesó Isabel mucho después con su voz pastosa evocando la imagen encerada de los pisos y su perfecta simetría de tablero de ajedrez. "Simplemente me tiré un lance y me salió bien" - comentó Armando con un guiño apenas perceptible (Camarasa 272).

Cuando bajaron lloviznaba y Dios dispuso rociarlos con gotitas de agua bendita. Desde aquella noche no volvieron a separarse y formaron una empresa, *La Sociedad Independiente Filmadora Argentina*. La saga inaugurada en 1958 con *El trueno entre las hojas* fue seguida por casi una treintena de films e instaló en el cine nacional un proceso de

---

[68] La saga amorosa Sarli-Bo está incluida en un libro escrito por Jorge Camarasa y publicado por Planeta en 1998, donde se relatan, junto a otras quince historias de amor, los galanteos de argentinos famosos.

intercambios materiales y simBolicos bruñidos con resplandores irrepetibles donde la pareja sería mucho más que cada uno de sus productos: escándalo, censura, hilaridad y lujuria.

Esa misma noche y casi a la misma hora, pero en la ciudad de La Plata, a sesenta kilómetros de distancia, en el boliche de la ochava de 6 y 54 un hombre se quitaba sus lentes para frotarse las sienes, gesto habitual que repetía cada vez que su ocasional contrincante amenazaba a su reina. Le tocaba jugar con las blancas y se lo notaba fastidioso. El ajedrecista también se abría camino como repórter y escritor. No le iba mal. Había publicado dos libros, *Variaciones en rojo* (Premio Municipal de Literatura) y una selección de *Diez cuentos policiales argentinos*, ambos de editorial Hachette en 1953.[69]

En una mesa cercana cuatro parroquianos se trenzaban en un *Tute Cabrero*. Dos a más, uno a menos y el tercero pierde. -¡Las 40, no joden pero atormentan!-sentenció uno de ellos mostrando un caballo y un rey de oros, el palo que mandaba en esa mano.

Como si se tratara de una advertencia se escucharon dos estruendos. Alguien, a pocas cuadras, había arrojado dos bombas Molotov. La primera incendió una zapatería que estaba a media cuadra de la Confitería París, en pleno centro de la ciudad y con la otra destrozó el frente del diario *La Prensa* sobre la calle 7. Era más que una señal. Un rato después empezó el asalto al Comando de la Segunda División y al Departamento de Policía.

Relata el ajedrecista: "Recuerdo cómo salimos en tropel…y cómo a medida que nos acercábamos a la plaza San Martín nos íbamos poniendo serios y éramos cada vez menos, y al fin, cuando crucé la plaza en la estación de ómnibus, me vi solo". (Walsh 9) Su casa quedaba en 54, a pocas cuadras del epicentro del tiroteo. Vio y escuchó cosas terribles, después se enteró que había estado en el medio de la revolución iniciada por el General Valle, supo de su fusilamiento y del fusilamiento de una veintena de personas más; entonces creyó desatenderse de Valle, de Aramburu y de la revolución. Retomó el

---

[69] Véase Jozami, Eduardo. Walsh. *La palabra y la acción.*

ajedrez, recopiló literatura fantástica y en agosto publicó *Antología del Cuento Extraño*, una serie relatos en un clima donde la realidad prosaica y cotidiana no tenían cabida.

Seis meses después, en aquel mismo boliche –y club de ajedrez de La Plata—, con un calor sofocante y el aremo de los tipos que siempre lo irritaba, un conocido se acercó al ajedrecista y sin levantar la voz y como al pasar, casi distrído, susurró: "Hay un fusilado que vive. El fusilado se llamaba Juan Carlos Livraga". (Walsh 10).

En ese preciso instante Rodolfo Walsh pateó el tablero para siempre. Un gesto totalizador.

Vale repetir como en el caso de Isabel, a Leonor Arfuch: "toda obra no es más que la expansión de una frase".

Los disfraces de Zeus

Cuando a Zeus se le cruzaba una mujer por la cabezota hacía lo imposible para conseguirla. La metamorfosis era una de sus argucias preferidas, quizás porque el más grande de los dioses del Panteón helénico sabía del embrujo de ciertas doncellas por las prácticas de zoofilia.

Así, bajo la aparatosidad de un toro blanco y reluciente raptó a la joven Europa de la playa de Tiro, atravesó las aguas con ella sobre su grupa y llegó a la isla de Creta, justo a Creta, lugar de acoplamientos feroces y fiesta predilecta de bacanales y orgías. Después, con la complicidad de su hija Afrodita, le ofrendó regalos, la sedujo, le cosquilleó los senos con sus cuernos de luna creciente y en el refriego la sirvió tres veces bajo la quietud de los plátanos y la transportó al inefable paraíso del orgasmo. De esa jarana inflamada nacieron tres hijos. A su muerte, no era para menos, Europa recibió honores divinos. (Fernández de León 99)

Casado con Pasifae, bella y hechicera como su hermana Circe, uno de aquellos hijos de Europa sería el rey Minos. El rey cometió varias pifias. La peor, acaso, cuando para afirmar su poder le suplicó a Poseidón que le regalara un toro salido del mar, pero desoyó su advertencia. Después del prodigio, Minos debía matarlo y no lo hizo. De ese equívoco se aprovechó Zeus que, reincidente, provocó otro extravío prepotente con la complicidad de su tremendo ejercicio del poder. Deslumbró a Pasifae y de esa mixtura prohibida nació el Minotauro: cabeza de toro y cuerpo de hombre.

El Minotauro, fue la secuela de acontecimientos memorables; Minos, contrariado, ordenó a Dédalo construir un laberinto donde fue arrojada la bestia. Cada año el Minotauro era alimentado con siete jóvenes y siete doncellas, producto del tributo que, como consecuencia de la guerra, Atenas estaba obligada a pagarle a Creta. Teseo se integró al tributo como voluntario, mató al engendro con la ayuda de Ariadna -hija de Pasifae- y escapó del laberinto. (Plutarco libro I)

Otro tanto sucedió con Leda, una casada infiel, esposa de Tíndáreo rey de Esparta, cautivada por Zeus con la muda de un cisne.

Una noche descendió del Olimpo. Ella caminaba junto al río Eurotas cuando vio un cisne que escapaba del ataque de un águila. Compasiva, lo protegió del acecho, pero fue acechada. Bajo la luz crepuscular el cisne/Zeus, la colmó de suaves arrumacos de plumón, besos ardientes y palabras irrepetibles, hasta que la derramó de gloria con su pico empinado como nunca.

Esa misma noche Leda -vaya ocurrencia- también se acopló con su esposo e incurrió en telegonía, creencia que postulaba que la progenie de una hembra y un macho podría adquirir caracteres de otro macho que se hubiera apareado con la hembra un rato antes. Así ocurrió y los hijos de Leda fueron protagonistas de inolvidables mitos y leyendas. Dos inmortales: Pólux y Helena hijos de Zeus y dos mortales: Cástor y Clitemnestra, hijos de Tindáreo (Grimal 311).

De la unión de Zeus y Sémele -esta vez sin artificio- nació Dioniso, el dios que no necesitó investirse de divinidad para imponer su potestad: la autoridad le era natural.

No se podría decir que Dioniso fue feliz -su madre murió fulminada por un rayo arrojado por el propio Zeus- pero lució un atributo irrepetible: sus seguidores vivieron gozosos y disfrutaron como pocos de la posesión esencial de animales y mujeres.

Dioniso viajó por el mundo acompañado por sátiros fieros y mañeros que a su paso meneaban su virilidad como testimonio de una procedencia antigua, avivando deseos vitales y espontáneos.

Los genios de la naturaleza se sumaban al cortejo y el aire se enardecía con sordas estridencias al tiempo que el frenesí nocturnal de las antorchas tiznaba sus rostros de placer.

Los centauros se entregaban al vino, lucían pendencieros -eran borrachines de mal beber- y perseguían hembras posesas por espíritus orgiásticos.

Las ménades, bacantes divinas, se mostraban colmadas de arrebatos y miraban con malicia aquellos miembros descomunales. Coronadas de hiedras erraban por los campos extrayendo agua de las fuentes y la bebían creyendo que era miel o leche. Dominaban bestias feroces con un vistazo y las mujeres descocadas gustaban de imitarlas.

Entretanto, y sin perder su apostura, Dioniso contemplaba complacido y en silencio (Grimal 139-141).

Deseo y Represión

Nómade, el deseo ha deambulado de la antigüedad hasta nuestros días. La maraña se habría iniciado hace 2400 años cuando, en una noche memorable y al amparo de vapores etílicos, se modeló en Atenas un concepto que consagró a Eros como arquetipo de los entramados amorosos. En aquel *Banquete* en casa de Agatón se propuso un brindis por el estreno de una de las tragedias del poeta y Fedro, asistido por Aristófanes y otros notables, conocedores del arte de lo bello, elogiaron a Eros por dos cosas. Una, por participar en el origen de la poesía, las ciencias y las artes y otra, por su notoria polaridad, categoría que armonizaba los opuestos y gestionaba el equilibrio universal. De tal manera, la categoría cuerpo/alma conformó una estructura discursiva fundamental de la relación amorosa planteada más como continuidad (no como oposición), regulada por una ética pública y conducida por un conocimiento superior donde confluirían una serie de prescripciones. El espíritu de época dispuso precisiones. El ciudadano tenía derecho a la exaltación erótica, se la recomendaba como ejercicio, se le rendía culto y formaba parte de los bienes corporales. Una condición era ineludible: evitar desproporciones en favor de la moderación y desear, en lo posible, solo lo adecuado.[70]

Aquella duplicidad se resquebrajó durante el Imperio romano. En desmedro de Dioniso, se fortaleció la narrativa icónica de Cupido, un niño desnudo y manso, con arco y aljaba, ojos vendados y alas torpes, volando hacia el medioevo cristiano. La férrea *Reforma Gregoriana* de 1178, entre muchas enmiendas, glorificó la prohibición del placer y tensó la dupla cuerpo/alma para inscribir su impronta en un registro dicotómico ordenador de campos opuestos que restringió las prácticas sexuales. Se hizo hincapié en la ascesis, el dolor físico, la beatitud, la introducción del pecado y la confesión como normativa para la salvación eterna y direccionó el amor placentero hacia la unión conyugal centrada en la procreación y controlada por un régimen que no solo acotaba los días permitidos para el acto sexual, sino que también regulaba las posiciones ama-torias. Así, fueron relegadas casi al olvido entidades fascinantes y desmesuradas del mito, la fábula y la leyenda, prescindiéndose de costumbres tenidas como aberrantes (sodomía), pero a la vez que irritantes, apetecibles: coito anal, sexo oral, masturbación y por supuesto la zoofilia.

Como menciona Virginia Naughton: "el *cuerpo* gozoso, depositario de la sensualidad, lujurioso, deseado y deseable se opuso al *alma*, baluarte de robusteces intelectivas superiores, disciplinada, racional, en comunión y al servicio de Dios" (Naughton 41).

En el mismo sentido, Michel Foucault reflexiona sobre la relación entre sexualidad y poder y observa que la función del poder pastoral, entendido como la connivencia entre la iglesia y el poder político, fue asumido por diversos funcionarios e instituciones del estado: policías, maestros, médicos, psiquiatras, etc. y por el tejido

---

[70] Ver Garrido, Manuel. Platón. *Los diálogos eróticos. Banquete y Fedro.*

social mismo, particularmente la familia. El poder como algo que se ejerce:

> A través de la construcción de una sub-
> jetividad, una conciencia de sí perpetua-
> mente alerta ante las propias debilidades,
> ante las propias tentaciones, ante la propia
> carne, es como el cristianismo ha podido im-
> poner esta moral, en el fondo mediocre, or-
> dinaria, relativamente poco interesante entre
> el ascetismo y la sociedad civil. La técnica de
> la interiorización, la técnica de la conciencia,
> la técnica de la vigilancia de uno mismo por
> sí mismo, con relación con sus debilidades,
> con su cuerpo con su sexualidad, con su
> carne, me parece que es la aportación funda-
> mental del cristianismo en relación con la
> historia de la sexualidad. (Foucault 142)

Por otra parte, la repulsa a lo prohibido se deslizó en representaciones que encorsetaron o expandieron desplazamientos de géneros y soportes. Primero de boca en boca, en narraciones que el
lenguaje plasmó en la palabra escrita y en la pintura, luego en la fotografía que trasmutó las volutas de la imaginación letrada en imagen
fija de una dimensión y reafirmó su circulación en ámbitos populares
y ya entrado el s. XX, el cine mudo concedió a la carne movilidad en
el tiempo y se multiplicó con las revistas, más tarde se amparó en el
cine sonoro y a color, hasta que fue la vídeo casetera el soporte que
blanqueó su historia malhechora; hoy la figuración irreverente de la
zoofilia palpita como nunca en el espacio incon-mensurable de Inter-
net.[71]

---

[71] Véase: www.zoofilia.net; www.zoofiliavids;es.luxuretv.com

Censura, cultura/s y melodrama

Sarli-Bo no tardaron en arrasar con el mercado latinoamericano y recorrer el mundo, pero en Argentina la censura y la aspereza
de la crítica fue abrumadora. Burócratas mezquinos que semejaban
mascarones de proa de galeones extraviados en la niebla, rebanaron
el celuloide de las películas como si tajearan serpentinas de papel.
Vale reeditar sus nombres: Alfonso Ridruejo, Ramiro de la Fuente y
Paulino Tato.[72] Pero hay un aspecto que quisiera destacar: al margen
de sus diferencias el ojo atento en ellos, desdibuja a los sec-tores que
los protegió y esconde sus procedimientos de producción y reproducción; el dispositivo social de la censura no es algo impuesto a
Sarli-Bo; desde mucho antes de fines de los ´50 se pensó, se cons-
truyó y se mantuvo a favor de una red de relaciones múltiples mon-
tada sobre la matriz patriarcal autoritaria de una sociedad que se vigi-
laba a sí misma.

Fernando Ramírez Llorens analiza la censura cinematográfica
en Argentina como un espacio de negociación y conflicto basado en
la lucha por la legitimación de determinados usos sociales del cine y
revela:

> Un recorrido por la crítica cinematográfica
> de distintas épocas nos permite entender el
> lugar social de la censura. La idea de que
> existía un cine bueno y uno malo, un cine
> moral y otro inmoral, un cine estético y uno
> banal, un cine positivo y otro peligroso, di-
> rectamente una forma legítima de hacer cine
> junto a otra ilegítima fue un debate cons-

---

[72] Diego Curubero, no solo reconstruyó y exhibió parte de esos desechos
fílmicos, en *Isabel Sarli. Carne sobre Carne. Intimidades de Isabel Sarli*, sino que dejó al
descubierto que, a excepción de estos funcionarios, fueron pocos los que vieron
completas las películas de la pareja.

tante dentro del propio campo cinematográfico desde sus orígenes hasta la década de 1970. En general la idea de un cine bueno y uno malo fue de la mano de la justificación o la indiferencia hacia la censura para los casos que se considerasen justificables. (Ramírez Llorens 22)

En tal sentido, es pertinente subrayar el trazado social de la censura y su articulación con las entidades que afilaron *esas tijeras*, a lo cual habría que sumar las políticas complementarias de prohibición y promoción y pensar la función prescriptiva del censor y la función orientativa del crítico de cine (mejor dicho, del medio que ese crítico representaba) en términos de una continuidad ideológica. Numerosas asociaciones se filtraron antes de la mitad del s. XX en la administración estatal de gobiernos civiles y militares, abandonaron el ámbito privado y pasaron a la conquista del espacio público (educación, cultura, medios) con el preciso objetivo de "restaurar un orden perdido y volver a moralizar a las masas extraviadas".[73]Estas voces autoritarias, verdaderas patrullas persecutorias del deseo, se han erigido en supremos custodios de los más altos valores de *La Patria* amparados en estrategias e instituciones orientadas a establecer los términos de lo decible y lo no decible. No se han limitado a autorizar o prohibir sino a redefinir lo que puede ser dicho, de qué manera, por quién y a quiénes. Claramente: es el corolario de lo que la propia sociedad en su conjunto produjo y reprodujo.[74]

---

[73] Ramírez Llorens, en "Noches de sano esparcimiento…" descifra la producción cultural de mediados del siglo pasado con la intención de develar no solo qué pasó sino también para dar cuenta de cómo se imaginaban a sí mismo los actores sociales de esa época en torno a la relación arte/política. Para ello supera la idea de censura solo como prohibición y sostiene en su análisis que no se debe prescindir de la promoción que la bordea.

[74] Con la aplicación en EEUU del *Código Hays* en 1934, empresarios locales y administradores de la producción, distribución y exhibición cinematográfica aprovecharon para diseñar estructuras que contaron con la colaboración de *Grupos de Familia, Ligas de Padres, Ligas de Madres, Protección a la Joven,* etc. La Acción Católica

En aquella cultura de adultos de la Argentina de mediados del s. XX emergió una cultura juvenil urbana todavía embebida por una subjetividad de la que se derivaba una noción del cuerpo femenino forjado en la reprobación y el estigma de la sexualidad fuera de las relaciones conyugales. Ese aprendizaje juvenil en circulación, fue renovando tendencias y espacios y otorgó otros sentidos que pre-anunciaban nuevos síntomas. Zona de límites difusos con imaginarios inopinados y nuevos paradigmas, mostró un territorio de permutas y colisiones entre un pasado que no se había marchado del todo y de un presente que pugnaba por desplazarlo. De ese universo fronterizo inmerso en una cultura/s de transposiciones genéricas con cambios impensados de soportes, tanto en circulación como en reconocimiento, provino el cine de Sarli-Bo.[75]

Argentina, creó su *Dirección Central de Cine y Teatro de la A.C.A.*, encargada de calificar (y descalificar) películas y obras de teatro. Además del mundo católico, el *Decreto 11.847* (1956) instauró comisiones de censura provinciales y municipales de moralidad en defensa del "decoro nacional, la moral ambiente y sobre todo para promover la formación espiritual de la juventud argentina" (sic). La *Ley 18019* (1968), creó el tristemente célebre *Ente de Calificación Cinematográfica* que legisló sobre adulterio, familia, moral, patria, delito y pornografía. Entre 1969 y 1984 dicho *Ente* prohibió la friolera de 727 películas.

[75] Una perspectiva (hay otras) para comprender la saga de estos fenómenos narrativos (cultos, populares, mediáticos) sea por dentro o por fuera de los dictados de la *Academia*, reclama modos de reconocimiento en un marco interdisciplinario. Aportamos un plexo bibliográfico (injusto, acotado) de publicaciones en castellano y por orden alfabético que abarca desde el estreno de *El trueno entre las hojas* (1957) hasta la muerte de Armando Bo (1981).

Adorno, Theodor y Horkheimer, Max. *Dialéctica del Iluminismo.* (Buenos Aires: Sur, 1969); Benjamin, Walter. Pequeña historia de la fotografía. En Discursos interrumpidos, vol. I. (Madrid: Taurus, 1973); Brunori, Víctor. *Sueños y mitos de la literatura de masas.* (Barcelona: Gustavo Gili, 1980); de Imaz, José. *Los que mandan.* (Buenos Aires: EUDEBA, 1965); Eco, Umberto. *Apocalípticos e integrados ante la cultura de masas.* (Barcelona: Lumen, 1968); Ford, Aníbal. *Neocolonialismo y medios de comunicación.* (Buenos Aires: EUDEBA, 1974; Galeano, Eduardo. *Las venas abiertas de América Latina.* (Buenos Aires: Siglo XXI, 1971); García Canclini, Néstor. *Arte popular y sociedad en América Latina.* (México: Gribaljo,1977); Golbar, Ernesto. *La vida cotidiana en la década del 50.* (Buenos Aires: Plus Ultra, 1964); Hobsbawn, Eric. *Rebeldes primitivos.* (Barcelona: Ariel, 1974); Laclau, Ernesto. *Política e ideología en la teoría marxista.* (Madrid: Siglo XXI, 1978); Lienhard, Martín. *Cultura popular andina y forma novelesca* (Lima: Tarea, 1981); Mafud, Julio. *Psicología de la viveza criolla.* (Buenos Aires: Americalee, 1965); Marcuse, Hebert. *Cultura y sociedad.* (Buenos Aires: Sur, 1969); Morín,

Después de encadenarse y mantener una huelga de hambre frente a la Casa Rosada en plena dictadura militar, la pareja se trasladó a Los Ángeles en 1980 para filmar una película. Hasta tenían el nombre: *New York, te quiero, te odio*. Isabel recorrería la calle de las prostitutas vestida de amarillo y ejercería su profesión sin aceptar imposiciones de *La Mafia*. Pero ocurrió un imprevisto. Armando se sintió mal, lo internaron en un hospital de Santa Mónica y al otro día fue operado de urgencia: le diagnosticaron cáncer y regresaron a Buenos Aires. En Ezeiza, cuando los periodistas le preguntaron fue tajante: "me operaron y lo último que vi fue flamear una bandera argentina. Me parieron aquí y si me voy a morir, quiero hacerlo aquí." (Camarasa 284)

Meses después se murió en los brazos de Isabel rodeado de sus tres hijos y de su esposa. Como quien, para rajarse de este mundo, se florea protagonizando su propio melodrama (el género preferido de su trayectoria como director).

Precisamente, el melodrama (y antes el folletín con sus primeros arquetipos del imaginario) fue un nutriente del cine que, en parte, suplantó la palabra por técnicas visuales y sonoras, dándole cabida al espectáculo por sobre la representación. Martín-Barbero explica su importancia en la narrativa tradicional del cine latinoamericano:

> Ningún otro género ha logrado cuajar
> en la región como el melodrama. Como si en
> él se hallara el modo de expresión más a-
> bierto al modo de vivir y sentir de nuestra

Edgar. *Las estrellas de cine.* (Buenos Aires: EUDEBA,1964); Moragas, Miguel. *Teorías de la comunicación.* (Barcelona: Gustavo, Gili, 1981); Rivera, Jorge. *Las literaturas marginales.* (Buenos Aires: CEAL, 1981); Sebrelli, Juan José. *Buenos Aires, vida cotidiana y alienación.* (Buenos Aires: Siglo XXI, 1966); Steimberg, Oscar. *Leyendo historietas.* (Buenos Aires: Nueva Visión, 1965). Thompson, Edward. *La formación histórica de la clase obrera.* (Barcelona: Laya, 1972); Vázquez Montalbán, Manuel. *Historia y comunicación social.* (Barcelona: Bruguera, 1980); Williams, Raymond. *Marxismo y literatura.* (Barcelona: Paidós, 1980).

gente. Por eso más allá de tantas críticas y
tantas lecturas ideológicas, y también de las
modas y los revivales para intelectuales el
melodrama sigue constituyendo un terreno
precioso para estudiar la no contemporaneidad y los mestizajes de que estamos hechos.
(...) porque como en las plazas del mercado,
en el melodrama está todo revuelto, las estructuras sociales, con las del sentimiento,
mucho de lo que somos -machistas, fatalis-
tas, supersticiosos- y de lo que soñamos ser,
el robo de la identidad, la nostalgia y la rabia
(…) en él se reconoce la América Latina popular, y hasta la culta...cuando se emborra-
cha. (Martín-Barbero 243)

El género con su lenguaje simple traspasó conflictos densos,
pero la forma de plantearlos acató reglas precisas. Un canto sobre
actuado al sentimiento y las pasiones; puesta en escena con trazo
grueso y esquematismos sin espesor en la psicología de los personajes; polarización/confrontación de seres opuestos y compor-tamien-
tos rotundos. Pero, al mismo tiempo, su huella genérica probó su
movilidad transpositiva y dio cabida a expresiones culturales contemporáneas que provocaron en su progresión quiebres y recurrencias,
incorporaciones y desarticulaciones. Hasta se podría hablar de Sarli-
Bo como de un cine de autor. La frase truena a oxímoron. Pero fue
así.

Aquel octubre de 1981 lo depositaron en el cementerio porteño de la Recoleta y desde entonces, una risotada desdentada ser-
pentea, cada tanto, entre sus exclusivos mausoleos góticos de már-
mol, sus bóvedas carísimas y sus empinadas estatuas art decó.

Fiebre *o cuando la noche se perdió en tu pelo*

> Dios dio a los animales y a los hombres el sexo para multiplicarse y el amor como sentimiento, a Él me remito a través de esta película.
>
> *Armando Bo, en una placa promocional de* Fiebre.

Con sol remoloneando en la capital de la Argentina comienza el invierno de 1972. Son las dos de la tarde. La temperatura es agradable, alcanza 19 ° y ese día se estrena *Fiebre* en 25 cines de Capital Federal y el Gran Buenos Aires.

Fiebre narra la historia de Sandra, una mujer casada (Isabel Sarli), con un terrateniente (Claude Marting) dueño de caballos de carrera. Conoce a un hachero, José María (Armando Bo) y se enamora; el marido se entera y se suicida. Rica y sin ataduras continúa su relación desenfrenada con José María. Él muere de un ataque al corazón, en una escena de sexo con ella. Su vida discurre sin sentido, porque no puede olvidar aquel amor apasionado. Se impone un relato paralelo: la relación de zoofilia entre Sandra y *Fiebre,* un caballo pura sangre tan oscuro como el remordimiento. El animal se manca, deja de correr, oficia de padrillo y la protagonista, calma su necesidad al observar la virilidad del potro en acción. La fascinación por la sexualidad de *Fiebre* es total. Por dificultades financieras, el administrador le aconseja a su dueña venderlo al extranjero. Ella se niega hasta que finalmente accede desconsolada. Ese año *Fiebre* se transformaría en una de las cincuenta películas más taquilleras del mundo.

La competencia de la cartelera porteña del día del estreno era abrumadora. El productor ha comprado un Chevrolet Súper modelo 68 por 18500 pesos. Está pintado de naranja rabioso, con llantas cromadas, vidrios polarizados y una raya violeta le atraviesa el capó y la tapa del baúl. El coche da varias vueltas alrededor de la Plaza de Mayo. Acelera y desacelera con el escape libre y el motor ronronea como un gato malcriado panza arriba. Cada tanto hace sonar una bocina musical de tres tonos como la que utilizaba Victorio Gassman en *Il Sorpasso*. Repasemos: *Argentinísima* de Ayala y Olivera, *Contacto en Francia* ganadora de cinco premios Oscar, *Pánico en el Parque* con Al Pacino, *Los Perros de Paja* con Dustin Hoffman, Susan George y dirección de San Peckinpah, *El Jardín de los Finzi Contini* con Vittorio de Sica, *El Sol Rojo* con Alain Delon, Charles Bronson y Toshiro Mifune y *Satiricón* de Fellini. Como si fuera poco, el éxito teatral del año *Hablemos a Calzón Quitado* de G. Gentile, autor e intérprete, rebalsaba de gente. En televisión Rodolfo Bebán hacía *Malevo* y también era un éxito. Solo una mujer era capaz de opacar a Isabel. Nélida Lobato encabezaba la revista *Gran Despiplume en el Maipo* acompañada por Jorge Porcel y Juan Carlos Altavista.[76]

El auto se detiene cerca del Cabildo, la gente se arremolina y la televisión se alista para filmar. Por una puerta baja Armando y por la otra Isabel. El lleva traje oscuro, camisa blanca sin corbata y una mueca le cruza la cara como un costurón. Ella luce prodigiosa con su vestido rojo, diseñado por Paco Jamandreu, zapatos de taco aguja del mismo color y una estola de visón blanca. Un leve viento del sector nordeste la despeina. Acomoda su pelo renegrido y abundante con ese mohín entre perezoso y altivo que se ha hecho memorable. El escote es interminable como un viaje a los bordes deshilachados del universo. Han llegado para solicitar una entrevista con el presidente de facto Agustín Lanusse y explicarle que el distribuidor pretende levantar el film porque no han recibido el certificado clase "A", de exhibición obligatoria, que extiende el Instituto de Cinematografía.

Un rato después, la pareja ingresa a la Casa Rosada pero el presidente de facto Agustín Lanusse no los recibe. A Lanusse le importaba muy poco la censura cinematográfica, el estreno de *Fiebre* o los reclamos de la pareja. Sí, lo alarmaba su propia debacle política y las maniobras de Perón desde su exilio forzado en *Puerta de Hierro*. Entre marzo y julio de ese año la quinta fue un lugar concurrido en

---

[76] Diario *La Nación*, 21/6/1972; 22/6/1972; 23/6/1972 y *Diario Clarín*, 21/6/1972; 22/6/1972; 23/6/1972.

Madrid; el General tejía y destejía alianzas y pretendía volver al país. María Seoane apunta: "Era una Meca por la cual debía pasar quien quisiera existir en la política argentina (…) el hervidero político de esos meses más la presión popular y guerrillera para forzar la apertura política" (Seoane 202).

Ambos se retiran de la plaza entre aplausos y silbidos y prometen concurrir a la última función de *Fiebre* en el cine *Ocean* de la calle Lavalle. Noche de ruido y confusión. Lavalle es una baraúnda. *Clarín* y *La Nación* levantaron a tres cuartos de página el mismo afiche publicitario de *Fiebre*, un repertorio de tres imágenes esfumadas y sobre impresas de Isabel (plano americano) sentada a una cama, desnuda, mientras por detrás, un hombre besa furiosamente su cuello. En el orden sintagmático el texto antecede a la imagen icónica y cumple una función esclarecedora selectiva y de control para operar como anclaje denominativo y orientar al lector entre las posibilidades polisémicas del afiche; más allá de los significantes, emerge una cadena de significados entre los cuales alguien se interroga y resuelve. Al descifrar la imagen se advierte su nombre y el título de la película y con caracteres modestos aparece el elenco: Santiago Gómez Cou, Juan José Miguez y Claude Marting. Canta Carlos Alonso. Música compuesta y dirigida por Jorge Leone. Entre Isabel y *Fiebre* dice: "Un film de Armando Bo".

Cuenta Isabel: "para eludir la censura muchas escenas las filmamos dos veces. Yo me tenía que tirar desnuda y revolcarme en la alfalfa". Entonces Armando, primitivo y fiel a sí mismo, apeló al recurso forrajero para proyectar su propia imaginación del deseo visceral femenino y su grado de aceptación: "Armando me decía: Coca, vos ahora te sentís yegua. ¡Sos una yegua! ¡Tenés que comer alfalfa., vamos, comé alfalfa! ¡Las yeguas comen alfalfa!". Esa era una versión. Después filmaron otra, para la Argentina. Agrega Isabel: "yo me retorcía entre gasas blancas. Para la versión nacional yo era una señora desesperada entre tules. Para la versión exterior era una yegua que comía alfalfa" (Romano 178).

El afiche más conocido de *Fiebre* se presentó -al mismo tiempo- para el avance internacional del film. Una fotografía sobre fondo rojo, que expresa pasión y agresividad entrega un plano general de Isabel en el centro, arrodillada, a la manera de las madonas renacentistas, colmando desnuda un espacio de dominación de su cuerpo voluptuoso forjado en objeto del deseo por la mirada de los otros. Su nombre luce en letras negras con bordes dorados. El relevo del texto replica con el anterior, aunque es menos notorio. Resalta al fondo un caballo negro desenfrenado que se alza sobre las patas traseras, logo que remite al primer *Caballino rampante* de Enzo Ferrari (1932, Alfa Romeo), tomado del dibujo original del fuselaje del avión de Francesco Baracca, aquel héroe italiano de la Primera Guerra Mundial, y talismán de la buena suerte. Ambos, ella y *Fiebre*, sin intermediarios, son cómplices de ese territorio que anuda significados excluidos y profundos. Unas matas de alfalfa acompañan su nombre. *Fiebre* no es solo el nombre de un caballo de carrera insuperable. Ella está aquejada de esa fiebre total. Asociación inevitable entre su ninfomanía devoradora y la fiebre uterina (como enfermedad) con la que se asociaba a las mujeres de vida disipada, apelativo histórico para signar la prostitución, la sexualidad femenina polígama y las locuras histéricas.

Llega Isabel con un tapado negro de puntas de armiño sitiada por coches policiales. En el hall del cine su público se arremolina impaciente. Lo usual en la espera de un estreno suyo: flashes, tumulto, jaleos, sofocones y críticas feroces provenientes de frentes: por un lado, la *Escuela de Frankfurt* (especialmente Adorno que, además, desdeñaba al cine) y sus discípulos entendían la residencia de lo popular en la cultura como negación y no como experiencia y producción, rechazando la pluralidad como modos de hacer y usar socialmente el arte. Para Adorno el Arte (así, con mayúscula) debía conmover. Lo demás era menor, plebeyo, chabacano y apuntaba solo a servirse de la emoción en beneficio propio. El otro frente, como se vio, estaba representado por instituciones acreditadas anudadas a intereses reaccionarios de la sociedad, que se arrogaban la potestad de fijar las reglas morales de la república.

Cuando se apaga la luz, la diva resplandece. La rondan los silenos, esos sátiros baqueteados por el paso de los años. El mutismo que atenaza la garganta de todos es interrumpido por un rugido atronador emancipado -¡al fin!- de la reprobación demoledora de intelectuales y ultramontanos. Con el índice y el pulgar en la comisura de los labios expulsan un chiflido agudo. Una baba pegajosa chorrea por la juntura de la boca. Los silenos aplauden a rabiar y sus cuerpos se lubrican ahí, justo ahí, donde la sangre late y se abulta.

La puesta en escena y la estructura dramática se pone al servicio de la retórica del exceso y expande rayos, conmueve y excita. Despilfarro del color y ostentación de vestuario; maquillaje que ciñe la belleza natural con la belleza artificial; contraste visual, deriva por donde sopla la gracia; iluminación exagerada en interiores y efectos sonoros con una música que marca los momentos cumbres.

Ella se masturba en un estado de reminiscencia y sus pezones desafían escotes y conciencias.

Ellos cuchichean.

Ella se masturba contra una ventana de día, se masturba contra la misma ventana de noche, se masturba mirándose en el espejo, se masturba en el pasto. Acuerda mirarse y ser mirada con lujuria.

Ellos vuelven a aplaudir y marcan la cadencia en un ida y vuelta que ahuyenta el recato.

Ella se masturba imaginando sus encuentros con José María y se masturba imaginando planos cerrados de caballos apareados, tópico del deseo y evocación (y evacuación) de su buena memoria. Su cuerpo palpita, la carne es fragante y los pechos empecinados se entregan a todo tipo de desahogos.

Ellos derraman regocijo, placer, antojo. Así las voces y los gestos.

Plano y contra plano. Flashback y planos sobre impresos. Signos explotados con el fundido encadenado y en la proliferación simultanea de las imágenes. Orgasmo expuesto en burbujas espumosas de champagne. Inasible juego de espejos donde se diluye la barrera de lo real y lo imaginario. En suma, la vida, o mejor aún, la representación de la vida en esa sala oscura. Mientras tanto, Armando entrecierra los ojos en un rincón umbrío con una media sonrisa y se frota las manos.

Ella provoca el encuentro con *Fiebre* y ya no habrá evocación, ni añoranza que valga. La película trepa hacia la cresta más alta del desparpajo erótico del cine nacional.

Ellos golpean el piso con sus patas de macho cabrío, ríen, enmudecen y cuando, aparece la palabra *Fin* y el santuario de la ensoñación se ilumina, entonces se levantan de sus butacas y poco a poco se alejan exultantes y devotos, altivos y parroquiales.

Esa razón de ser de Isabel, con su empaque pudoroso de estrella inalcanzable, con su mejunje porfiado de franqueza y candor que la hacía imprevisible y con la tenacidad de sus fans desgarró la pantalla plateada para materializar el mejor sueño contenido: fisgonear en la penumbra, sin remordimientos. Fiesta ominosa y derrame infecundo de la incontinencia.

Tituló desnuda y su imagen explícita desmalezó para siempre los matorrales difusos del imaginario. Y en el vaivén de ese jugueteo palpitante expresó el deseo y su metáfora. Porque la metáfora designa algo que está más allá de la realidad que la origina.

El film se constituyó de tal manera, en una narrativa visual de enorme significación para los admiradores del binomio y encumbró, como ninguna de sus producciones, la inquebrantable intrepidez de la saga fílmica de ambos. Rastreó un área específica del campo del deseo (la zoofilia) y propuso al espectador un vínculo inédito de prácticas entre una mujer y su caballo con un tratamiento no representado, ni antes ni después, en toda la historia del cine argentino. Bo aceptó los compases del melodrama erótico y realista y los cumplió a

raja tablas, pero además los retorció. A su cine, con-tradictorio, irrepetible, apasionadamente comercial y autorreferencial, le fusionó con
Isabel el apetito perturbador del desenfreno impúdico con una pátina
historicista donde la naturaleza moldea el alma y el proceder de sus
criaturas, las coloca frente paisajes majestuosos y les da un soplo de
vida para que vivan sus fantasías sin pudor. Ningún director argentino franqueó con tanta impostura y tenacidad ese sendero inexplo-
rado y sinuoso.

Acaso, tenía que ser así, dado que aquella tardecita en el bar
del Hotel Claridge consintieron una mujer de pelo renegrido que se
transformó en diva desde su primera película y un hombre que, mientras era operado de cáncer, en Estados Unidos, juraba y re juraba
haber visto flamear la bandera argentina.

Bibliografía

Libros

Arfuch, Leonor. *El espacio biográfico. Dilemas de la subjetividad contemporánea.* F.C.E., 2007.

Camarasa, Jorge. *Amores Argentinos. Secretos y verdades de 16 pasiones célebres.* Planeta, 1998.

Foucault, Michel. *Estética, ética y hermenéutica. Obras esenciales.* Volumen III. Paidós, 1999.

Fernández de León, Gonzalo. *Grecia y Roma. Dioses.* S.E.A., 1966.

Garrido, Manuel. *Platón. Los diálogos eróticos. Banquete y Fedro.* Tecnos, 2013.

Grimal, Pierre. *Diccionario de mitología griega y romana.* Paidós, 1994.

Martín-Barbero, Jesús. *De los medios a las mediaciones. Comunicación, cultura y hegemonía.* Ediciones G. Gili, 1991.

Jozami, Eduardo. *Walsh. La palabra y la acción.* Edhasa, 2013.

Naughton, Virginia. *Historia del deseo en la época medieval.* Quadrata, 2005.

Plutarco. *Vidas paralelas.* Libro I. Gredos, 1989.

Prieto, Adolfo. *Los viajeros ingleses y la emergencia de la literatura argentina.* F.C.E., 2003.

Ramírez Llorens, Fernando. *Noches de sano esparcimiento. Estado, católicos y empresarios en la censura al cine en Argentina, 1955-1973.* Libraria Editora, 2016.

Romano, Néstor. *Isabel Sarli al desnudo.* Ediciones de la Urraca, 1995.

Seoane, María. *Gelbarg, el burgués maldito. La historia secreta de José Ber Gerbard.* Sudamericana, 2003.

Walsh, Rodolfo. *Operación masacre.* Ediciones De La Flor, 1991.

Diarios

Archivo Hemeroteca. *Diario Clarín.* 21/6/1972-22/6/1972-23/6/1972.

Archivo Hemeroteca. *Diario La Nación* 21/6/1972-22/6/1972-23/6/1972.

Películas

Fiebre. Armando Bo. Isabel Sarli, Armando Bo, Juan José Míguez. Sociedad Independiente Filmadora Argentina. 1972.

Isabel Sarli. Carne Sobre Carne. Intimidades de Isabel Sarli. Diego Curubero. Isabel Sarli, Gastón Pauls, Alex de la Iglesia. Flesh & Fire. 2007.

Una cautiva en el matadero.
Erotismo y violencia sexual en *Carne*

Germán Pitta

La cautiva y el matadero: una posible reescritura

E l tópico de la cautiva queda consolidado a partir de la obra de Esteban Echeverría. Sin embargo, este modelo antecede a la obra del escritor argentino, pudiendo encontrar sus raíces en la antigüedad, especialmente en algunos raptos célebres (la mitología griega ofrece distintos ejemplos de mujeres cautivas, entre los que sobresale el rapto de Helena, pero también el de Europa y Medea). Su modelo también está presente en la conquista rioplatense. En todos estos casos, el secuestro de la mujer coincide o extiende la empresa de conquista, la ocupación de territorios, porque la mujer se convierte en un botín de guerra.

Cristina Iglesia destaca que la mujer raptada, la cautiva, representa "una fisura entre la cultura y la posibilidad de su destrucción" (24). En ese límite difuso, la cautiva emerge como un objeto de deseo para sus captores, por lo que su condición de botín de guerra también se desplaza hacia un uso instintivo, sexual de su cuerpo. Por estar ubicada en una especie de frontera, su cuerpo participa de un doble viaje que incluye, por un lado, de la nostalgia por su mundo perdido y, por otro lado, posee la marca de su ab-yección.

La obra de Echeverría muestra esta condición fronteriza mediante dos formas. En el epígrafe, que introduce una cita de Byron, dice: "En todo clima el corazón de la mujer es tierra fértil de afectos generosos; ellas, en cualquier circunstancia de la vida saben, como la samaritana, prodigar el óleo y el vino" (2). En esta cita, la mujer cautiva es presentada, entonces, con un signo corporal muy preciso: su generosidad se expresa a través de la metonimia del "corazón". El corazón como tierra fértil en bondad y entrega. Claramente, esta bondad de la que participa su cuerpo contrasta con la hostilidad del paisaje y de sus captores. Además, el propio Brian (el esposo de María, también cautivo de los indígenas) se muestra incapaz de leer este signo de bondad en el cuerpo de su esposa: "María, soy infelice / Ya no eres digna de mí. / Del salvaje la torpeza / Habrá ajado la pureza / De tu honor, y mancillado/ Tu cuerpo santificado/ Por mi cariño y amor; / Ya no me es dado quererte" (42).

El film *Carne* retoma y reescribe este tópico, pero lo hace desde otras coordenadas culturales. Los bárbaros ya no son los indígenas, sino los propios obreros de un frigorífico que participan de una fuerza animal. Por otra parte, Antonio y Delicia pueden funcionar como personajes comparables a Brian y María, sin embargo, existen diferencias importantes entre los dos modelos. Mientras que en la obra de Echeverría María participa de un devenir animal que la acerca a sus captores, al mismo tiempo que permite liberarse de ellos, en Delicia, su condición fronteriza nunca la aproxima a estas formas salvajes. El personaje permanece en esa imagen byroniana del corazón fértil. Por su parte, Antonio no aparece como aquel héroe feminizado de *La cautiva*, sino como un personaje caracterizado por la reciedumbre.

El otro tópico que la película reescribe pertenece a otra obra de Echeverría: *El matadero*. La narración que transcurre durante el gobierno de Rosas describe el rasgo de crueldad de dicha sociedad en la que violencia sobre los cuerpos es una moneda corriente. El texto de Echeverría hace de la afición por la carne y el descuartizamiento de las bestias una forma republicana, una especie de *res pública*. E-cheverría exhibe toda una parafernalia bestial para mostrar la barbarie como un defecto de la nación: lo bestial admite rasgos monstruosos, porque la etimología de la palabra remite a la "mostración" (lo que se puede mostrar) (Moraña, 32).

Esta figura del matadero fue objeto de reescritura por parte de distintos autores argentinos (Borges, Lamborghini, Kohan, etc.). En muchos de ellos se configura lo que Giorgi (2014) denomina como "mataderos de la cultura", concepto que el propio autor explica del modo siguiente:

> Los 'mataderos de la cultura', al contrario, se organizan en torno al fracaso de esa demarcación y de esa zona: son contagiosos, expansivos, difusos, atravesados por líneas de fuga: el matadero, desde el texto de Echeverría (aunque esto ya está, por ejemplo, en las impresiones que dejó Darwin sobre los mataderos en su *Voyage to the Beagle*) es siempre la instancia de una dislocación, de una contaminación, de una incontinencia (131)

Si el matadero intenta separar la vida eliminable de aquella otra que merece ser conservada, en el "matadero de la cultura", en cambio, se produce la mezcla, la invasión de la vida animal en la comunidad. Como se verá, esta contaminación e incontinencia se proyectará en el film de Bo y Sarli, incorporando otro tipo de incontinencia: la sexualidad mostrada como un ejercicio de la violencia.

Sexualidad / erotismo

El concepto de sexualidad surgió muy ligado a la noción de desvío. El discurso científico-médico del siglo XIX había empleado este término para referirse a un conjunto de anomalías o perversiones, tanto físicas como psíquicas, que obstaculizaban la realización de lo que se concebía el fin natural del coito: la reproducción. Stephen Heath, en su estudio *The Sexual Fix*, afirmaba que este término apareció por primera vez en un estudio médico de 1889 que trataba acerca de ciertas enfermedades consideradas como femeninas. Sexualidad y patología, entonces, parecían coincidir, y esto puede verse en una multiplicidad de estudios publicados en las últimas décadas del siglo XIX. Así, nos encontramos con Heinrich Kaan, que escribe en 1844 su tratado sobre patología sexual (un estudio que se concentra en los casos de masturbación); Richard Von Krafft-Ebing (1840-1902) que publica su *Psichopatia Sexualis* (1888), una obra en la que

estudia a fondo casos de voyeurismo, exhibicionismo, pedofilia, zoofilia, necrofilia, sadomasoquismo, etc.; Havelok Ellis, quien publica
en 1890 su tratado sobre la *Inversión sexual*; por último, Sigmund Freud
(1856-1939) publica en 1905 sus *Tres ensayos sobre la sexualidad.*

En su conocido estudio, *Historia de la sexualidad,* Michel Foucault sostenía que todos estos estudios conformaron una *scientia sexualis* que había sustituido a una antigua *ars erotica.* Una ciencia que,
según el propio autor, se caracterizó por proponer un discurso sobre
el sexo que oculta aquello de lo que habla: un género de discursos
que trataba de impedir que la verdad sobre el sexo se produjese. Esto
significa que la ciencia médica produjo un discurso moralizador sobre
el sexo consistente en "hacer hablar" (lo que implicaba una imitación
de las viejas prácticas confesionales del cristianismo), pero tal práctica
de análisis no hizo otra cosa que encubrir bajo un manto de decencia
la atracción por las fantasías secretas experimentadas por el propio
analista (Foucault, 2011: 53-74).

La sexualidad, considerada en su faz instintiva y reproductiva,
es una actividad que tienen en común tanto los animales sexuados
como los hombres. Sin embargo, Georges Bataille nos recuerda que
sólo los hombres han logrado hacer de su actividad sexual una actividad erótica, porque la diferencia que introduce el erotismo consiste
en el desarrollo de una búsqueda psicológica independiente de la finalidad reproductiva y del cuidado de los hijos (33). En esta búsqueda
psicológica, el hombre se pierde a sí mismo, el yo se diluye en su
propio objeto de deseo. Un aspecto importante a destacar consiste
en lo siguiente: para Bataille el erotismo es una actividad psicológica
en el que el ser se pierde, pero tal pérdida es algo consciente. Para
Bataille, el erotismo escapa o está lejos de la irracionalidad que, por
el contrario, se encuentra en la sexualidad, concepto que el autor
identifica más con la parte animal del hombre. El autor francés siempre habla del erotismo como una pérdida voluntaria: "la experiencia
interior nunca se da con independencia de las impresiones objetivas"
(36).

Sexualidad y erotismo conforman una estructura binaria que se presenta como un eje de la trama de *Carne*. De este modo, se observará en el análisis del film que, tal como afirmaba Iglesia, Delicia es una "criatura erótica", pero a diferencia de lo que propone esta autora, su erotismo no proviene de su condición de cautiva, sino que la precede. El personaje es conformado desde el comienzo como un ser erótico, porque representa un objeto de deseo para Antonio, quien ve en ella algo que trasciende su condición material o carnal. En Antonio encontramos un perfecto equilibrio entre un erotismo de los corazones y erotismo corporal, un equilibrio que, según el propio Bataille, sería el estado deseable para el hombre. Por esa razón, el autor francés afirma que el erotismo de los corazones no sólo procede de la materialidad corporal, sino que constituye uno de sus aspectos más importantes (24).

Otro aspecto importante del erotismo señalado por Bataille se refiere al sentido de continuidad que la actividad erótica recupera y promueve. Para entender este punto, conviene tener en cuenta que el autor francés plantea una distancia y un corte entre la actividad erótica y el mundo del trabajo. Si el erotismo constituye una transgresión, lo es porque rompe con ciertas cadenas que nos atan en nuestra propia vida cotidiana, y una de ellas está referida al ámbito laboral. Bataille explica esta relación entre erotismo y continuidad del ser en varios pasajes de su ensayo. Cuando sugiere que lo erótico desencadena la "plétora de los órganos", utiliza una metáfora tomada de las instancias sacrificiales; al igual que en los sacrificios, la plétora de los órganos promueve un desorden, una vacilación con respecto a "un orden de realidad parsimoniosa y cerrada" (110). Más adelante, llega afirmar que el erotismo busca apartar al hombre de esa discontinuidad asociada al mundo del trabajo: "El mundo organizado del trabajo y el mundo de la discontinuidad son un solo y único mundo" (125).

Como se verá, el comienzo de *Carne* plantea este conflicto en la escena amorosa protagonizada por Antonio y Delicia. En determinado momento, Antonio llega a decir que la vida, la verdadera vida se concentra en ella y en la pintura. Las palabras de Antonio establecen ese corte entre el erotismo como continuidad del ser y el mundo del trabajo en el frigorífico que representaría su discontinuidad.

Biopolítica y violencia sexual

En *Defender la sociedad,* Foucault sostiene que la biopolítica nace en el siglo XIX y se propuso elevar la vida como objeto a ser considerado por el poder: un ejercicio del poder sobre el hombre considerado como ser viviente (una especie de estatización de lo biológico). Se trata de una nueva técnica de poder que se aplica a la vida de los hombres, que opera ya no sobre el cuerpo individual, sino más bien sobre el hombre-especie. De este modo, la biopolítica se centrará en un conjunto de procesos vitales como los nacimientos, defunciones, tasas de reproducción, fecundidad de una población (un cuerpo global que será objeto gestión y administración en tanto problema político, científico y biológico). De este modo, se sustituye el antiguo poder del soberano, basado en el principio del *hacer morir y dejar vivir*, proponiendo una tecnología de poder sobre la población que privilegiará el *hacer vivir y dejar morir* (2000: 217-223).

Foucault no fue el primero en utilizar esta palabra, según Roberto Espósito, Rudolph Kjellén fue posiblemente uno de los primeros en utilizarla; además, antes de que este concepto sea reformulado por Foucault otros pensadores se han ocupado de su desarrollo (Espósito, 23-55). En el rastreo del concepto realizado por el ensayista italiano, se destaca la deriva totalitaria del nazismo que lleva a que la gestión de la vida o del cuerpo viviente acentúe cada vez más la importancia de lo biológico. Incluso, podría decirse que dentro de este régimen político la gestión del cuerpo viviente recu-pera la vieja figura del soberano en los términos previamente enunciados por el propio Foucault.

En el caso de la violencia sexual, puede observarse una biopolítica que está pensada de acuerdo a estos términos, vale decir, un régimen que vuelve a privilegiar el viejo derecho del soberano: *el principio del hacer morir y dejar vivir*. En este sentido, Rita Laura Segato, en su libro *La guerra contra las mujeres*, dedica un ensayo especial al tema de la violencia de las mujeres en la ciudad de Juárez. El título de este ensayo es el siguiente: "La escritura en el cuerpo de las mujeres asesinadas en Ciudad Juárez. Territorio, soberanía y crímenes de Segundo Estado". La autora destaca que los crímenes de la ciudad de Juárez, aparte de guardar una relación con la extensión de la economía neoliberal, forman parte de una estructura simbólica pro-funda y que, por lo tanto, no serían fruto de anomalías sociales. La violación es un acontecimiento social que se desarrolle como parte de un hábito. De este modo, siguiendo los planteos teóricos de Agamben y Schmitt, Segato plantea una relación entre violación sexual y soberanía:

> Uso y abuso del cuerpo del otro sin que este participe con intención o voluntad, la violación se dirige al aniquilamiento de la voluntad de la víctima, cuya reducción es justamente significada por la pérdida de control sobre el comportamiento de su cuerpo y el agenciamiento del mismo por la voluntad del agresor. La víctima es expropiada del control sobre su espacio-cuerpo. Es por eso que podría decirse que la violación es el acto alegórico por excelencia de la definición schmittiana de la soberanía: control legis-lador sobre un territorio y sobre el cuerpo del otro como anexo a ese territorio (Agamben, 1998; Schmitt, 2008 [1922]). Control irrestricto, voluntad soberana arbitraria y discrecional cuya condición de posibilidad es el aniquilamiento de atribuciones equivalentes en los otros y, sobre todo, la erradicación de la potencia de estos como índices de alteridad o subjetividad alternativa (38)

El cuerpo del otro se convierte en un territorio a dominar y también, por qué no, a colonizar. El agresor ejerce un dominio sobre él como si se tratase de un soberano que gobierna un territorio y a sus habitantes. Más adelante, la autora reafirma este punto, señalando que el dominio sobre el otro constituye una forma de canibalismo, ya que la voluntad de existir pasa a depender de ese otro cuerpo que la ha devorado: su existencia se vuelve un resto que se subordina al proyecto de ese dominador. De acuerdo con lo anterior, la violación adquiere un significado preciso: la función de la sexualidad implica un dominio físico y moral del otro. En estas condiciones, el "dejar vivir" depende de esa otra potestad que descansa sobre el "hacer morir", ya que la aniquilación siempre es una posibilidad latente, esgrimida como una manipulación psicológica o un ejercicio del miedo (Segato, 38-39).

Pero la violencia sexual no implica solamente un dominio del cuerpo, ya que ese cuerpo-territorio que se ocupa y se coloniza sufre una alteración. Lo que me interesa destacar en este punto, tiene que ver con que la violación, en la medida que coloniza el cuerpo de la víctima, produce una desestructuración, convirtiendo al cuerpo en carne. Roberto Espósito, en el trabajo antes citado, contempla este aspecto dentro de la sección "Filosofía del bíos", destacando de qué forma el nazismo era consciente de esta diferencia. El nazismo llamaba a la materia abyecta "existencia sin vida", expresión aplicada a todo aquello que carecía de los requisitos raciales para integrar el cuerpo individual (Espósito, 255).

La diferencia entre cuerpo y carne tiene que ver con una frontera del sentido. Mientras el cuerpo fue objeto de una constitución política, la carne, en cambio, en su condición de materia inorgánica y salvaje, siempre estuvo lejos de tal configuración. La noción de cuerpo implica la unidad general del organismo individual o colectivo, presuponiendo una trascendencia espiritual. Con respecto a este punto, Espósito da cuenta de los usos de los conceptos de carne y cuerpo en el judaísmo y en el cristianismo primitivo, señalando que la Iglesia, con el correr del tiempo, puso mayor énfasis en la noción de cuerpo: la diferencia entre carne y cuerpo estaba dada por el grado de trascendencia espiritual que recayó sobre el segundo. Un significado que pasó de lo religioso a la teología política medieval, incluso, los Estados nacionales también hicieron uso de estos mecanismos teológico-políticos para alejarse de la pura vida; la carne, ese estado de naturaleza debía integrarse a un cuerpo unificado (Espósito, 255-263).

Frente a esa unidad de sentido que representa el cuerpo, la carne se impone como una zona de indiscernibilidad entre el hombre y el animal. Para desarrollar este punto, Espósito hace referencia a la obra del pintor Francis Bacon y al ensayo de Gilles Deleuze, *Lógica de la sensación*, texto dedicado por el filósofo francés al estudio de la obra pictórica de Bacon. Espósito comenta que la obra de Bacon estuvo marcada por la violencia del nazismo y agrega que "la práctica biopolítica de animalización del hombre, que los nazis llevaron a cabo hasta la muerte, en él se corresponde, en perfecta inversión, con la figura desfigurada de la carne faenada" (271).

La violencia sexual puede entenderse, entonces, como una "práctica biopolítica de animalización", ya que el dominio moral y psicológico de la víctima implica un desplazamiento de su situación como cuerpo a otro estado: ese estado común, natural, de la carne, un hecho común al hombre y al animal. En el análisis de *Carne*, la animalización se corresponderá con la dimensión expresiva que asume la violencia sexual. Esto significa que la animalización será el gesto discursivo del agresor frente a su víctima (Segato, 39).

Carne sobre carne. Historia de un cuerpo cautivo en el matadero

La película comienza con una cámara que realiza una toma panorámica de la ciudad que se detiene especialmente en una plaza de Buenos Aires, la Fuente de las Nereidas, cuyo motivo central no es otro que el nacimiento de Venus. En esta presentación, la cámara confronta las imágenes de las ninfas, que son mostradas en primer plano, con la visión de una ciudad adormecida en su propia rutina: la grisura de la ciudad se ve empequeñecida por una representación exuberante del cuerpo femenino.

No es casual que la película comience de esta manera, ya que la visión de estas figuras (representación del arte erótico antiguo) impone una definición de la mujer desde lo estatuario y monumental. Las figuras introducen una representación erótica de la mujer: una representación de la belleza femenina mediada por el código del arte, que inmediatamente se traslada a la visión de Delicia. A través de la yuxtaposición de las imágenes, la cámara promueve esta identificación entre las ninfas y Delicia, quien al inicio del film se la ve desnuda, sentada en la cama y provista de espigas que rodean su sexo. Esta representación mitológica de Delicia permite presentarla por primera vez como un cuerpo, como un organismo, y no como una carne (tal como sucederá más adelante).

Cuando comienza la película, Antonio está pintando un cuerpo que convierte en una entidad erótica, si tomamos en cuenta la caracterización que hace de esta noción Georges Bataille: "el erotismo es uno de los aspectos de la vida interior del hombre" (33). En este sentido, el cuerpo se nos presenta como un objeto que sirve para el que hombre realice una búsqueda psicológica independiente de la sexualidad animal. En el caso de Antonio, estamos ante un impulso comparable con el arte erótico antiguo, aquel que en algún momento se llamó pornografía y que dio cuenta de ese eros, fugitivo e inasible, que se pretendió más tarde obsceno.

En el diálogo que sostienen los personajes se va deslizando el conflicto entre dos espacios irreconciliables: el espacio ideal del arte cuyo centro es Delicia y el frigorífico; junto a Antonio, Delicia es un cuerpo; fuera de la intimidad que la une a éste, Delicia es, sin embargo, carne. Así, la frase que Delicia interpone ("si los muchachos supieran, se volverían locos") puede corresponderse con la figura del discurso amoroso que Roland Barthes denomina como "acontecimientos, reveses, contrariedades" y que el propio autor define así: "Pequeños acontecimientos, incidentes, reveses, fruslerías, mezquindades, futilidades, pliegues de la existencia amorosa; todo nudo factual cuya resonancia llega a atravesar las miras de felicidad del sujeto amoroso, como si el azar intrigase contra él" (2010: 86). Y es que en el momento en que Delicia pronuncia esas palabras, los otros (los compañeros de trabajo o los muchachos, como ella dice) no son más que una contrariedad insignificante. Sin embargo, esa futilidad se transformará en una especie de obstáculo amoroso.

Tras estas palabras, los personajes se entregan a un escarceo amoroso que, por momentos, se propone como otra continuación de la imagen de la fuente, ya que las posturas de Delicia reproducen aquellas poses que antes veíamos en las ninfas. Una escena doblemente erótica, si se tiene en cuenta la "tentación esteticista" (Maingueneau, 30) y la búsqueda de la interioridad del deseo (Bataille, 33). El "cuerpo del otro", otra de las figuras del discurso amoroso analizadas por Barthes, comparece en esta escena por las emociones o el "interés suscitado en el sujeto amoroso por el cuerpo amado" (2010: 90). Antonio explora el cuerpo de Delicia, dejándose llevar por el desequilibrio del propio ser que se pierde en el propio objeto de deseo.

La salida de la heroína al mundo exterior, que se produce cuando el personaje se dirige a su trabajo en el frigorífico, implica el abandono de un adentro: el orden familiar, pleno de calidez y afecto, centrado en la figura del abuelo. La breve escena que protagonizan Delicia y su abuelo funciona como una especie de remanso que permite apreciar algunas cualidades del personaje: su bondad y buen corazón. La familia funciona como un reducto de civilidad que es sobrepasado por el salvajismo del mundo exterior.

Si hay algo que marca y caracteriza a la primera violación sufrida por el personaje es el mismo lugar donde se produjo. Mientras Delicia va caminando hacia su lugar de trabajo, la cámara la toma a distancia, haciendo hincapié en lo agreste del paisaje, lo despoblado y baldío, un espacio desgastado, lleno de residuos y agua sucia. Este espacio que media entre la casa del personaje y su lugar de trabajo recuerda a la imagen del desierto y, especialmente, a esos momentos fundacionales. Dentro de esos espacios fundacionales, sobresale la Pampa o la llanura que en las narrativas fundacionales aparecen ligadas a un repertorio de significados. En este sentido, Silvana Daszuk, en un análisis propuesto en torno a algunos textos de Cesar Aira, afirma que la llanura condensa significaciones positivas o negativas, a saber: en algunos casos, remite al vacío, el infinito, lo ingobernable; en otros, lo no humano, lo irracional; finalmente, también puede representar una imagen de pureza y de no contaminación (Daszuk, 138).

Sin dudas, el espacio recorrido no es la pampa argentina ni una llanura, sino un espacio natural, despoblado que rodea al frigorífico. No obstante, se trata de un espacio que convoca buena parte de esas significaciones, particularmente, las nociones de vacío, irracionalidad que desembocan en otra idea: la contaminación de la pureza. El espacio baldío es la página en blanco en la que se escribe el cuerpo violado de Delicia. Con esto pretendo afirmar que el espacio (natural, salvaje, pero fundamentalmente baldío) enfatiza la insignificancia de un cuerpo que de forma inusitada deja de ser tal.

Este ámbito de la amenaza se completa con la presencia de un rostro anónimo, exhibido en primer plano: un rostro desaliñado, con una gestualidad desencajada, que, además, aparece cubierto de sombras. Lo único que se aprecia es la boca abierta y el pelo revuelto, imagen que lo vincula con la figura monstruosa del sátiro que funde, en parte la tradición mitológica y la acepción convencional que resalta al violador. Por otra parte, se trata de aquella imagen grotesca que Mijail Bajtín vincula cosas degradadas (relacionadas con la parte inferior del cuerpo, como la sexualidad, los apetitos, los desechos). Según Bajtín, la estética del grotesco consiste en un "sistema de imá-genes en las que lo cósmico, lo social y lo corporal están indisolublemente ligados en una realidad viviente indivisible" (26). Para el autor, lo grotesco se integra a un principio vital y material, percibido como universal y popular, por oposición a las formas institucionales más formales, correspondientes a la vida cotidiana.

Sin embargo, el realismo grotesco observado en esta escena no aparece como esa celebración vital e integradora referida por Bajtín. Mabel Moraña destacaba que el grotesco bajtiniano caía en el dominio de lo monstruoso, ya que los valores espirituales eran "reemplazados por una carnalidad primaria instintiva e insaciable a través de la cual se expresan deseos reprimidos por el orden social" (48). Por mi parte, agregaría que el carácter monstruoso de la escena implica este descenso del cuerpo a la condición carne. Además, este descenso se relacionaría con algo que la propia autora señala como característica de la monstruosidad: la actitud de conquista territorial, emocional, sexual (50). Se trata, en definitiva, de un rasgo que resulta insoslayable a la hora de considerar la violación sexual como un acto de colonización del cuerpo femenino (Segato).

La entrada de Humberto, el "Macho", hace posible ese descenso. Antes de perpetrar el ataque sexual, le dice a Delicia: "eres carne de la buena". El acto de violación ya se inicia a partir del empleo de esta palabra, porque la violación es entendida como un acto de "consumición del otro" o de "canibalismo" (Segato, 38). El canibalismo presupone una devoración simbólica que consiste en hacer perecer en el otro toda voluntad autónoma, toda posibilidad de subjetividad alternativa. Con respecto a este punto, Segato analiza el concepto de violación sexual como una especie de acción alegórica que recuerda la definición schmittiana de soberanía: el soberano de Schmitt es "aquel que puede decidir sobre el estado de excepción". De este modo, la violación constituye en sí un "estado de excepción" que le permite al agresor asumir un "control legislador": la apropiación del otro como algo anexo a un territorio.

Pero la violación entendida como "canibalismo" significa que el otro es devorado en todos los sentidos posibles. En la escena inicial, la práctica de la devoración se desarrolla cuando Humberto convierte a su víctima en "carne" (significante que recorrerá toda la película y que por su importancia le dedicaremos un análisis pormenorizado). La vida del otro es también fagocitada porque esa pérdida del control y la autonomía se hace visible en la imposibilidad de comunicar la experiencia de la agresión. Este silencio del personaje se advierte cuando, tras el ataque sufrido, llega al frigorífico y se ve imposibilitada de explicarle a su novio el motivo de su retraso. El cuerpo vejado es una entidad habitada, usurpada por un soberano que ejerce el poder de "hacer vivir o dejar morir" (Foucault, citado por Segato, 39).

La llegada de Delicia a su lugar de trabajo nos permite una primera exploración del matadero. Allí vemos una toma panorámica del interior del matadero y lo que impacta nuestro campo visual es la sobreabundancia de las reses, relucientes en un color rojo muy intenso, tan intenso como el color rojo de su atuendo (semejanza que provoca la identificación con la carne). Aparte de las reses, se ve a los trabajadores que no logran diferenciarse entre sí, conformando una masa compacta que parsimoniosamente los movimientos de una cadena de montaje. Y en el escaso intercambio social que se produce entre las propias obreras, sobresale el comentario escarnecedor de la jefa, quien se burla de la inocencia y belleza de Delicia y ofrece una visión grotesca de la vida familiar. De este modo, la conversación en la que se ve inmersa no hace otra cosa que prolongar por otras vías la violación sexual sufrida unas horas antes.

A diferencia de sus compañeras, que tienen una percepción de la vida marcada por el desengaño y la corrupción material, Delicia defiende otra concepción que responde al ideal del amor romántico burgués: la visión rosa del amor y la creencia en el progreso material en base al esfuerzo. Esta concepción de la vida resulta asediada por la habladuría, otra figura barthesiana del discurso amoroso. Según Barthes, esta figura aparece cuando el otro (el ser amado) "está metido en 'habladurías', y escucha hablar de él de una manera común" (2010: 165). En determinado momento, Delicia escucha de una de sus compañeras que Antonio pinta su cuerpo en la intimidad de su casa, y aclara que "eso es lo que se comenta". Más adelante, nos enteraremos que no sólo sus compañeros conocen eso que ella cree secreto, porque Humberto traerá a colación el tema antes de iniciar la violación colectiva. Como la habladuría reduce al otro (a Antonio) a la tercera persona (la no persona, según Benveniste), su singularidad resulta manchada, rebajada, vulgarizada al extremo. Al tratarse de un procedimiento que reduce al otro a un discurso ordinario, la habladuría puede verse en este contexto como una forma de dominación: la habladuría, entonces, produce una violación de una sacralidad, la sacralidad del amor.

Curiosamente, la compañera que introduce la habladuría en la escena es alguien cuya vida tiene puntos de contacto con Delicia. El personaje interpretado por Alba Solís es una cantante de tangos, y en medio de la conversación, su compañera la invita a ir al "Gato negro". Y una vez en su casa, con posterioridad a la conversación familiar, donde se aborda el tema del matrimonio como un ideal deseable y asequible, Delicia se queda parada en la puerta, escuchando el tema "Arrabal amargo". La canción permite exteriorizar la turbación de ánimo experimentada por el personaje, el llanto y la mirada perdida en la vastedad de esa zona arrabalera permite evocar la situación de otras cautivas latinoamericanas: aquella "criatura de frontera" que siente la extranjería (Iglesia, 24-26).

La extranjería se asocia con la violencia sobre un cuerpo del cual ha perdido todo su control. La pérdida de autonomía y de control tiene que ver con cierto sentimiento de abyección que la invade, de ahí ese silencio que ella guarda frente a su prometido y a su abuelo. El grado de abyección que experimenta este cuerpo secuestrado tiene que ver con la dificultad de volver a reinstalarse en una atmósfera familiar. Se trata de un conflicto interno que se llega a exteriorizar con otro rasgo de la cautiva: su adhesión a las iconografías religiosas presentes en distintos momentos del film.

La condición de mujer cautiva se acentúa por su reducción a la condición de carne. En la primera escena violenta ya lo habíamos apreciado en las propias palabras de Humberto. El discurso verbal del atacante muy importante en el ejercicio de la violencia. Con respecto a este punto, Segato señala que la violencia posee "una dimensión expresiva", configurando un gesto discursivo que llevaría una firma: la marca del sujeto que perpetra el acto y, por lo tanto, demarca a su víctima como algo que le pertenece (39).

Si la violencia conforma un texto o un "gesto discursivo", éste se enriquece en la segunda violación que se produce en el interior del frigorífico. En la escena en cuestión, la figura de Alicia se ve reducida por la sobreabundancia del significante "carne". La cámara capta en una toma muy amplia la presencia abrumadora de las reses, y en medio de ellas, se ve a Delicia, presa del temor. Este efecto de infinito se logra a través de la multiplicación visual de las reses que aparecen apiladas en una imagen abigarrada: la res, así amplificada, devora figurativamente el cuerpo de la mujer. Se trata de un juego comparable con las pinturas de Archimboldo, pues la imagen femenina es descompuesta ilusoriamente, mezclándose con las reses. Este efecto visual se replica en las palabras de Humberto ("carne sobre carne"), quien, en pleno frenesí sexual, sobreexplicita esta analogía. De este modo, se produce una particular relación entre texto e imagen, ya que la palabra cumple la función de "hacer más patética o racionalizar la imagen" (Barthes, 1986: 22).

Si la carne es el objeto preponderante de la película, éste termina por consolidarse en el asado o comilona de los hombres, momento que trasunta un grado de barbarie comparable al festín de los indios en *La cautiva* y *El matadero*. El asado que reúne a los personajes constituye una instancia fundacional de una cofradía o una fratría y que, incluso, tiene ciertos puntos de contacto con el sacrificio. Esta relación entre carne y sacrificio había sido analizada por Bataille en un capítulo donde compara las antiguas prácticas religiosas con el erotismo. Según el autor, en el sacrificio se revela la carne, la "plétora de los órganos", "la plétora impersonal de la vida": desaparece el ser individual para dar lugar a la "continuidad orgánica de la vida" (96). En el erotismo se produciría esta especie de convulsión orgánica, aunque siempre como parte de una búsqueda psíquica interna.

En el caso de los personajes masculinos, en cambio, la conversación da cuenta de esta relación entre carne y sacrificio, pero no existe en ningún momento la intención de iniciar una búsqueda psicológica independiente. Lo que permanece es el nivel de la violencia exterior y elemental. Vale decir ellos sacrifican la carne, en el sentido de asar una res del matadero para consumirla, pero durante el propio acto de consumición de esa carne se opera otro tipo de sacrificio. Con cierta ligereza y fluidez, los hombres comienzan ha-blando de las reses que se exportan a Europa y, acto seguido, toda la conversación se desplaza hacia el tema de Delicia. Uno de los comensales elogia las cualidades viriles del Macho, diciendo "cuando le gusta una hembra, dos azotes y ñaca", comentario que es seguido de otro que termina por redondear la metáfora: "carne por la mañana, carne por la noche".

Al ser reducida a carne, la mujer pierde la noción de cuerpo, aquello que la liga a la idea de organismo. La diferencia entre dos conceptos puede ser enfocada dentro de un planteo biopolítico: de esta forma, la comilona opera el sacrificio de Delicia al desplazarla a la carne entendida como una zona de indiscernibilidad (Espósito, 271). Al igual que en todo sacrificio, Delicia es despojada de su ser individual, a tal punto que cuando se refieren a ella mediante el nombre propio, lo hacen con la intención de enfatizar su condición apetecible, consumible. Además, los propios comensales se refieren a las partes de su cuerpo enumerando especies de carne comercializables en el mercado (peceto, nalga, etc.).

Si esta indescibrabilidad cosifica a la mujer, la secuencia de la comida también ofrece otro detalle que apunta en una dirección no muy diferente. En determinado momento, uno de los hombres, urgido por ir al baño, entra en un baño de damas. Sin embargo, en la precaria puerta de madera, se advierte una inscripción que dice en mayúsculas lo siguiente: "DAMAS CLAUSURADO / DAMAS / DAMA /W C". En una primera lectura, la leyenda indica que se trata de una especie de baños de damas que está efectivamente clausurado, pero en el sentido de la cosificación de lo femenino que estamos examinando, surge un segundo sentido que apunta a una "clausura" de la condición de "dama". Además, esa misma clausura se reitera en una especie de descomposición léxica de la palabra "DAMA", que se repite perdiendo la letra que indica el plural. Por si esto no bastara, la inscripción va acompañada por un bosquejo de una figura femenina de cuya zona púbica parte una línea que termina formando la "W" (correspondiente a la palabra "wáter"), pero en ese contexto sugiere más la repetición de una "V", que apunta más a la noción de vulva (o, en el imaginario de los trabajadores, a su más soez, refrendada en la "C" final).

La idea del secuestro de Delicia surge como una propuesta de uno de los comensales. Para eso, los hombres se valen del camión de la empresa, normalmente utilizado para el transporte de las reses. El camión funciona como otra referencia metonímica a la carne: una identificación que resulta reforzada por la inscripción que se lee al costado del camión, "Carne en tránsito", y que introduce una clave de humor negro. De algún modo, esta inscripción también puede ser interpretada como un "gesto discursivo", más precisamente, una escritura en el cuerpo de la víctima semejante a aquella otra que vimos anteriormente. El gesto discursivo deja una firma en el cuerpo. Normalmente, esta firma tiene que ver más con una marca, una he-rida psicológica, pero en el caso de Delicia el gesto expresivo tiende a textualizarse, a consolidarse como un discurso verbal. El "soberano", el agresor sexual, crea un estado de excepción a través de la palabra que confina al ser a determinada forma de cautiverio. La carne es la forma del cautiverio.

El episodio de la violación colectiva permite ver otras facetas de la violencia sexual contra las mujeres. Si las dos violaciones anteriores tenían un carácter más individual, ligada a una premura sexual, en este caso, el agresor comunica su mensaje, haciendo uso de lo que Segato denomina como "eje horizontal": la masculinidad (la condición de macho) constituye un estatus a obtener, a ganar, y para ello, los hombres deben participar de esta escena del sacrificio e inmolar a la víctima (40). Los hombres que rodean al Macho, aparte de querer refocilarse con Delicia, también manifiestan querer alcanzar ese estatus de "macho" que el jefe de la manada ostenta con orgullo. A través de la violación, entonces, los obreros obtienen la membresía dentro de esa hermandad viril.

Cuando el Macho ingresa en el camión, se produce un enfrentamiento interesante entre los personajes que implica el despliegue de un juego de poderes. Antes de entregarse a la faena sexual, Humberto le habla a Delicia y le recrimina por exponer su cuerpo desnudo para que Antonio ("ese degenerado", dice en cierto momento) la pinte, pero realiza a continuación un comentario contradictorio: "yo pinto mejor que él". Este tipo de comportamiento se encuadra en una especie de ejercicio de la violencia que Segato ubica en un "eje vertical". En este nivel, el agresor hace gala de un discurso moralizador y punitivo, y la violencia sobre el cuerpo de la víctima asume una función soberana, restauradora: la violencia es un acto de censura (Segato, 39).

Pero en esa misma escena Delicia también exhibe un poder que no había ostentado previamente, y lo hace llamando a Humberto "canalla". Según el *Diccionario de la RAE*, "canalla" proviene del italiano "canaglia", que entró al francés como "canaille" en el siglo XV. Por su derivación de la voz latina "canis" (perro), terminó por traducirse como "jauría de perros"; en sentido figurado, dicha acepción ya constituía un insulto (Corominas, 124). Si bien Delicia utiliza el término con la acepción más habitual, referida a "gente vil, ruin, sin escrúpulos", el contexto animal de la película restablece la vieja acepción latina: los personajes se comportan en el camión como una jauría de perros.

Por lo tanto, al utilizar la palabra "canalla", el personaje hace uso de un poder que consiste en desnudar, de poner al descubierto, la condición animal de sus captores. Aparte de esto, también ella, casi sin darse cuenta, da lugar a otro tipo de desnudamiento en los personajes que acuden frente a esta virgen improvisada. La cama funciona como un extraño y grotesco confesionario, ante el cual se despliegan distintos relatos individuales que funcionan como pequeñas viñetas o sketch. Todos esos relatos dan a conocer las miserias sociales en las que están inmersos esos hombres y que nos muestra la violencia como una forma solapada de alcanzar lo que resulta inalcanzable. En esta línea de conducta se enmarca la acción del Macho, quien no puede evitar postrarse ante Delicia y dejarse llevar por su gemido animal (en una actitud totalmente antagónica con respecto a aquella mostrada por Antonio). Pero aparte de la violencia animal de estos personajes, verdaderos oprimidos sociales, también constatamos la aparición del hombre bondadoso (personaje interpretado por Juan Carlos Altavista) que tiene que esforzarse por ocultar su condición, tal como le sucede al homosexual (Vicente Rubino), obligado a vivir en una comunidad de hombres violentos.

La llegada de Antonio a la escena de la violación provoca una pelea en la que aquél se traba a golpe de puños con los secuestradores. Mientras esa pelea se desarrolla, Delicia huye del lugar y va a refugiarse junto a su compañera, la cantante de tangos. En el universo del tango, las figuras femeninas se han concentrado en distintos modelos como, por ejemplo, la madre, la novia, la mujer abandonada y la milonguera. El personaje se aproxima más al modelo de la milon-guera, dado que se trata de una mujer que abandonó el hogar seducida por las "luces de la ciudad", pero su apogeo se trocó rápidamente en derrota, convirtiéndose en la "mujer caída" (Dalbosco, citado por Gadea, 13-15).

Por otra parte, otro rasgo que distingue a la milonguera es su resistencia a la proletarización y la elaboración de una subjetividad autónoma. Este rasgo puede verse al inicio de la película cuando el personaje interpretado por Alba Solís contrapone su vida laboral (la posibilidad de un destino proletario) y su inclinación por la milonga, volcándose más por este último, ya que representa una posibilidad liberadora.

Cuando Delicia se reencuentra con ella, su rebeldía se ha trocado en derrota. La narración hecha por este personaje da cuenta de otra experiencia vital marcada por la violencia masculina. En la conversación que sostiene con su compañera, ésta le cuenta acerca de su situación vital, apoyándose en un cliché del tango: "fui por una ilusión y aquí me tenés". En su brevedad, la frase describe la trayectoria vital del personaje, desde la salida de su hogar, su deseo de ascenso y su posterior caída. Una caída que se ve acentuada por otra forma de humillación: "ahora tengo un tipo que me mata a palos y encima canto para mantenerlo". Su situación está marcada por un signo de violencia que tiene puntos de contacto con el que sufre Delicia: el cuerpo de la milonguera también resulta colonizado por el hombre que, aparte del maltrato físico, hace un uso económico de él. Su cuerpo se proletariza. De este modo, el tango funciona como otro "gesto discursivo" en el ejercicio de la violencia.

La última parte del film muestra a Antonio y Delicia reflexionando sobre el comportamiento animal de los hombres. El desenlace constituye una especie de moraleja que contrapone el instinto frente al amor. Este tipo de final, en el que las palabras de los personajes son replicadas por una textualidad que cumple una función eminentemente pedagógica y moralizante, evoca un género literario muy prestigioso: la fábula. Juan Carlos Dido en su artículo "Teoría de la fábula", realiza algunas precisiones sobre este tipo de narraciones, destacando que la fábula acompañó a la humanidad en todos sus avatares. Aparte de distinguir entre las fábulas populares y las literarias, el autor señala que la finalidad pedagógica no constituye una característica distintiva ni excluyente: el fabulista no aconseja determinada acción, sino que busca promover una reflexión. Por otra parte, en lo que tiene que ver con las acciones, señala que el concepto de "acción" se identifica con el protagonista, en tanto el antagonista queda caracterizado por la reacción. El juego establecido entre acción y reacción va conformando una estructura binaria o un conflicto desarrollado a modo de una tesis (Dido, 2-10).

Carne puede ser leída como una fábula en la que se desarrolla un conflicto. Sin embargo, a diferencia de las narraciones tradicionales, en lugar de presentar a animales que representan situaciones y comportamientos humanos, nos trasladó a una historia de hombres que se comportan como animales. Sin embargo, las palabras finales de Antonio y Delicia parecen afirmar una tesis y promover una reflexión acerca de cómo deben conducirse las acciones humanas, particularmente en lo que tiene que ver con la relación entre los hombres y las mujeres.

Bibliografía

Bajtín, Mijaíl. *La cultura popular en la Edad Media y el Renacimiento*. Madrid: Alianza Editorial, 1987.

Barthes, Roland. *Lo obvio y lo obtuso. Imágenes, gestos, voces.* Barcelona: Paidós, 1986.

---. *Fragmentos de un discurso amoroso.* Buenos Aires: Siglo Veintiuno Editores, 2010.

Bataille, Georges. *El erotismo.* Barcelona: Tusquets Editores, 2007.

Corominas, Joan. *Breve diccionario etimológico de la lengua castellana.* Madrid: Gredos, 1987.

Daszuuk, Silvana. "Frontera, héroe y diferencia: recorridos por la Pampa argentina". Domínguez, Nora y Perilli, Carmen (compiladoras). *Fábulas del género. Sexo y escrituras en América Latina.* Rosario: Beatriz Viterbo Editora, 1998.

Dido, Juan Carlos. "Teoría de la fábula". En: *Espéculo. Revista de Estudios literarios,* año XIV, n° 41, Madrid: Universidad Complutense de Madrid, 2009, pp. 2-10.

Echeverría, Esteban. *La cautiva. El matadero.* Buenos Aires: Ediciones Peuser, 1946.

Espósito, Roberto. *Bíos. Biopolítica y filosofía.* Buenos Aires: Amorrortu, 2006.

Foucault, Michel. *Defender la sociedad.* Buenos Aires: Fondo de Cultura Económica, 2000.

---. *Historia de la sexualidad. V1. La voluntad del saber.* Buenos Aires: Siglo Veintiuno Editores, 2011.

Gadea, Carlos & Bünsow, Theresa. "Las figuras de la mujer en el Río de la Plata a través de la poética del tango". En: *Civitas,* V 17, n° 2, Porto Alegre, 2017, pp. 284-303.

Genette, Gérard. *Palimpsestos. La literatura en segundo grado.* Madrid: Taurus, 1989.

Giorgi, Gabriel. *Formas comunes. Animalidad, cultura, biopolítica.* Buenos Aires: Eterna Cadencia Editora, 2014.

Iglesia, Cristina. *La violencia del azar. Ensayo sobre literatura argentina.* Buenos Aires: Fondo de Cultura Económica, 2003.

Maingueneau, Dominique. *La literatura pornográfica.* Buenos Aires: Nueva Visión, 2008.

Moraña, Mabel. *El monstruo como máquina de guerra.* Madrid: Iberoamericana Editorial Vervuert, 2017.

RAE. *Diccionario de la lengua española.* Madrid: Espasa Calpe, 1998.

Segato, Rita Laura. *La guerra contra las mujeres.* Madrid: Traficantes de sueños, 2016.

Carne sobre carne[77]: de la carne de la mujer y de la carne del animal

Mónica B. Cragnolini

*C*arne es un film de Armando Bo de 1968, que permite pensar la problemática de la violencia estructural en el tratamiento de mujeres y animales.[78] Entiendo por "violencia estructural" la articulación que se puede conceptualizar en torno al modo en que se trata a las mujeres, a los niños y a los animales (y a otros modos de lo humano "animalizados") en las sociedades patriarcales, en las que la figura del amo y señor es la del individuo masculino que se considera dueño de la vida del resto de lo viviente, y con ejercicio de dominio sobre aquellos que considera más débiles. Esto implica una creencia en un "derecho de disponibilidad" sobre todo lo que es, prerrogativa que se le suele conceder al existente humano masculino. Esa violencia estructural supone un modo particular de "tratar" la carne: la cultura occidental, como mundo de lo humano que se constituye conceptualmente desde el universo filosófico europeo, implica la idea de que la carne "debe ser sacrificada". Esta es la base de los "humanismos" que, al colocar al hombre en el centro de lo real, consideran que lo más valioso de lo humano es lo espiritual, el mundo de las ideas y de los valores, es decir, todo aquello que se aleja de la "carne" (de lo animal), y que necesita del sacrificio de ese ámbito (los así llamados "instintos") para prosperar. La idea de los "humanis-mos" parte de la consideración de que el hombre es más humano en la medida en que "deja de ser animal": esto implica la naturalización del sacrificio de los animales (y de lo animal en el existente humano) (Cragnolini 2016 15).

---

[77] "Carne sobre carne" se titula el documental de 2007 dirigido por Diego Curubeto en el que se relata la trayectoria de Isabel Sarli, y es la expresión del personaje de Humberto en una de las escenas de violación.

[78] Sobre esta idea de violencia estructural en el tratamiento de humanos y de animales, véase Cragnolini, 2018 59.

Muchos modos diferentes de pensar la cuestión de la carne se hacen presentes en el film, que comienza con la escena de Delicia (Isabel Sarli) posando como modelo para Antonio (Víctor Bo), artista plástico pero también, como ella, empleado del frigorífico, y con quien mantiene una relación amorosa. En estas primeras escenas, la carne de ambos se muestra en el acto sexual, pero signada por el amor que se profesan. La narrativa del film mostrará en qué distintos modos puede ser considerada la carne, en un escenario predominantemente "cárnico", ya que buena parte del film transcurre en el frigorífico, o en el camión de transporte de medias reses. Es interesante notar que en general se trata de "carne sin sangre": no se ve sangre en el frigorífico, ya que se trata de manipular la carne cuya sangre ha sido derramada en otro lugar, el matadero, pero tampoco se observa sangre vertida por Delicia en las numerosas violaciones que sufre.

Siguiendo a Derrida, podríamos señalar que la cultura es hematohomocéntrica (2015 294) en la medida en que el derramamiento de sangre que la funda (en tanto es sacrificial), otorga sentido al concepto de hombre. Pero la sangre en la cultura debe esconderse, neutralizarse, purificarse: por ello la sangre de los mataderos no se visibiliza, y tampoco se alude como sangre a la que emana del cadáver animal, convertido en "carne" en el plato del carnívoro.

Carne de la buena[79]

La primera escena de carne violentada acontece cuando Delicia se dirige a su trabajo: un hombre intenta violarla, y el que supuestamente la salva, Humberto (Romualdo Quiroga), transpor-tista del frigorífico, responde, ante su agradecimiento, que le va a tener que pagar "con dinero del mejor", ya que ella "tiene carne de la buena". Luego de la escena de la violación, cuando Delicia se arregla ante su espejo de mano para seguir su camino, aparece la siguiente leyenda en el film: "Agradecemos la colaboración de los frigoríficos

---

[79] Cada uno de los subtítulos (menos los dos últimos, que constituyen las conclusiones) remite a una expresión del film, y respeta su secuencialidad.

Cóndor S.A. y Dipano, S. A., orgullos de la industria nacional, y dejamos expresamente aclarado que las escenas que se desarrollan en dichos establecimientos nada tienen que ver con la realidad".

El espectador en este punto se puede preguntar: ¿a qué escenas se referirá el aviso? ¿A las que armarán la ficción del film que veremos? ¿A las escenas "representadas" del trabajo en dichos frigoríficos? Y mientras la protagonista sigue su camino, aparece otra leyenda: "Esta es una historia basada en hechos auténticos". Estos dos avisos resultan interesantes sobre todo en su conjunción: se nos narrará una historia que es verdadera, que ha acontecido, pero los frigoríficos que prestan el escenario para esta narrativa en particular, no deben ser involucrados con la historia. Al final del film, antes de los créditos, aparecerá otra leyenda, señalando que el amor vence a la violencia. ¿Qué función cumplen en un film estas leyendas o avisos de carácter parergonal?[80] ¿Son advertencias que indican que el horror de la historia es verdadero, aconteció realmente, pero "en otros lugares" que no son los que muestra el film? Con estas advertencias, ¿las locaciones del film quedan exentas de la violencia acontecida? ¿No son acaso, justamente violentos esos lugares en los que se desarrollan las escenas, más allá de que no hayan sido los lugares "originales" en los que ocurrieron las violaciones? Es decir, con o sin violaciones de empleadas: ¿no es ya "violento" lo que acontece en los frigoríficos? Es sobre esta violencia que deseo llamar la atención: las escenas que se muestran en el film son violentas, pero se desarrollan en escenarios en los que la violencia es cotidiana, ya que allí se evidencia una violencia paralela a la ejercida sobre las mujeres: aquella a la que son sometidos los animales.

Y el film, al ubicar el abuso cometido sobre una mujer en términos de "propiedad", en el espacio en que se "naturaliza" que los animales son "propiedades" de los humanos que pueden disponer de sus vidas para fines alimenticios, expone esa violencia paralela. Los

---

[80] "Parergon" remite al aditamento de algo como adorno u ornato. Derrida (2001: 27-153) habla de ese lugar de lo que aparece como suplemento, o fuera-de-obra, excluido e incluido al mismo tiempo.

hombres que se relacionan con Delicia, ya sean los abusadores, ya sea su pareja, piensan su vínculo en términos de "propiedad": todos quieren hacerla "suya". Delicia, como mujer, es objeto disponible para las necesidades masculinas (sean éstas "perversas", como la violación, o "buenas", como señala la leyenda final con respecto al amor puro). De modo similar, los animales están en esa condición de disponibilidad para los humanos, ya sea que se los maltrate, ya sea que se los tenga en el hogar, cuidados y mimados como animales de compañía. En este sentido, y más allá de las intenciones del director al ubicar esta historia en un frigorífico, y de su advertencia de que no debe pensarse a los frigoríficos que han servido como locaciones como los "lugares del hecho", el film logra escenificar un paralelismo de violencias naturalizadas.

Y esas violencias naturalizadas se conjugan con la cuestión de la "identidad nacional" argentina, férreamente armada en torno a la figura del héroe o prócer (que generalmente es masculino) y a sus modos de vinculación con los otros: relaciones de propietario, si esos otros son animales, niños o mujeres, y relaciones de camaradería si esos otros son varones (Cragnolini 2016 236). Pero "camaradería" que debe pasar la prueba del machismo para ser tal: quien no quiere violar a Delicia en las escenas del camión, y quien es homosexual, deben fingir ante los otros machos que han realizado la violación. La prueba del macho es la del abuso de una mujer, ofrecida como "carne", en el contexto "amical" de un asado, en donde otras carnes también le pertenecen y son aptas para la devoración. Y el diálogo entre los machos devoradores de carne es también el discurso de la "carne de la buena": debe ser la mejor carne la que se ingiere en el asado, el asador debe saber cómo hacerla más sabrosa y tierna, y se debe disponer de la mejor carne a la hora del acto sexual. Los amigos "hermanos" varones expondrán en la escena de devoración sus virtudes como "catadores" de distintas carnes, homologando la carne de los animales que ingieren a la carne de las mujeres con las que tienen sexo.

Akira Mizuta Lippit ha trabajado esta problemática de las leyendas parergonales de los films, con respecto al aviso (*disclaimer*) que anuncia que "Ningún animal ha sido dañado en la realización de este film", cuando se observan escenas de violencia "representadas", pero se asegura que en "la vida real" no han acontecido. Aviso paradójico, si los hay, ya que los animales son sometidos a violencia constantemente en la cultura occidental, pero el film afirma que en su espacio representativo han quedado libres de esa violencia. Como muestra Lippit, el aviso divide dos mundos: el interior del film, en el que "podría parecer" que existe ejercicio de violencia, del exterior, el mundo real sobre el que se asienta la representación, en el que el animal no ha sido lastimado. La leyenda aparece con los créditos al final del film (es decir, cuando se pasan las cuentas de qué se debe a cada uno de los participantes), pero también señala el "sistema de creencias" (Lippit 113) que constituye la ley del film, la advertencia de una posición ética asumida frente a los animales. Sin embargo, lo interesante de este tipo de advertencias es que aseguran que en el mundo real del film no ha acontecido el daño que el animal parece haber sufrido en el mundo ficcional, pero en la "vida real" (podríamos decir, en la "vida real real") el animal es herido, maltratado, sometido a crueldad constantemente, aun cuando no se admita que se lo hace, como por ejemplo en la industria cárnica. Algo similar se podría señalar con respecto a las advertencias en el film de Bo: se señala que esos hechos no acontecieron en esos lugares, es decir, se deja a los frigoríficos nombrados indemnes frente a toda posible sospecha o acusación de culpa en el maltrato de empleadas, pero en esas mismas locaciones acontece una violencia diaria contra los animales, invisibilizada para el resto de la sociedad. Y, por otra parte, se establece una vinculación entre la identidad nacional y la industria cárnica (los frigoríficos son "orgullo nacional"), y al mismo tiempo se presenta uno de los paradigmas de la identidad nacional en la sarcofagia (la ingesta cadavérica) en la costumbre del asado, lugar por excelencia de celebración y reunión, sobre todo de los "machos" argentinos.

Carne sobre carne

Acompañada por el veterinario, y haciendo comentarios sobre la aftosa, Delicia revisa y anota los números de las medias reses. Cuando se queda sola, entra Humberto, que empieza a perseguirla entre los cuerpos animales colgantes. Finalmente, la alcanza, y pronuncia el *dictum* que se ha tornado icónico en el cine argentino: "carne sobre carne", ya que va a volver a violarla, esta vez, sobre una media res. Mientras se realiza la violación, la cámara hace un paneo de las medias reses colgadas. Cuando el violador se retira, ella se apoya sobre las medias reses para llorar. La carne abusada de la mujer, la carne de la víctima sufriente, sobre las otras carnes, también éstas víctimas de la naturalización que las hace objetos disponibles. La escena de la violación sobre la media res se ha convertido en emblemática en el cine, y podríamos decir que es emblemática de algunos aspectos de la identidad nacional argentina: país ganadero, que durante años ha puesto la idea de la fuerza de su producción en la industria de la carne vacuna, país en el que la mujer, como en tantos otros, ha sido objeto de la apropiación masculina y, además, ha sido equiparada a esas vacas que constituyen la "riqueza" del país. En el film de Cohn y Duprat, *Todo sobre el asado* (2016) un ganadero lo explicita: "la mujer ha de ser como la vaca..." y señala en el animal las partes que se equiparan en la mujer y reciben similar valoración (cómo ha de ser el pecho, cómo deben ser las nalgas, etc.). El sintagma "carne sobre carne" visibiliza la violencia ejercida sobre las mujeres y sobre los animales: ellas y ellos están en condición de carne disponible para el macho argentino que se cree con derecho a devo-rarlos, porque "necesita" alardear de esa disponibilidad de la carne.

Dos azotes y al camión: la virilidad carnívora al desnudo

La escena muestra a varios amigos varones compartiendo un asado: uno de ellos dice, refiriéndose a Humberto: "cuando le gusta una hembra, dos azotes y al camión". Y otro agrega: "Carne a la mañana, y carne por la noche, y sin ningún trabajo. Y ahora se come a la Delicia."

Los hermanos varones reunidos en torno a la ingesta cárnica hacen ostentación de la disponibilidad de la carne para ellos: la que devoran procedente de los animales, y la que devoran de la carne femenina. Su condición masculina les asegura ese derecho, ser "macho" (y así llaman a Humberto) es eso: tener carne a disposición, del modo que fuere. Por ello el violador cuenta las escenas de abuso indicando que Delicia "al principio dice que no y pega, pero después le gusta". Su condición de macho se vería menoscabada si la hembra abusada no experimentara placer en la escena del abuso: goce en la humillación infligida a la mujer, y suposición de placer por parte de ella, lo que le permite experimentar sin culpa (o con menos culpa) la violencia ejercida.[81]

"Che, macho, ¿y por las buenas no quiere?", pregunta uno de los amigos. Y allí surge la idea de "compartir" la carne femenina como se está compartiendo en el asado la carne animal. "Total es como si fuera un pedazo de carne", es la justificación de la acción que van a llevar a cabo, "si, pero que carne: peceto, lomo, nalga", "carnaza" agrega otro. Los amigos varones se ríen del futuro abuso: "¿qué gusta servirse el señor, a la parrilla, al horno o al estofado?". El señor: el existente humano masculino que puede disponer como tal de lo que hay en el modo en que le plazca. Sujeto-*ipse* soberano que se cree con derecho de vida y de muerte sobre todo lo viviente, considerando que todo ha sido puesto para su uso. Sujeto-*ipse* consumidor del

---

[81] En el video clip del grupo argentino Bersuit Vergarabat, "La Argentinidad al palo", https://www.youtube.com/watch?v=972s6-BLGtQ se muestran muchos aspectos de esa competencia "fraternal" de los varones: en las mediciones en el mingitorio, en el alarde del país de la calle más larga, etc: la escena final de Gustavo Cordera bajándose el cierre del pantalón al entrar al camión en que se encuentra Sarli (en la escena de *Carne*, pero con una voz en off de Sarli con el "que pretende Ud. de mí" de otro film) es casi un epítome de la argentinidad. Todo el video clip transcurre mostrando diversas escenas de esa argentinidad machista mientras los "hermanos varones" van subiendo y felicitándose al bajar del camión transportador de carne.

mundo, devorador de todo lo que es.[82] Entonces, a estos señores soberanos se les ocurre disponer de la carne femenina subiéndola al camión, y Humberto pide su paga: "les traigo la carne jugosa, tierna".

Como señala Derrida, conversando con Nancy:

> La fuerza viril del varón adulto, padre, marido o hermano [...] corresponde al esquema que domina el concepto de sujeto. Éste no se desea solamente señor y poseedor activo de la naturaleza. En nuestras culturas, él acepta el sacrificio y come de la carne. (1989 109)

En este sentido, el sujeto metafísico, que marca el modo fundacional de concepción del existente humano en la filosofía moderna, se piensa como masculino en el sentido de poseedor y soberano. Ese sujeto soberano que puede disponer de la realidad como elemento dominable (toda la naturaleza pensada como "recurso" calculable) ubica dentro de su campo de disponibilidad a las formas de vida que puede dominar, es decir, aquellas a las que considera débiles por no poseer la virilidad que él se atribuye. Y en la devoración de la carne se especifica el ejercicio de su fuerza: la ingesta cárnica es el modo de incorporar a lo propio lo que se considera posesión, el modo que convierte en mismidad la ajenidad que siempre puede resultar amenazante. Lo otro, lo extraño, debe ser parte de lo mismo (por tanto, ingerido, homologado, asimilado) para dejar de ser un peligro. El sujeto moderno es, en este sentido, omnidevorante y consumidor: domina la tierra consumando la consumición de todo lo otro. Así, lo otro deja de "alterar" su mismidad y se siente seguro de su "propia" potencia en su "mismidad" autosatisfecha. El proceso de ejercicio de la virilidad[83] es del orden introyectivo y asimilativo, y es del orden de

---

[82] Para esta caracterización del sujeto véase Cragnolini 2016 29.

[83] Para el tema de la virilidad carnívora, expresión derridiana, véase Cragnolini 2012.

la reciprocidad en la medida en que reconoce como "iguales" a los otros hermanos varones que pretenden la misma atribución de autoridad como dominio que él pretende. Quien no es "igual" como semejante (mujeres, niños, otros humanos animalizados) deberá someterse a su dominio. Este dominio puede tomar las formas del maltrato y la tortura, pero también puede adquirir los modos supuestamente "amorosos" en los que se considera que el otro siempre ha de estar en condición de subordinación o subalternidad y, por lo tanto, bajo un "cuidado viril".

Carne en tránsito

Mientras Humberto fuerza a Delicia para llevarla al camión, uno de los amigos (hermanos) varones expresa: "Le tengo un hambre". Finalmente, uno de sus compañeros del asado rapta a la mujer, la acomoda a lo largo entre sus hombros y la transporta del mismo modo en que se bajan y suben las reses de los camiones. La colocan en el camión, que está vacío, solo con un camastro en el fondo, y la cámara se desplaza hacia la leyenda "Carne en tránsito".

"Carne en tránsito": ¿no sería éste, acaso, un sintagma adecuado para caracterizar la situación de la mujer en la sociedad patriarcal? Disponible en tanto niña para realizar diversas tareas que satisfacen los deseos de sus padres, disponible en tanto mujer y es-posa, carne dispuesta para las tareas del hogar y para el sexo, disponible en tanto madre para satisfacer los deseos de la sociedad. Esa carne en tránsito, apetecible mientras es jugosa y tierna, como dice Humberto, poco respetable en tanto "utilizada" (es en parte lo que se planteará al final del film), desechable cuando añosa, es la mujer misma en la sociedad ordenada y jerarquizada en torno a la figura masculina.

Como señalé anteriormente, "carne sobre carne" se ha transformado en una expresión paradigmática de la cultura argentina, pero también debería serlo "carne en tránsito". Vemos esta carne en las rutas, en los camiones que transportan la "carne en pie" de los animales que inician el viaje final, rumbo al mercado de hacienda o rumbo al matadero. La carne en tránsito es carne sufriente, de animales que han vivido vidas determinadas en tiempo y espacio por otros, que han sido maltratados en los *feed-lots*, o si han tenido la suerte de poder pastar libremente en un campo, han estado muchas veces sometidos a condiciones climáticas adversas, o al hambre. La carne en tránsito es también la de los pollos que son transportados para su faenamiento, animales que han transcurrido su vida en un espacio ínfimo, sin poder moverse, engordando para satisfacer el paladar de los humanos, y la de los cerdos, y la de tantos otros. Pero también es la carne de las mujeres secuestradas o engañadas con supuestos trabajos, atravesando las fronteras de sus países o sus provincias, y obligadas a trabajar en talleres clandestinos o en lugares de comercio sexual. La carne en tránsito implica que hay un soberano que determina el destino de otro u otra al que convierte en carne disponible, y usa esa prerrogativa para usufructuar a su antojo esa carne. La carne circula como mercancía en el mundo del biocapitalismo,[84] como circula también la carne femenina por las calles para ser aquilatada y valorada por el varón que cree que esa "carne en tránsito" está allí, al alcance su mano, para hacer libre uso de ella.

Déjenla adentro hasta que se amanse

Los amigos varones brindan antes de ejercer su violencia sexual, y Humberto señala: "déjenla adentro hasta que se amanse", evidenciando nuevamente el paralelismo indicado entre el lugar del animal y el lugar de la mujer para los "señores varones" que van a proceder a la devoración. El ejercicio de la virilidad carnívora se expresa también en el "amansamiento": en nuestro país, la "doma" constituye, junto con la "jineteada", uno de los íconos de la argentinidad. Si bien se suele señalar que la doma es un proceso educativo y la jineteada una muestra de virilidad por parte del jinete, en ambos casos se trata de intentos de "amansar" al animal, ya sea para utilizarlo luego como animal de transporte, ya sea para mostrar la supuesta valentía

---

[84] Sobre este tema véase Shukin.

del jinete. Que ambos modos sean considerados íconos de argentinidad está indicando el modo en que lo cultural se funda en el dominio de las otras formas de vida. A la mujer, entonces, también hay que domarla para jinetearla, como señalan los amigos varones.

"Que fiesta bárbara vamos a hacer", "yo la destrozo, ésta si va a saber lo que es un macho de verdad", "deja para nosotros, no te la comas toda". Ingerir al animal, ingerir a la mujer: la sexualidad masculina es vista como un acto de devoración de la mujer o de aniquilamiento de su persona ("la destrozo, la parto"). El acto en el que se verifica la virilidad masculina debe anular al otro (la otra) porque ese otro-otra no importa en tanto alteridad, sino solo en tanto elemento disponible para el ejercicio del poder, y de asimilación-homologación a lo propio. Que el poder masculino se quiera ejercitar sobre la carne, sobre lo viviente, supone la idea de total derecho del existente masculino a todo lo que es: ese derecho se ejerce por humi-llación de lo viviente (encerrar a la vida hasta que se amanse) y tortura. Quitarle al otro la libertad de movimientos (encerrarlo en un espacio limitado), disponer de su tiempo para las propias necesidades, humillarlo: ¿qué otra cosa ha hecho el existente humano con los animales? ¿Qué otra cosa ha hecho el existente humano masculino con las mujeres a lo largo de la historia?

En las expresiones utilizadas habitualmente para el acto sexual se hace evidente ese tránsito que señala Derrida que pasa por la voz (la voz vociferante del soberano que dicta la ley), los labios, la boca desde la que se habla y se ingiere (1989 109). En el film, se trata de una violación, pero a veces no difieren demasiado las expresiones que se utilizan en el acto sexual "amoroso": tal vez sea un lugar éste para analizar de qué manera aún en las "buenas costumbres" el paradigma de la violencia y apropiación del otro (mediante ingesta real o simbólica) determina nuestras conductas "naturalizadas".

Buenos muchachos

"Tengo unos amigos ahí afuera a los que tenés que atender, buenos muchachos", le dice Humberto a Delicia al subir al camión, luego la amenaza con matarla y la obliga a desnudarse "Yo también soy pintor y mejor que él, yo también te voy a pintar", "esto soñé siempre", indica mientras ríe y la observa desnuda: "mía, solo para mí". Con los "buenos muchachos" que son como él, Humberto va a compartir la carne de la mujer, pero para ello debe competir además con el otro varón, que la "posee" de un modo en que él no puede, mediante la captura de su imagen en la pintura. Se trata de poseer: los hermanos varones se disputan las posesiones, pero las comparten también con los que consideran sus similares.

"De tanta carne que se ve en mi camión sos la ternera más linda y más jugosa", señala Humberto, haciendo evidente de nuevo el lugar de la mujer como animal disponible (y devorable) para el hombre. Y esta violación iterada se realiza ahora bajo la consigna "mía, mía", que "el macho" repite mientras ella grita, intentando impedir el acto violento.

Cuando le toca su turno al segundo violador, Delicia le espeta "Es inconcebible lo que están haciendo" y él se justifica indicando que "están todos locos, antes había casas públicas", como si la necesidad de sexo del masculino, no pudiéndose ejercer mediante la paga, adquiriera el derecho de la posesión violenta.

El tercer violador es García, el hijo del verdulero: cuando ella lo reconoce él le señala "si, sabes la lástima que me da, te veo allí y te pareces a mi hermana. Yo soy un reo, pero tengo un corazón así de grande aquí adentro". Y cuando Delicia inquiere por la actitud de los amigos, indicando "yo nunca los provoqué", afirmando con este comentario el derecho de ejercicio de la violencia masculina si existe un presunto motivo de "provocación", García contesta "Eso es lo que vos te crees, se ve que nunca te miraste al espejo". La belleza de Delicia se convierte entonces en el motivo de justificación de la violencia, y ella señala "me confundieron con un pedazo de carne, que se come o se tira a los perros". García indica entonces que tiene deseos de "comerla", aunque se niega a hacerlo de esa manera. Pero si bien el tercero de los posibles violadores desiste de su acto, sin embargo, se muestra incapaz de rebelarse contra sus amigos varones. Entiende la violencia de lo que está aconteciendo, pero no quiere enfrentarse a la ley de la fraternidad de los hermanos varones.[85] No viola a Delicia, pero tampoco hace nada para impedir que la sigan violando sus amigos. "Chau piba, sos más buena que el pan", le dice al despedirla. Cuando sale del camión, alardea de su supuesta violación: "La maté, es una hembra increíble".

El cuarto, el extranjero, la viola como los dos primeros. Llega el turno del quinto, que alardea como los demás, "le toca un macho ahora, yo, dos". Pero ya en el camión, se revela como homosexual, y le dice a Delicia que quien le agrada no es ella, sino su novio Antonio. Alaba sus pechos y su corpiño bordado: "Tengo que fingir lo que no soy", responde cuando Delicia le señala que "no es hombre" y ante la descripción que ella hace de los abusos sufridos, él comenta: "¿La verdad? Que suerte…"

Entra el sexto al camión, diciendo "¡Por fin, vas a ser mía!", y se repite la lucha para no ser abusada. Mientras tanto, llega el novio al lugar, se genera una pelea, y Delicia logra huir de su encierro.

Todas las escenas en el camión muestran un doble aspecto de la violencia: por un lado, el supuesto derecho de los varones a disponer de la "carne" de la mujer, por otro lado, la ambigüedad de los gestos de Delicia cuando es violada, ya que, amenazada con un cuchillo por Humberto, debe mostrar y ofrecer ella misma la carne disponible. Humberto señala que ella es "la ternera más jugosa" de su camión, y ante el cuchillo que quiere cortar la vida, en la violación de la mujer se repite la escena de los animales que entran al matadero. En esa primera violación dentro del camión, luego de las negativas y los intentos de Delicia de rechazar el acto, la cámara sale del camastro y realiza un paneo circular, mostrando el lugar de encierro. Ese

---

[85] Kosofsky Sedgwick ha analizado el deseo homosocial masculino como ese vínculo entre los varones que implica, al mismo tiempo, miedo y fobia a la homosexualidad. Retomando la idea de Gayle Rubin del "tráfico de mujeres" entre hombres (16) (tráfico que en el film se evidencia en estas escenas de la violación en el camión), muestra en diversos aspectos de la literatura inglesa, entre otras cuestiones, cómo las "mujeres compartidas" (por ejemplo, en los triángulos amorosos) representan un modo de canalizar ese deseo homosocial que esconde el miedo a la homosexualidad.

círculo infernal en el que se encuentra la carne violentada de la mujer es también el círculo infernal de la vida de los animales: encerrados, alimentados para ser consumidos, convirtiéndose en carne (y ya no vida existente) para el humano. La carne del animal es materia inerte para quien la piensa en términos de consumo y la carne de Delicia también está en esa posición en el camión, ya que luego de sus intentos de defensa ante cada violador queda sin fuerzas, y su carne expuesta y disponible para la violencia machista. En las primeras escenas del film, cuando los novios tienen sexo, las imágenes son de cuerpos casi puros en su desnudez, los gestos suaves, y Antonio sólo pronuncia continuamente "amor mío", mientras Delicia gime. Por la leyenda final del film, este sería el "buen uso" de la carne: los cuerpos que se comparten y se tocan libremente, habilitados por el amor. En el camión, las amenazas con el cuchillo (el corte también degüella y desangra a los animales) y los gestos violentos de los violadores dejan la carne de Delicia en estado inerte, resignada frente a los violentos, pero, como dirá hacia el final a su novio, sin sentir nada.

Nadie quiere consolarme en mi aflicción

Al huir del camión, Delicia entra al bar donde canta su compañera del frigorífico, quien le había revelado que era cantante de tangos. Está cantando "La cumparsita"[86], luego le cuenta que tenía una ilusión (cantar en *El gato negro*) y "ahora tengo un tipo que me mata a palos" y ella a su vez le relata "me encerraron en un camión, y pasaron sobre mí, como si fuera una bestia". Las mujeres confiesan sus vínculos humillantes con los varones que las han abusado y las abusan, por eso la cantante de tangos le recomienda volver, como curación, al amor verdadero, el de Antonio. La "sororidad" en esos años (el film es de 1968) se expresa en términos de acompañar con la

---

[86] El tango, con letra de P. Contursi y E. P. Maroni y música de G. Matos Rodríguez, es de 1924, y señala la soledad del que pierde el amor: "Y aquel perrito compañero/que por tu ausencia no comía/al verme solo, el otro día/ también me dejó."

propia experiencia el relato de la amiga, y recomendar el olvido, olvido posible desde el verdadero amor.

Instinto animal

Al final del film, Antonio espera a Humberto, y le indica que no vuelva a ir al frigorífico. Antonio le clava un puñal, aduce que no lo mata para no ir a la cárcel, y le espeta "Anda, contáselo a tu hembra". Se entrelazan en una lucha con un cuchillo, lucha en la que sí se observa (a diferencia de otras escenas del film) derramamiento de sangre. Cuando aparece Delicia, Antonio le exige a Humberto que le pida perdón, y si bien el transportista señala que a ella le gustaba lo que le hicieron, finalmente es obligado a pedir perdón.

Humberto y Delicia deciden guardar silencio acerca de lo acontecido, pero ella pregunta qué ganaron esos hombres con la situación, y Antonio responde: "satisfacer el instinto animal, que todos llevamos adentro". Y ella acota: "Es la desesperación de la carne, el deseo brutal. Sanguinario".

Y como reconoce el tema del instinto, Delicia se siente obligada a señalar que no tuvo placer alguno en la situación: "Yo fui una cosa muerta que nada sintió". Sin embargo, a pesar de ser abusada, a pesar de que cree necesario justificar su falta de compromiso erótico en la escena de abuso, siente que ella es la que debe pedir perdón: "¿Me perdonas Antonio?". ¿Por qué considera que siendo la víctima debe pedir perdón? Porque ahora su carne, antes disponible solo para su amado, ha sido vejada y "usada" (como le señala en el camión García) por otros hombres.

En ningún momento se plantea siquiera la posibilidad de denunciar a los "buenos muchachos" abusadores, los novios deciden seguir su vida cubriendo el hecho con un silencio cómplice y, además, Antonio "perdona" a su pareja por haber sido abusada ("Como no he de perdonarte, querida"). Al separar la acción de sus verdaderos agentes, los abusadores varones, se vuelve a colocar la cuestión en la carne "jugosa y tierna" de esa "ternera" que es Delicia. Como le señala uno de los hombres en el camión, en parte la culpa es de ella, por su belleza.

Este mecanismo de separación de la acción de su agente se produce tanto en relación a las mujeres que son consideradas "culpables" de su violación por ser bellas, por utilizar ciertas vestimentas, por caminar solas por determinados lugares, como en el caso de los animales que son consumidos en la ingesta cárnica. Los animales, se suele decir, "nos dan" su carne, su leche, se "ofrecen" a nuestro consumo. Por ello, muchas veces los violadores que consuman realmente el acto, y los que lo hacen imaginariamente, suelen decir de una mujer: "está regalada". Esto implica no sólo colocar las consecuencias de la propia acción en el otro (la otra en este caso) sino también un ejercicio de un narcisismo exacerbado, que cree que todo lo que es está a su disposición, con mayor o menor grado de resistencia. Esa es la actitud con la que el sujeto masculino se coloca en el centro de la realidad, como dueño y señor. El film, ubicando el lugar de la mujer como disponible dentro del frigorífico, visibiliza la violencia estructural en el tratamiento de humanos y de animales, ya que muestra que a las mujeres se las trata (con el escenario de fondo del lugar de tratamiento de los animales) como a animales, es decir, como "carne" o producto.

La leyenda final del film anuncia que el verdadero amor puro triunfará sobre la violencia y la ola de terror que invade el mundo. Verdadero amor que aquí aparece como el del matrimonio, como si el matrimonio no supusiera también (y sobre todo en la época del film) la idea de "propiedad" en el sintagma "la señora de", y como si el amado de Delicia no fuera cómplice de los varones abusadores (a pesar de que va a enfrentarlos) al no considerar necesario hacer una denuncia de la situación de abuso. O tal vez, por dar por sentado que el estado no podrá hacerse cargo de ese delito, porque, podríamos decir, el estado en esto, también es varón, por su falta de cuidado, su negligencia, su inoperancia en muchos casos de abuso infantil o femenino.

Antonio, entonces, el "amor verdadero" no escapa de la cofradía de los varones hermanos, sino que refuerza, con sus acciones y omisiones, los pactos de dicha hermandad. Como señala Benveniste, "*frater*", hermano, no designa necesariamente a los consanguíneos, sino a los que consideran que descienden del mismo padre, que no es siempre el genitor. El "padre" no siempre es el biológico, sino que remite al orden de lo místico, señala lo "común" que se comparte (Benveniste 209), y en este film se evidencia que lo que comparten los hermanos varones es la disponibilidad de la carne femenina y de la carne animal. Y para reforzar la idea, disponen de la carne femenina en los lugares de faenamiento de los animales, en los que el sufrimiento animal es constante, habitual, pero invisibilizado. Y lugares también de "orgullo nacional" en un país que pone la fuerza de su producción en el dominio de los animales.

Las jerarquías de la carne

El film de Bo no sólo alude de manera redundante a la carne, en escenarios cárnicos, sino que también permite pensar diversos sentidos y niveles de jerarquización de dicha carne. En primer lugar, la carne de la mujer, ya que las primeras escenas muestran el cuerpo desnudo de Delicia posando para la pintura que realiza Antonio. La carne de Delicia se muestra desnuda, pero justificando ese desnudo en las escenas de amor.[87] A lo largo del film, su carne será abusada, maltratada, "usada", pero al final, esa carne podrá, por obra del amor, purificarse y redimirse, olvidando lo acontecido. Algo similar acontece con la carne en el cristianismo, que no negó la carne (tampoco la sexualidad), como a veces se afirma, sino que la transformó a partir de su jerarquización en dirección a un nivel superior. También la carne es imagen de Dios (Dios se hizo carne), por lo tanto, puede ser instrumento de salvación (Pelaja 4). En el film, también hay carne que puede salvarse, desde el amor verdadero y el matrimonio, es decir,

---

[87] Para una referencia a la aparición de los desnudos en el cine en esa época, y las formas de tratamiento de la temática, véase Ramírez Llorens 32.

hay carne redimida, que dejará de estar "en tránsito" (en el cual puede ser apropiada por cualquiera) y pasará a ser propiedad de un solo hombre, en este caso, Antonio. Pero la redención de la carne de la mujer es del orden de lo individual, familiar, cercano, no se inscribe en el circuito de la institución del estado, que debería preservar y cuidar a las mujeres de los abusos. Por eso, es mejor "olvidar", como le indica a Delicia la amiga cantante de tangos. Amiga que parece justificar el lugar de la mujer en la sociedad de la época: también ella fue abusada, también ella sigue siéndolo, trabajando para un hombre que la maltrata. Delicia "salvará" su carne de ese maltrato masculino, pero colocando ahora a disposición de otro hombre, que en este caso "la amará", su carne. Esta nueva disponibilidad de su carne se evidencia en el pedido de perdón por el abuso que otros cometieron sobre su cuerpo.

Lo magnífico del film es que los avatares de la carne femenina están siempre en paralelo con los avatares de la carne animal. Ubicando lo acontecido en un frigorífico, generando como escenario para la violación reiterada de una mujer un camión de transporte, el film evidencia la violencia estructural que permite, en el ámbito de la cultura, el falocarnocentrismo[88] que convierte al sujeto masculino en soberano de la vida de los otros, sobre todo, de la vida de mujeres, niños y animales. El film logra retratar los caracteres de la virilidad carnívora: los que pueden violar (y demostrar su virilidad) son los que pueden devorar carne, los que arman su alianza con el que consideran igual a partir de la "fraternidad" que genera la ingesta cárnica. Y la mujer queda en el film "pequeña y casi en el límite profundo de la pantalla, casi en el límite de la película" (Fernández-Nagy 221)[89], disponible para el abuso masculino.

---

[88] "Falocarnocentrismo" es un término derridiano para caracterizar de qué manera el pensamiento occidental se erige en torno al lugar de lo masculino (en el significante del falo) y la carne, y su lugar como carne ingerida (sarcofagia), ingesta que suele ser prerrogativa del varón. Para este tema, véase Cragnolini 2015.

[89] Fernández y Nagy se refieren con esta expresión a la escena que muestra a Delicia en el fondo del camión, a punto de ser abusada.

La carne ofrecida al espectador

Queda por analizar otro nivel de la carne, que es la ofrecida al espectador, desde el título del film y desde la carne siempre expuesta de Isabel Sarli.[90] Existe mucha literatura en torno al lugar con respecto a la sexualidad que tuvieron en su época los films de Bo, en relación a la continua censura, los cortes realizados, las dobles escenas por considerarlas "pornográficas", la denominación de Sarli como "la higiénica" por la cantidad de veces que aparecía bañándose en las distintas películas, etc.[91] Están quienes ven en la obra de a dupla Bo-Sarli un lugar de degradación de la mujer, ofrecida al espectador en su desnudez y sus grandes senos.[92] Pero, como señala Castagna, Bo, con su cine, "profundiza su crítica a un mundo retrógrado y prejuicioso con respecto al papel de la mujer".[93] Como han remarcado algunos intérpretes del cine de Bo (Drajner Barredo) el director expresaba continuamente su molestia ante la censura, que permitía la visión de cuerpos masculinos desnudos, pero se horrorizaba ante los femeninos, y ejercía de ese modo control político sobre el cuerpo femenino.

Las escenas del cuerpo desnudo de la mujer de este film (como también de otros de la dupla Sarli-Bo) pueden resultar desconcertantes, en la medida en que la cámara pareciera exigirle a Sarli mostrarse erótica y sensual aún en las situaciones de maltrato y violación.

---

[90] "Cuando todos me miran me siento una mona en una jaula" dice Isabel Sarli en una entrevista que le realiza Galloti (30).

[91] Los censores de la época de la dictadura militar que se encargaron en Argentina de censurar las películas de Sarli-Bo fueron Alfonso Ridruejo, Ramiro de la Fuente y Miguel Paulino Tato, quienes no sólo se encargaban de los "cortes" sino también, muchas veces, de prohibir directamente las películas por "pornográficas" o atentar "contra la identidad nacional". La denominación de "higiénica" la indica la misma Sarli en muchas entrevistas.

[92] Foster (2) señala el lugar icónico de los senos de Sarli, y las distintas perspectivas desde las que puede ser abordada la cuestión (de la "explotación machista" a lo artístico).

[93] Castagna sostiene que el contenido de este discurso crítico con respecto al lugar de la mujer se verifica en los tres personajes principales de Carne: Delicia, "el macho" y el pintor ingenuo (22).

El cuerpo de Delicia, en *Carne,* es un cuerpo escenificando para la cámara una sensualidad constante, por la cual, al mismo tiempo, es "castigada", ya que los "machos" que la violan colocan la carga de la acción en ese mismo cuerpo. Es su belleza y exuberancia la culpable de lo que le acontece, con lo cual nunca es "víctima" en sentido pleno. En este sentido, Delicia siempre es "carne disponible". Este desplazamiento de la responsabilidad del agente sobre lo que acontece también se produce con respecto a la otra carne, la carne de los animales.[94] El mismo director señala que intentó hacer un paralelismo entre la carne como objeto sexual y la carne que se consume cada día, ya que los hombres que van a violar a Delicia al camión no la ven como una persona, sino como "solo carne" (Martin 58). En ambos casos, ni la mujer ni el animal son considerados en términos de una alteridad, sino que logran eximir de parte de la culpa a los agentes de su consumición: quienes comen carne lo hacen porque ésta es de buen sabor ("carne de la buena"), y quienes "se comen" a la mujer en las escenas de abuso también lo hacen por la belleza de su carne. El macho carnívoro queda exento de culpa en ambos casos, como también lo quedará el espectador que no se avergüenza por observar el cuerpo de una mujer bella (después de todo, las imágenes de cuerpos desnudos de estatuas al inicio del film indican que el cuerpo puede convertirse en objeto de observación sin censura), cuando ésta es sometida a abuso.

De este modo el film logra mostrar ciertas naturalizaciones en el tratamiento dado a las mujeres, que deben "pagar la culpa" de su belleza siendo abusadas, y a los animales, cuya "carne sabrosa" es la responsable del maltrato al que son sometidos en la industria cárnica. Que el film haya colocado en paralelo estas situaciones ubicando las escenas de violación en lugares en los que se concentra de manera invisibilizada el maltrato de los animales, que ya no son animales sino simplemente "carne" (lo que hay en el frigorífico y en el camión de

---

[94] Como muy bien señala Adams (72) el desplazamiento de la acción del agente sobre los caracteres de aquel o aquella sobre quien se ejerce la violencia, permite que se hable de "mujeres violadas" más que de varones violadores.

transporte) permite evidenciar ciertas prerrogativas del "macho argentino" que también están naturalizadas. La "argentinidad" también se desnuda en este film, y deja al descubierto su raíz patriarcal y devoradora.

Obras citadas

Adams, Carol. *The Sexual Politics of Meat: A Feminist-Vegetarian Critical Theory. (20ᵗʰ Anniversary Edition)*. The Continuum International Publishing Group Ltd, 2010. Impreso.

Benveniste, Emile. *Le vocabulaire des institutions indo-européennes. I. économie, parenté, société*. Minuit.1969. Impreso.

Castagna, Gustavo. "El buen salvaje y la mujer codiciada". *El Amante Cine* 5.52 (1996): 21-23. Impreso.

Cragnolini, Mónica B. "La comunidad de lo viviente en el trayecto de la soberanía incondicional a la incondicionalidad sin soberanía". En Cragnolini, Mónica B. (comp.) *Comunidades (de los) vivientes*. La Cebra, 2018: 57-77. Impreso.

---. *Extraños animales. Filosofía y animalidad en el pensar contemporáneo*. Prometeo, 2016. Impreso.

---. *"La mujer, el animal y la carne. Escenas cotidianas del carnofalologocentrismo"*. *Cuadernos de Trabajo del Centro de Investi-gaciones Eticas* 4 (2015): 17-28. Impreso.

---. "Virilidad carnívora: el ejercicio de la autoridad sojuzgante frente a lo viviente". *Revista Científica de UCES, Universidad de Ciencias empresariales y sociales*. 16.1 (2012): 45-51. Impreso (también en URL: http://dspace.uces.edu.ar:8180/dspace/handle/123456789/1460)

Derrida, Jacques. *Séminaire La peine de mort II (2000-2001)*. Ed. G. Bennington- M. Crépon. Galilée, 2015. Impreso.

---. *La verdad en pintura*. Trad. M.C. González y D. Scavino. Paidós, 2001. Impreso

---. "Il faut bien manger ou le calcul du sujet". Entretien (avec J.-L Nancy)". *Cahiers Confrontation* 20 (1989): 91-114. Impreso.

Drajner Barredo, Tamara. "¿Cosificación o uso político? *Carne* de Armando Bo-Isabel Sarli". *Imagofagia, Revista de la Asociación Argentina de Estudios de Cine y audiovisual*. 14 (2016)

http://www.asaeca.org/imagofagia/index.php/imagofagia/article/view/1105/977. Digital.

Fernández, Rodrigo, y Denise Nagy. *La gran aventura de Armando Bo: biografía total.* Perfil Libros, 1999. Impreso.

Foster, David William. "Las lolas de la Coca: el cuerpo femenino en el cine de Isabel Sarli" *Karpa* 1.2 (2008) http://www.calstatela.edu/misc/karpa/Karpa-B/Site%20Folder/foster.html. Digital.

Galloti, Alicia. "Isabel Sarli, las dos grandes razones de su carrera". *Satiricón* 4 (1973): 27-30. Impreso.

Kosofsky Sedgwick, Eve. *Between men. English Literature and Male Homosocial Desire.* Columbia University Press. 1992. Impreso.

Martin, Jorge Abel. *Los films de Armando Bo con Isabel Sarli.* Ediciones Corregidor, 1981. Impreso.

Mizuta Lippit, Akira. "La muerte de un animal", trad. de G. Di Iorio y A. Sorin. *Instantes y azares. Escrituras nietzscheanas* 13 (2014): 111-143. Impreso.

Ramírez Llorens, Fernando. "Industria, arte y política. La modernidad cinematográfica en Argentina (1955-1976). Primera parte: estado, industria y vanguardia". *Herramientas de la red de historia de los medios* 2.7 (2012): 1-35. Digital.http://www.rehime.com.ar/escritos/herramientas/herramienta_07.php

Shukin, Nicole. *Animal Capital. Rendering Life in Biopolitical Times.*University of Minnesota Press, 2012. Impreso.

Carne sobre carne

Miguel Ángel Gavilán

El matadero sale en 1871 a instancias de Juan María Gutiérrez que lo publica en la Revista del Río de la Plata. Echeverría lo había escrito entre 1838 y 1840. Si tomamos las fechas de producción y las de publicación, se puede apreciar esta obra como el primer relato moderno cuya acción, personajes y vocabulario es estrictamente na-cional. Asimismo, se puede afirmar que la muerte del unitario constituye la irrupción de la violencia sexual en una ficción local, cuya pertenencia a lo argentino queda ratificada además por la realidad política que describe. Con "El matadero" se instaura la idea de que toda violencia sexual es decididamente una violencia política. Si entendemos la "política" como lo relativo a la vida en sociedad, donde impera un orden acorde al bienestar de todos los integrantes de la "polis", el accionar violento institucionalizado, ejercido en forma directa contra otro que también es parte de esa polis, metafóricamente croquizada por Echeverría en los límites del matadero, avienta un uso propedéutico del castigo sexual. Podemos trazar un punto de toque y de evolución de un concepto entre aquello que tan polémicamente expresara Viñas al decir que la literatura argentina comienza con una violación, frase que aúna la intencionalidad política del texto de Echeverría con la exposición violenta de un régimen a través de lo que sufre el personaje de la ficción, con lo que, años después, Rita Segato enuncia cuando dice que el crimen sexual es moralizador, castigador.

Dice Segato:

> Debe entenderse que es un error hablar de crímenes sexuales: son crímenes del poder, de la dominación, de la punición. El violador es el sujeto más moral de todos. En el acto de la violación él está moralizando a la

víctima. (Entrevista de Reynaldo Sietecase a
Segato para el Diario "La vanguardia)

Casi un siglo después, en 1968, Armando Bo estrena *Carne*, uno
de sus films más polémicos y el que más reconocemos al momento
de citar la obra de este director. La década del '60 en nuestro país
estuvo signada por fuertes vaivenes políticos con breves períodos de-
mocráticos que culminaban en golpe militar. A la vez la cultura expe-
rimentaba una renovación notable. Una nueva generación de cineas-
tas, traductores de las formas que estaban en boga en Europa, em-
piezan a desplazar las antiguas concepciones de cine que habían iluminado la primera mitad del siglo XX. Por su parte, la literatura re-
novaba las formas. Una narrativa de más riesgo (Puig, el influjo del
boom latinoamericano, Castillo y Conti en el cuento) vulneraba el
relato tradicional y lentamente operaba como fusible de una libertad
en crisis. Hablar de sexo sin medias tintas, descaradamente y abofe-
teando la censura existente, implicaba violencia. A la par que, con
Echeverría, desnudar el cuerpo, vejarlo sobre una mesa, ponerlo al
aire, exponerlo a las luces de la cámara y, sobre todo, volver a él para
entregarlo a los otros, para seguir usándolo y agredirlo hasta el ago-
tamiento, significaba un acto ejemplificador: me enfrento al régimen
profundizando lo que la censura de ese régimen me cesura. Así Echeverría muestra el rosismo desde la performatividad de su abuso; asimismo Bo enfrenta la dictadura de Onganía replicando en imágenes
todo lo que ella prohíbe.

Me centro en la película ya que el argumento de *El matadero* es
harto conocido. La historia está protagonizada por Delicia (Isabel
Sarli), una muchacha cuya humildad no va en correlato con su físico.
La exuberancia de su cuerpo vuelve increíble la bondad infantil que
despliega hacia su abuelo o hacia Antonio (Victor Bo), compañero de
trabajo del frigorífico y novio. Chico de barrio con aspiraciones artísticas, en él se combina honradez, sensibilidad y valentía en parejo y
pudoroso porcentual del que resulta una masculinidad etérea, ilu-so-

ria y hasta desubicada para el contexto donde transcurren las acciones. Delicia es una delicia. Plato tentador para cuanto matarife quiera calmar las pulsiones que dicta la verga. Es tal la tentación provocada por la muchacha que resulta imposible "tomarla por las buenas", conquistarla, enamorarla, pintarla desnuda, seducirla. Hay que violarla, porque al principio se niega, pero después le gusta. "Macho" (Romualdo Quiroga), antagonista directo de Antonio reúne en sí mismo las figuras de chongo, violador y proxeneta que varias veces devorarán las delicias de Delicia desde el abuso.

Un problema que destroza

Si bien se trata de textos cuya producción acuñó objetivos distintos, tanto en la película de Bo como en el relato de Echeverría se dan paralelismos válidos de resaltar. La recreación de una masculinidad esperpéntica acentúa lo incongruente de la víctima donde ésta aparece sin medias tintas ni matices, pasando de una fogosidad brutal a una convicción sentimental e ideológica casi equiparada con el chiste.

La pregunta del millón: ¿qué hace el unitario paseando por el matadero? Sobre todo, ¿qué hace tan acicalado y prototípicamente unitario en ese sitio de rosismo absoluto? ¿Por qué, a pesar de su destino de muerte permanece anclando en un lenguaje lleno de términos como "sayones", "infames", o en gestos de temblores de rabia y resistencia de junco sobre la mesa donde lo van a violar? Lo mismo pasa con Delicia: ¿qué mecanismos que superan el estereotipo de la heroína romántica, la llevan a exponerse, carnalmente, insi-nuando, gestando el deseo de los otros, al medio que después abusará de ella? La bondad de Delicia es tan extrema que llena el relato de interrogantes: ¿Qué hace tramando proyectos de institucionalizar por el matrimonio su relación con Antonio, cuando un rato antes había sido violada, sin manifestar ni dolor, ni tristeza, ni miedo? ¿Por qué en el camión, cuando es vendida por "Macho" a sus amigos, se da ese diálogo impecable con Vicente Rubino, el gay que se admira del corpiño bordado que lleva Delicia? "Usted no es hombre" afirma la heroína, en tono de burla y hasta de defraudación. Finalmente ¿por qué asumir la violencia sexual como un momento "que se olvida" ante el amor de Antonio y sí cargar con el peso del cuerpo como responsable de esa violencia?

Cristina Iglesia analiza la imagen del unitario en *El matadero* como uno de los tantos carteles útiles que construyen el contrapunto civilización-barbarie, unitario-federal, tirano-liberto.

> El letrero es la indicación más clara del temor a la indiferenciación, el temor a la imposibilidad de nombrar, es decir, separar. La cosa tiene un nombre pero el letrero la escribe, la subraya, la sobrenombra. Produce con la palabra una distancia que permite su reconocimiento. Permite también que una palabra se escriba sobre otra. (Iglesia 25).

La sola presencia del unitario en el fangal del matadero impone la desconfianza y gesta el ataque. Un impecable hombre de mundo, en el que la "cultura" se manifiesta primero en el vestir, luego en el habla y finalmente en la muerte, impone un orden distinto entre los matarifes. El unitario es el país que no está, el que habla a escondidas o escapando, el que se mete en lugares aberrantes para denunciar: "puede verse que el foco de la federación estaba en el matadero".

En la pareja central del film, Antonio y Delicia, se concentran todas las pautas del cliché romántico.

> Michael Riffaterre es el primero en interesarse en el cliché como objeto de estudio, independientemente de los juicios de valor. Muy por el contrario son los juicios de valor y las reacciones del lector lo que privilegia como síntomas de un efecto estético:

'Se considera como cliché a un grupo de palabras que suscitan juicios como trillado, de
falsa elegancia, gastado, fosilizado. (Amossy,
   Ruth y otro 59)

Son jóvenes, lindos, con ambiciones de escape a una realidad
que les es hostil y que impone un momento (lugar o tiempo vaga-
mente posible) donde su amor pueda prosperar sin tapujos. El matrimonio es salvoconducto para salir del entorno, pero también es una
institución que garantiza probanzas. Para Antonio el demostrar su
hombría. El muchacho suave, que mira y no toca, que pinta y no
mancha el cuerpo de Delicia, necesita el matrimonio para tomar lo
que desea, para no ser violento con la carne. Delicia necesita casarse
para dejar de estar a merced de los deseos de matarifes ordinarios que
la presumen. El matrimonio para ella es tener un marido, hijos y hogar, tres institutos ahora perimidos pero que en los '60 constituían el
sustento de la honestidad femenina. Primero se era niña, luego seño-
rita y finalmente esposa, madre y "doña" o "dueña" de un "ho-gar"
donde seguir el ciclo. Así se funda una patria personal . Vuelvo a las
etimologías, "patria" viene de "Padre", país del padre, después tierra
natal. Lo modélico de un ciclo replica en las intenciones de la muchacha que copia lo socialmente aceptado para hacerse de un padre,
arraigar en el país del padre que hasta el momento la ha abusado. La
muchacha insiste.

Sin embargo, Delicia proyecta este periplo vital del matrimonio
sin haberlo conocido. Ella es huérfana, aparentemente la ha criado
un hombre solo, un "abuelo" que no sabemos si es pariente de sangre
o alguien que la recogió y le dio asilo, pero que ella le "da todo" en
un agradecimiento incondicional. Delicia copia lo que está bien en la
sociedad ideal a la que ella pretende arribar mediante el casamiento.
La historia de Bo traza dos destinos abiertos para chicas como Delicia: el "matrimonio" o el "tango", este último en real alusión a la
pros-titución. El personaje de Alba Solís acepta el destino marginal
incluso resignándose a una violencia que irremediablemente la mujer

debe sufrir para salvarse cuando "el problema" que "destroza el alma" termina derrotando las ilusiones de la juventud ("Qué buena sos y qué otaria")

En una escena de la película Carne, Delicia y una de las achureras (Alba Solís) tienen el siguiente diálogo:

> Alba Solís -Yo hace rato que ando detrás de algo.
>
> Isabel Sarli -¿Qué? ¿Un amor?
>
> (…)
>
> Alba Solís.-A mí me gusta el tango. Lo llevo aquí, ¿me comprendés? Si te hago falta para algo… si me precisás, me vas a encontrar con toda seguridad…
>
> Isabel Sarli.-No. Yo no podría ir. Yo tengo otra idea. Sólo quiero salir de este problema que me destroza el alma y que tú conoces". (Bo, Armando; 1968)

Casi concluyendo la película, vuelven a encontrarse estas dos mujeres. Delicia busca a la achurera en un cabaret donde esta última canta tangos. Delicia, que viene derrotada por reiterados abusos, escucha el tango de su compañera y llora. Al terminar las mujeres se abrazan y la achurera confiesa por qué terminó ahí. Tienen este otro diálogo:

> Alba Solís -Es muy triste todo lo que pasó. Fui tras una ilusión y aquí me tenés. Ahora tengo un tipo que me mata a palos y encima canto para mantenerlo.
>
> Isabel Sarli -Yo pasé de lo peor. Me encerraron en un camión y pasaron sobre mí como si fuera una bestia.

Alba Solís. -Eso me pasó a mí. Pero ya
lo olvidé. Por eso linda, volvé a tu amor. Ese
es el único remedio. Que te quieran de verdad. Y volvé a la fábrica, al laburo. Al trabajo
honrado". (Bo, Armando; 1968)

Vale preguntarse: ¿cuál es el problema que destroza el alma de
Delicia? ¿Haber sido abusada?, ¿su pobreza?, ¿su imposibilidad de
contarle a Antonio lo que ha sufrido, por vergüenza, por temor a una
venganza peor, por pudor? El conflicto otra vez es la carne. Dejar
que el cuerpo diga más que el parlamento, exhibir las glorias pecuarias
argentinas por encima de la explicación verbal. Delicia es mucha
carne para el asador tan pequeño del guion cinematográfico. En el
afiche original de la película se ve, en primer plano, inexcusable, por
cierto, arriba del nombre del film, la figura de una mujer desnuda, de
espaldas, que en una mano tiene un corpiño y en la otra muestra cierta
crispación acompañada por una evidente actitud de entrega. Al costado, el paratexto completa el anuncio: "Nunca una mujer pro-vocó
una explosión de lujuria igual…" El problema de Delicia es provocar,
es gestar con su cuerpo lo que en otra historia hubiera pasado desa-
percibido, lo que para la época se callaba, o se contaba a medias, o se
"olvidaba" en el fraseo de un tango o en los golpes del chulo que
mantenía a las "descarriadas".

A su vez, en el texto de Echeverría, el unitario impone, desde
ese paseo entre calmo y asombrado ante los excesos del matadero,
un destino distinto para su patria, todavía imposible, si nos atenemos
a la realidad argentina del momento, e impreciso, pero que tiene que
ver con otro mundo, con otras costumbres, con otra carne. El problema que destroza el alma del unitario no es ganar la pelea contra
esos bárbaros sayones que lo bajan del caballo y lo abusan, pelea que
quizás sabe perdida de antemano. El problema es dejar su lugar de
distinto. Ser tomado a la fuerza, sin mediar palabras o mediando sólo
insultos, voltearlo del caballo, exponerlo.

Tanto Delicia como el unitario representan, desde su indivi-dualidad, un desajuste colectivo para la institucionalidad del mata-dero. Ambos son carne distinta que espejan, desde la candidez (De-licia) o la gallardía (el unitario) el entorno agresivo y excesivamente macho del lugar al que no pertenecen. La forma de igualar esa dife-rencia es ingresarlos como mercancía: degollarlos, carnearlos, sobar-los. Hacerlos bailar la refalosa o violarlos.

Todo bien limpio

Se trata de dos textos "ruidosos". Ambos apelan al desborde sangriento, al morbo y al exceso en evidente conflagración efectista. Donde Echeverría traza una visión de la argentina rosista mediante barrizales llenos de ratas, cuerpos de animales y de humanos lanzan-do chorros de sangre como fuentes y una masa casi animalesca de obreros que modifican, conforme completan su rutina, la estética de la carneada: las achureras negras escapando con ovillos de entra-ñas que van a limpiar en un vertedero inmundo, los chicos jugando a ti-rarse bollos de carne, los perros en frenesí brutal de tarascones, Ar-mando Bo es, un siglo después, menos sangriento pero no menos excesivo. Analicemos la limpieza.

Quizás uno de los mecanismos más logrados del texto de Echeverría que lo vuelve fundador de una literatura nacional, sea el hábil toqueteo metafórico entre la mugre y el país de ese entonces. Ahora puede leerse como un lugar común, pero para la época de pro-ducción del texto, igualar desde la suciedad que deforma fue una ma-nera inteligente de mostrar un país que no tenía contacto con el ex-terior, encerrado en la tiranía y en la ignorancia, sin caminos ni ciu-dades y, sobre todo, fuera de Francia, foco esencial de la cultura del mundo. La suciedad implica para Echeverría dependencia, im-posi-bilidad de competir, cerrazón cultural y económica. En *El matadero* nadie paga la carne que consume. O se la roban las achureras entre las tetas, o se la tiran los chicos como juego, o se la regala al Restaurador. De espaldas al mundo, la carneada mugrienta muestra la riqueza desperdiciada del país, la poca madurez para administrarla y el primitivismo ideológico que domina a la turba.

En el film la aftosa instaura el plano exportador del gobierno de Onganía: Inglaterra rechaza la carne enferma y por eso se debe afinar la inspección para ingresar en el mercado mundial. Isabel Sarli va por un laberinto de carne, la cámara frigorífica, señalando los cortes y detallando que están apta para la venta. El paisaje agreste de Echeverría es reemplazado por una construcción ascética que se yergue en un barrio proletario. Lo mismo que el de la Convalecencia del cuento, el frigorífico de la película está en las afueras, en el límite entre el campo y la ciudad, donde no hay un niño a caballo, pero hay barriletes que se rompen al tocar con los cables. No hay achureras robando vísceras, pero hay empleadas que llenan el ambiente de risotadas y muestran (el papel de Alba Solís es notable) la dicotomía entre revelarse ante la violencia o asimilarse a ella.

Si bien no hay denuncia política explícita en Bo, sí hay ciertos guiños contestatarios que imprimen lecturas asociadas fundamentalmente a una marginación estética de su cine, que recién en estos tiempos empezó a reverse. Catalogadas como películas de segunda, mal guionadas y peor actuadas, las producciones de la dupla Sarli/Bo nunca fueron tomadas en serio por la crítica y tampoco por la recepción. Eran películas condicionadas, masturbatorias, que se veían y se olvidaban en igual rapidez pulsional. No obstante, es en algunos tramos de *Carne* donde Bo consigue llamar la atención sobre un entorno político. Quizás no apunta a criticar dictaduras desde lo ideológico, pero sí desde lo mercantil.

Trozos de carne sin sangre, empleadas de cofia y aretes de oro, un inspector al que se lo llama "doctor" que releva, en blando monitoreo, el estado de las reses que se mandan afuera y que deben estar limpias y sanas para vender y ganar, son algunas de las pautas que determinan el cambio del país. "Y no se equivoque como la última vez. ¿Están todas debidamente revisadas?" pregunta el profesional. "Sí, doctor. No dirán ahora en Inglaterra que tienen aftosa", contesta

Delicia. Las reses colgadas de los ganchos junto a los dos que dialogan muestran una organización mercantil de la explotación vacuna que ya es imposible descartar para entrar en la modernidad de los '60. Lo que en Echeverría era campo abierto en el que se tiraba la carne, aquí aparece abigarrado en cámaras, ordenado, catalogado y dispuesto a la venta. Todo es tan limpio que cuando Delicia es violada sobre una media res, ni siquiera se le mancha el guardapolvo. En esa resplandeciente higiene, aparecen fisuras propias de un gobierno de facto. "Algo hay que decir", afirma el inspector con gesto despectivo, sin revisar nada, acoplando sus funciones al trabajo de Delicia cuyo desempeño es puesto en duda: "como la última vez".

La asepsia, el rigor de decir lo limpio, de no equivocar la revisión, de dar cuenta exacta (aunque se la falsee) de una mercancía libre de aftosa, no censurada ni prohibida, era una manera administrativa de ingresar al mercado un producto argentino. Censurar, prohibir la exhibición de un film, sacar de circulación una película eran resultantes políticas contra las que Bo peleó continuamente a lo largo de su carrera. Una crítica que le pedía limpieza y pulcritud (no sexo, no malas actuaciones, no paisajes bizarros, no abusos, no diálogos imposibles) eran muestras cabales de un ahogamiento cultural argentino ineludible, que llevó al director a buscar nuevos países donde su cine pudiera darse sin tapujos y, sobre todo, donde se comercializara bien.

Cosas de machos

Lo que predomina indiscutiblemente en ambos textos es la imagen del macho. La traslación de *El matadero* lugar masculino por excelencia hasta llegar a *Carne*, lo que sale de ese lugar de hombres, ya preparada para el consumo, está signada por la pose del dominador. Matarifes pendencieros, mujeres subordinadas, ladrones que se manejan en las sombras o en medio de una discusión ruidosa, ensalzan una pose que va más allá del personaje. Tanto *El matadero* como *Carne* son textos donde se desarrolla un machismo de feria, porque sí, donde la brutalidad traspasa la historia y tiñe la enunciación misma.

El macho, el Restaurador, es el premiado. En el relato, el primer novillo carneado es para Rosas que es el que ha roto con la abstinencia y come carne. En el film "Macho", el que consigue la carne, será el primero que coma a Delicia en esa conversión de violador a proxeneta que asume delante de los compañeros de camión cuando la prostituya. Los huevos del toro que el barro tapa y hace dudar si es novillo o toruno, replican en Bo a través de tres hombres "distintos". El marica (Vicente Rubino) que "no es hombre" a la luz de la taxonomía genérica de Delicia, sino el que disimula para ser parte ("Todos toman naranjada y el pobre naranjo, nada"); Antonio (Victor Bo), cuyo pañuelo al cuello y su ropa ajustada remontan a la imagen del artista, con cierto toque de "loca", al que en varias oportunidades Delicia le exige que deje de pintarla y que la "tome", que salga de ese éxtasis artístico y le demuestre el amor con concreciones de cama. Y finalmente está el personaje de Juan Carlos Altavista, quizás el más honesto porque es el "amigo", el chico de barrio que conoce a Delicia, que la desea, pero que no puede abusarla porque ella es el registro de su propia historia, sería como coger con alguien de su sangre, carne de su carne, él mismo.

La ostentación fálica sobrevuela los cuerpos y se ancla en lo simbólico. En Echeverría, la novillada que dona el Restaurador es "chica, pero gorda" y los huevos, no el miembro viril, del toro proyectan los cojones de Matasiete que logra vencer a la bestia cuya fuerza provoca admiración en todo el matadero.

Por su parte, en la película de Armando Bo, la mirada de "Macho", los cuchillos limpios que sirven para amenazar sin matar, las reses colgadas o la paja que muerde Delicia mientras la pinta Antonio, se vislumbran como metáforas de un coito que se promete.

Solitos ellos

Ambos textos han ganado un espacio en la historia cultural argentina por su soledad. Son únicos, revolucionarios, en cierta medida resultaron revulsivos al momento de darse a conocer.

Los treinta años que se postergó la publicación del texto de Echeverría, la idea de Gutiérrez de considerarlo un apunte del poema "Avellaneda", la posterior mirada romántica buscando, para su anclaje crítico, convertirlo en una contraofensiva estética al costumbrismo español de Larra que los románticos veían como representación directa de una España atrasada y colonial, fueron los primeros recorridos que afectaron la lectura de *El matadero*. Después, irremediablemente, a la luz de Sarmiento, la dicotomía civilización/barbarie marcó el terreno, y la denuncia ideológica y política recortó interpretaciones posteriores.

Estos devaneos fueron consolidando la soledad de *El matadero* y la valoración del fenómeno literario curioso y a contra pelo de la producción literaria del momento. La brevedad, los cambios de registro por parte de la voz narradora cuando entra en acción el unitario y el relato se vuelve engolado y "culto", la pretensión de querer contarlo todo, o, más bien, aspirar a que en ese matadero quepa el país completo, el asco y la mordacidad con que una juventud deslumbrada con Europa y profundamente desencantada con su país describía, desde afuera o casi yéndose, los abusos de los locales, resultan puntos focales incuestionables. Pero además estaba la literatura del escape, lo que se deja como marca "pensante" en una realidad de brutos, un manuscrito inédito, una semblanza de la realidad, un cuadro de costumbres. La carneada en sí.

Echeverría propone un modelo de crítica política. Un texto rápido a la lectura y a la interpretación, que no demore, que sea eficaz, casi un croquis estilístico referido al desborde de la opresión. Un texto que supere el panfleto y el cartelón, pero que tampoco requiera un lector avezado que sepa de política y de historia para entenderlo. Echeverría determina un público para "El matadero". Es esa joventud ultrajada, que no es comprendida ideológicamente, que quiere fundar un país y no encuentra más que la copia para empezar a hacerlo.

En el caso de *Carne,* su ubicación dentro del catálogo de "película pornográfica" favoreció a cimentar una estética hasta el momento inexistente en Argentina. Bo trabaja con lo que deja el cine serio en las butacas, la reescritura casera de reflexiones ampulosas sobre la existencia humana, la moral heterosexual y cristiana que pinta el bar, el barrio, la cancha, el destino fatalmente condicionado de la mujer a ser amada o a morir sola. Dentro de esa limitada cosmogonía de valores sobresale, en collage estético, un concepto que no se mostraba y que, quizás no teníamos hasta su obra: el erotismo popular. Ese cine que no juzgaba ni confundía. Solo calentaba a un grupo de hombres en plan de escape sexual (que también es una huida política), resultaba operativo al momento del consumo y esa eficacia lo volvía único y admirable.

Finalmente, ambos trabajos marcan el inicio de un cambio. Echeverría en *El matadero* inaugura el relato argentino. Una forma ambigua, híbrida, cuya verdadera acción empieza algunas páginas más allá del inicio textual, con un final abierto donde la denuncia política, donde el exceso y la carencia de economía descriptivas, contrariamente a lo que se piensa, es lo que hace atractivo el cuento. Armando Bo con *Carne* da comienzo a la erótica vernácula puramente argentina. Una historia zonza que parece ignorar a la víctima y hace un panegírico patético de un machismo increíble, arma una película que literalmente es una amalgama de carne sobre carne donde el verdadero drama (la marginalidad, la violación, el abuso), cuenta con una aceptación tácita por parte del autor en favor de lo que "calienta", de lo que cocina la carne puesta en el asador. Bo procuró llevar el erotismo por encima de cualquier acción repudiable. Vender erotismo a como dé lugar. Vender. No hay denuncia en el cine de Bo. Hay sexo. Podemos coincidir o no en esa propuesta, podemos negarle efectividad o engancharnos en ella, pero nunca vamos a permanecer ajenos a un cine que hizo historia.

Bibliografía:

Echeverría, Esteban. *La cautiva. El matadero. Ojeada retrospectiva.* Editorial capítulo, 1979.

Bo, Armando. *Carne.* Buenos Aires, 1968. Film.

Iglesia, Cristina y otros. *Letras y divisas. Ensayos sobre literatura y rosismo.* Editorial Arcos Santiago, 2004.

Amossy, Ruth y otros. *Estereotipos y clichés.* Eudeba, 2001.

Molloy, Sylvia. *Poses de fin de siglo. Desbordes de género en la modernidad.* Eterna cadencia, 2012.

Martínez, Carlos Dámaso. "Prólogo a la obra de Echeverría". Op. Cit. 1979.

Sietecase, Reynaldo. "Rita Segato la violación es un acto de poder y de dominación". *La Vanguardia Digital* 14/4/ 2017 http://www.lavanguardiadigital.com.ar/index.php/2017/04/14/rita-segato-la-violacion-es-un-acto-de-poder-y-de-dominacion/

Viñas, David. *Literatura argentina y realidad política.* Jorge Álvarez Editor, 1964

El país-corral: hembra y rebaños
en la furia infernal de la Nación

Gustavo Geirola

Dios le castigó, poniéndole en manos de una mujer
Libro de *Judit*h, 16, Cap. VII[95]

Que no fue derribado su caudillo por jóvenes guerreros,
ni le hirieron hijos de Titanes, ni altivos gigantes le ven-
cieron; le subyugó Judit, hija de Merarí, con sólo la hermo-
sura de su rostro.
Judit, 16, 6

—...nada puede excitar más que la imagen de una déspota
bella, voluptuosa y cruel, arrogante favorita, despiadada
por capricho.
—Y que además lleve pieles...
Sacher-Masoch, *La Venus de las pieles*

María Elena Walsh escribió su famoso artículo "Desventuras en el País-Jardín-de-Infantes", publicado
en el diario *Clarín* de Buenos Aires el 16 de agosto de 1979; allí apelaba a una alegoría, la de la familia-nación, para enfrentar valientemente la dictadura atroz que sometía al país a un infantilismo contro-
lado por "nuestros encapuchados y fascistas espontáneos" de la Junta
Militar en el gobierno y sus redes de inescrupulosos censores. Sin
embargo, podríamos pensar que Armando Bo fue más lejos que
Walsh cuando estrenó en agosto de 1973 su película *Furia infernal*,
presentada por Columbia Pictures y producida por él. El tema del
mal de la dictadura reaparece, pero ya no con una alegoría de un país
de niños, sino de un país como un gran corral con sus rebaños. Retoma de ese modo la gran alegoría fundante de la cultura argentina (y
latinoamericana): "El matadero" de Esteban Echeverría. Armando

---

[95] Epígrafe de Sacher-Masoch a *La Venus de las pieles*.

Bo nos presenta su versión alegórica como un corral para el ganado (humano y animal) y opera una transformación radicalizada con el fin de alcanzar, más allá de la impunidad con la que concluye el texto de Echeverría, una justicia para los crímenes de Estado, incluso si ésta se logra en su nivel más arcaico. En efecto, Bo hace pasar su relato por la venganza de la víctima y atenta contra el monopolio de la violencia en manos de los dictadores de turno que han dejado suspendido el orden jurídico; así, en su film, la transferencia del poder diabólico del dictador se transfiere al cuerpo de la única mujer involucrada en la narrativa de esta reescritura quien, fracasada en su intento de promover una conspiración para matar al Padre, termina haciendo justicia por su propia mano: ojo por ojo, diente por diente.

Bárbara, esposa de Raúl Barrera, es una mujer bella,[96] bien casada y enamorada de su marido (Armando Bo), que será secuestrada por Martín Sotomayor, un estanciero rico, poderoso y cruel, cuyos hijos, a manera de guardaespaldas, asesinan a su esposo a la salida del show de striptease por mandato del padre. Se deja leer aquí un gesto anticipado, casi profético, de lo que sería la modalidad siniestra de la dictadura que se avencinaba (1976-1983): asesinatos, secuestros, tortura y desapariciones. Llevada a los dominios del patrón, desaparece del mundo artístico; abusada en el camino por uno de sus hijos, queda prisionera en la estancia, un siniestro corral que abarca enor-mes extensiones, con su población obrera e indígena totalmente masculina. Sotomayor contrae nupcias con ella, aunque no logra someter la furia vengativa que sacude a su mujer. Como ocurre con el personaje de Sarli en muchas otras cintas, Bárbara despierta el deseo de los machos (no se puede decir aquí 'hombres') que están dispuestos a llegar al goce a toda costa. Son machos sin hembra, o con hembra prohibida. En realidad, aquí no se puede hablar técnicamente (esto es, lacanianamente) de goce, porque no hay fantasma ni objeto *a*, solo hay instinto animal disparado frente a la hembra. Estos 'machos', por su parte, no constituyen ninguna fraternidad ni ninguna

---

[96] Como muchos otros films, la belleza de la mujer es aquello que la condena. Sotomayor, en *Furia infernal*, le dice a Bárbara: "Eres hermosa, ése es tu castigo".

alianza frente al Padre o Patrón, como en *Tótem y tabú* de Freud; apenas permanecen juntos formando una masa, tal como *Furia infernal* muestra a cada momento con los rebaños de ovejas. De ahí que otra intertextualidad posible del film sea con la ya emblemática pieza de Lope de Vega, *Fuenteovejuna*, en la que es la mujer quien inicia la rebelión.[97] Juan es el que, desde el comienzo del film, nota la fuerza o furia infernal en el interior de Bárbara; después de la escena con el puma domesticado, en la que Bárbara muestra su coraje; él dice:

> JUAN: Te felicito, Bárbara, por el coraje que tienes, para mí sigue siendo un animal salvaje, salvaje como mi padre.

Ese "salvaje como mi padre" reubica y confirma la dicotomía de civilización y barbarie que Bárbara comienza a percibir; a su vez, la invierte, es ahora el padre quien representa la barbarie y Bárbara queda así posicionada del lado civilizatorio.

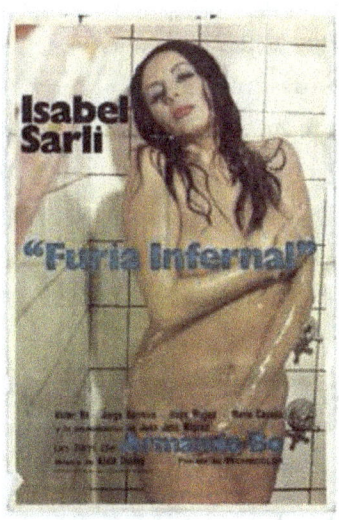

---

[97] No habría parodia, en este caso de la reescritura de *Fuenteovejuna*, sino transformación de unos pocos elementos: a diferencia de Laurencia, que inicia la rebelión popular, Bárbara opera por sí misma, habiendo fracasado en su intento de sumar a los hijos y obreros a la rebelión contra Sotomayor.

Furia infernal puede interpretarse también como una reescritura del *Libro de Judit*, pero invertida y blasfema, a pesar de sugerir un rasgo justiciero que, a la postre, signaría su venganza, con el asesinato final que Bárbara Barrera realiza, sola, del poderoso estanciero Sotomayor. Si bien bella como Judith, Bárbara no ostenta tener una educación cuidada ni sentimiento patriótico alguno; tampoco procede por mandato divino para salvar a los peones sometidos a Sotomayor, sino que, aunque viuda como Judit, solo quiere satisfacerse en vengar a su esposo, esto es, su acto está motivado en razones personales que, no obstante, pueden tomar mayor significación al final del film, ambiguo, abierto y/o impredecible. Bárbara, por otra parte, no va a la estancia por su propia voluntad a matar a su Holofernes, seduciéndolo, sino que será raptada y abusada por éste y uno de sus hijos.

Furia infernal, como ya mencionamos, se presenta como una reescritura irreverente, de *Tótem y tabú* de Freud: nos presenta al macho de la horda, especie de proto-padre que, en medio de los desiertos patagónicos de la región de Esquel, linderos con Chile, ha impuesto su ley sobre sus dominios y su progenie, acaparando para su propio y único goce todas las mujeres de ese sur mítico que Bo comienza a explorar después de sus primeros films con paisajes tropicales (*El trueno entre las hojas* [1958], *India* [1960], *Favela* [1961], *La burrerita de Ypacaraí* [1962]).[98] La cercanía a la frontera chileno-argentina dará consistencia en *Furia* a la alegoría que permite el puente interpretativo entre el relato con la realidad histórica. Y es que *Furia infernal* se filma y se estrena a pocos días del golpe de Estado que llevó al

---

[98] Armando Bo, en sus films con Isabel Sarli, pareciera haber diseñado una trayectoria de tipo geopolítico, que podría servir para una clasificación posible de sus propuestas cinematográficas: desde películas iniciales en las que aparece el paisaje tropical, con poblaciones indígenas o de afrodescendientes, con relatos ambientados en la selva o en otros escenarios latinoamericanos (Paraguay, Brasil, Panamá), a zonas de clima templado (mayormente de personajes de clase media o media alta y otros de áreas suburbanas marginadas), hasta alcanzar finalmente el sur, con paisajes fríos, agrestes y desérticos. Este 'sur' opera como espacio de la barbarie, pero a la vez como refugio de cuerpos con pulsiones indomeñables o de seres melancólicos enfrentados a la crueldad de una existencia carente de sentido y que buscan casi sacrificialmente algún tipo de redención.

derrocamiento y asesinato de Salvador Allende, y la entronización siniestra de Augusto Pinochet, cuyo nombre imperial no deja de hacer guiños sobre la voluntad de poder cuando llega a los extremos de ejercer una soberanía despótica, totalitaria, cuando hace de su voluntad la ley para todos.

Furia infernal es, además, una película bisagra (limítrofe o de frontera) entre la dictadura de 1966 a 1973 ya debilitada, pero no menos ominosa (apodada Revolución Argentina)[99] y la profecía de lo que se venía: la dictadura letal de 1976 a 1983 (Proceso de Reorganización Nacional). Esta película retoma la perspectiva política de *El trueno entre las hojas* (1958) y de *Embrujada* (1969), con sus patrones explotadores y abusivos, pero la radicaliza llevándola al extremo de alentar la sublevación nacional ya no liderada por un hombre, como en esos films previos, sino ahora encarnada en una mujer que hace lo imposible por restaurar la Ley con apoyo del peonaje, pero sin lograrlo y, en consecuencia, en su soledad, recurre estratégicamente al crimen por su propia mano, con lo cual –siendo la heredera legal— termina ocupando el lugar del dictador. Queda sin especificar, al final del film, si operará con los mismos procedimientos atroces instrumentados por éste. Si, como afirmamos antes, la película puede leerse como una inversión de la historia de Judit, el final abierto deja pocas esperanzas para una transvaloración de todos los valores: la inversión no llega a conmover el lugar mismo donde se origina esa autoridad despótica, ahora encarnada en el cuerpo de una mujer.[100]

---

[99] El libro de Lola Proaño Gómez titulado *Poética, política y ruptura. La revolución argentina (1966-1973): experimento frustrado de imposición liberal y 'normalización' de la economía* (1ra. edición del 2022 y 2da., revisada y ampliada del 2020) es tal vez la investigación más acotada sobre este período, posteriormente opacado por la dimensión atroz del Proceso de Reorganización Nacional, que cuenta en cambio con extensa bibliografía.

[100] Leemos en *Libro de Judit*: "Judit ofreció todo el mobiliario de Holofernes, que el pueblo le había concedido, y entregó a Dios en anatema las colgaduras que ella misma había tomado del dormitorio de Holofernes. (16,19). [...] Pasados aquellos días, se volvió cada uno a su heredad. Judit regresó a Betulia, donde vivió disfrutando de su hacienda; fue en su tiempo muy famosa en toda aquella tierra. (16, 21). Muchos la pretendieron, pero ella no tuvo relaciones con ningún hombre en toda su vida, desde que su marido Manasés murió y fue a reunirse con su pueblo.

En el mundo convulsionado de finales de los *sixties* y comienzos de los setentas, la narrativa de *Furia* re-escribe, además, y nuevamente en forma invertida, el *secuestro* (con posterior ejecución) de Pedro Eugenio Aramburu (1903-1970) –quien derrocara a Perón en 1955— a manos del grupo Montoneros, como retaliación (represalia y venganza) por la ejecución del general peronista Juan José Valle en 1956. Desde esta interpretación, la película se deja interpretar como adherida a la perspectiva de la izquierda guerrillera peronista sostenida por Montoneros y consagra un final promisorio el cual, desde una lectura retrospectiva, se torna irónico: el asesinato del Padre de la horda, dueño absoluto de la estancia/nación, la posterior alianza de la justiciera con el hijo 'bueno' llamado sutilmente Juan (el inverso del rebelde Juan J. Valle y –otra vez "El Matadero—del dictador Juan Manuel de Rosas), dan cuenta de una voluntad de poder ahora transferida y depositada en la heredera de la fortuna del estanciero rico y, en relación a la alegoría, heredera de la nación.

Estas tres líneas planteadas por la intertextualidad invertida (Judit, mito de la horda, lectura del contexto histórico) abren el desenlace del relato a varias posibilidades interpretativas que, a su vez, van a pivotear sobre la famosa dicotomía, estructural de la lectura histórica en Argentina y América Latina, introducida por Sarmiento en su *Facundo*: civilización o barbarie con la cual, una vez más, la cinta hará un constante juego de inversiones y alteraciones de los hipotextos. Tanto Juan y esa mujer, llamada nada más ni nada menos que Bárbara, explícitamente introducen esta cuestión, además de abrir otra serie intertextual con *Doña Bárbara* de Rómulo Gallegos. En *Furia infernal* es Bárbara Barrera quien, en un momento del film reproduce –también junto a la cordillera de los Andes— la famosa frase

---

(16, 22). [...] Nadie ya atemorizó a los israelitas mientras vivió Judit, ni en mucho tiempo después de su muerte. (16, 25). El final explícito al asesinato patriótico realizado por Judit y su repercusión en su comunidad, no se vislumbra como tal en *Furia infernal*, particularmente si se ha apelado a la inversión en la intertextualidad. Lo cierto es que en la génesis histórica los breves períodos de democracia formal no lograron modificar la consistencia de las fuerzas reactivas, en este caso, conservadoras y autoritarias, con base oligárquico-burgués-neocolonial.

sarmientina "las ideas no se matan" y a quien Juan le reconoce el coraje y la valentía –usualmente asignadas a lo masculino— en el momento de enfrentarse a un puma domesticado en casa de Sotomayor.

Pues bien, la conexión con la serie histórica nos enfrenta a la ironía en el cotejo de la película con la realidad, que obviamente también tiene peso al momento de evaluar el desenlace del film: es que la nación tendrá en su momento una presidenta llamada Isabel (Perón) que, al enviudar, abrirá las puertas a la atroz dictadura de 1976-83, firmando el Decreto 261/75 del 5 de febrero de 1975, otorgando a los militares el permiso para iniciar el Operativo Independencia, a fin de "neutralizar y/o aniquilar el accionar de los elementos subversivos" y, de ese modo, mantener los valores supremos de la Nación. La apertura del final de *Furia* es por demás sugerente si se tiene en cuenta que el 16 de marzo de 1972 (cuando probablemente se estaba filmando *Furia infernal*), Juan Domingo Perón publicaba su carta titulada "Mensaje a los Pueblos y Gobiernos del Mundo", en la que ya anticipaba su posición anti-Montoneros y que la izquierda peronista y marxista no supo leer y develar en las intenciones del líder hasta que éste los insultara llamándolos "estúpidos imberbes", expulsándolos de la Plaza de Mayo el Día de los Trabajadores en mayo de 1974, a días de haber retornado al poder. Esos "imberbes" serán precisamente aquellos que María Elena Walsh evoca con su alegoría del País-Jardín-de-Infantes. Perón, como la angustia, no engañaba: lo dicho en su mensaje de 1972 ya lo había dicho y escrito con todas las letras en julio de 1947 en su "Mensaje a los pueblos del mundo", en plena post-guerra cuando elabora la Tercera Posición:

> La labor para lograr la paz interior debe consistir en la anulación de los extremismos capitalistas y totalitarios, sean estos de derecha o de izquierda, partiendo de la base del desarrollo de una acción política, económica y social adecuadas por el Estado, y de una educación de los individuos encaminada a elevar la

cultura social, dignificar el trabajo y humanizar el capital, y especialmente, reemplazar los sistemas de lucha por el de colaboración. [...] La labor para lograr
la paz internacional debe realizarse sobre la base del
abandono de ideologías antagónicas y la creación de
una conciencia mundial de que el hombre está por
encima de los sistemas y las ideologías, no siendo por
ello aceptable que se destruya las humanidades en ho-
locausto de hegemonías de derecha o de izquierda.
(*Cuadernillos de formación político-sindical*, 2, 45)

Como si se topara con un obstáculo para la producción de
pensamiento, la película se detiene en el límite o la frontera entre lo
deseable, lo conjeturable y la contingencia: el desenlace de *Furia infernal*, como vimos, queda indeciso en cuanto a la futuridad del relato
en la medida que deja suspendida la fantasía política respecto a qué
hubiera ocurrido si esos "estúpidos imberbes" hubieran ganado la
partida frente al líder, como Bárbara y Juan, al inicio excluidos del
poder al igual que los Montoneros: no sabemos si en el control de la
estancia, la alianza Bárbara/Juan procederá a instalar un espacio de-
mocrático o bien a dar continuidad a un autoritarismo hegemónico.

Como se puede apreciar, nuestra aproximación pone en un
mismo nivel una serie de textos, los que admiten leerse como ficción
y los que corresponden a la 'realidad' histórica. En principio, lo que
los iguala es su consistencia de texto y por eso, como lo planteó Freud
y luego Lacan, si la interpretación siempre supone la lectura, la diferencia entre ficción y realidad se acorta, cuando no se anula. Freud,
en su ensayo "El delirio y los sueños en 'La Gradiva' de W. Jensen"
(1907), justamente ponía en un mismo nivel de validación la ficción
poética con un estudio psiquiátrico realizado con un paciente. No
hace otra cosa cuando lee las *Memorias del Presidente Schreber* (1903) en
1911, paciente al que nunca conoció. Una vez más, lo que importa es
que toda interpretación procede a partir de la lectura del significante,
por eso Lacan afirmará en "Juventud de Gide, o la letra y el deseo"

(1979, incluido en los *Escritos*) que, si uno se atiene al significante, sea en un texto escrito, literario o no, o bien a la escucha de un discurso oral, en tanto nos atenemos al significante, siempre damos con el sujeto del psicoanálisis.

Retrocesos y anticipaciones de la alegoría

Furia infernal comienza superponiendo los títulos y créditos artísticos a las tomas de momentos muy avanzados de la narración, casi próximas al final de la película, con las imágenes de las tumbas de los obreros e indígenas asesinados por el estanciero déspota. De modo que el público queda advertido por este *flashforward* y ese paisaje de cruces, del tono y orientación de la narrativa que va a iniciar. Este paisaje funesto contrasta con los comienzos exuberantes de otros films de la dupla en los que, de entrada, el componente enfatizado era el erotismo. Gran parte del film es entonces una retrospectiva a la manera de quien rememora el pasado para resignificarlo desde el presente: el presente del público y el presente de la reescritura de Armando Bo y su relación con la tradición política argentina.

Este comienzo nos muestra a una mujer en ropa de montar caminando segura y tranquila por su estancia con el trasfondo rocoso, frío y estéril –tan yermo como los hombres sometidos al patrón—[101] del sur patagónico. De alguna manera, es ahora una 'dueña' paseándose por sus dominios, una doña Bárbara en versión argentina, satisfecha por la venganza consumada, llevada a cabo como un ejercicio primitivo de la justicia. La banda sonora del comienzo y del film en general es escasa de temas musicales; a lo largo de la cinta se ponen

---

[101] Armando Bo reescribe *Yerma* (1934) de Federico García Lorca en *Embrujada* (1969); en Lorca el cuerpo de la mujer, estéril o condenada a la esterilidad, ya era alegoría de la España franquista que se avecinaba. *Embrujada* se produce en medio de la Revolución Argentina y de alguna manera ya anticipaba la dictadura del Proceso. Como es usual en Bo, la reescritura paródica opera por inversión/subversión y alteración de los elementos del hipotexto.

en primer plano los sonidos de animales (puma, ovejas, bueyes, pe-rros, caballos)[102] que rodean a los personajes, todos ellos igualmente animalizados y domados por Martín Sotomayor, el dueño déspota de la estancia. Lo dice este personaje con todas las letras: "Siempre he domado a las fieras y a seres humanos también". No hay escenas de animales sacrificados, lo cual diferencia a esta película de *Carne* (1968), tal vez para subrayar el hecho de que los sacrificados son hombres, es decir, los hijos y obreros ya animalizados (asesinados y sepultados) sobre los que Sotomayor ejerce la soberanía absoluta.

Hay un malestar en la estancia con obreros que aspiran, aun-que en forma individual, a huir o a rebelarse, pero que, al fracasar en sus intentos, terminan siendo castigados con una brutalidad sin lími-tes. Frente a un peón que ha intentado fugarse, Sotomayor le dice a Bárbara, implicando a todos sus súbditos: "No saldrá nunca de aquí, a menos que yo quiera". Juan, por su parte, trata de justificar los pro-cedimientos opresivos instrumentados por su parte confirmándole a Bárbara que es la necesidad de mano de obra el motivo del encierro y la razón por el castigo;[103] a su manera, como su padre, también des-liza la amenaza general:

---

[102] A estos animales no se les da crédito; sin embargo, en otras películas se incorpora, al casting, el nombre de las mascotas de Sarli. Como en las ficciones en las que es siempre amorosa con los animales, es conocida su afición a ellos en la vida real. Para nuestra tesis, importa marcar que, desde la ficción o desde la realidad (de la vida de Sarli y de los créditos en las películas), se pone al mismo nivel a humanos y animales.

[103] Este parlamento de Juan permite leer *Furia infernal*, incluso, más allá de la alegoría de la nación y extenderla al capitalismo en general, habida cuenta, sobre todo, del clima político revolucionario latinoamericano que rodeó su filmación. Hoy, en la etapa neoliberal y necropolítica, esos hombres hubieran sido *nuda vida* (Agamben) y carecerían de tumbas. Es interesante que no ha llegado este momento del capitalismo a la fecha del film, por cuanto la película muestra desde el comienzo la serie de tumbas con sus respectivas cruces: es la dictadura 1976-1983 la que arti-cula el pasaje a lo necropolítico con los más de 30.000 de-saparecidos, muchos de los cuales han quedado insepultos.

JUAN: Es la ley, quiso escapar. ¿Para qué lo vamos a matar? Nos hace falta. Así queda amansado y suave, como tú.

La hacienda del patrón –entendida por Juan como un campo de concentración— es un gran corral de animales a su merced, una alegoría animal de la nación, como el frigorífico lo es en *Carne*. Nótese que Juan ya enfatiza precisamente lo que a su padre (y al régimen que éste impone) le falta: los peones hacen falta, suplen con su trabajo la falta en el Otro, hay que amansar y, en lo posible, aniquilar sus deseos de emancipación e impedirles articular sus demandas laborales. Otros peones, sin embargo, son leales al patrón, como Mencho, un indígena –entre los más de 50 hijos bastardos que Sotomayor dice haber procreado— que vive sometido como los demás, bajo un régimen de terror y control panóptico, como las miles de ovejas que se crían para vender a Chile y para la esquila. Cuerpos animales despojados de su pelaje; pelaje que luego cubre a hombres para abrigarlos; por otro lado, se nos deja ver las pieles refinadas y costosas que cubren el cuerpo de Bárbara –como en muchos otros films— durante sus paseos por la aridez de la estancia. Terror y lealtad son formas de sobrevivencia para estos hombres rudos del desierto, que carecen de acceso a mujeres. La lealtad, como se sabe, era la virtud exigida por el gobierno de Perón mientras que el terror fue, en cambio, la forma de opresión de las dictaduras. En otras películas de la dupla, sin embargo, estos subalternos ejercen un simulacro de soberanía frente a la mujer: ya que carecen del poder de los amos, los imitan a éstos en la clandestinidad, a escondidas, sobre el cuerpo de la mujer. *Carne* es tal vez el ejemplo más paradigmático, pero la violencia machista se registra casi permanentemente en las películas de Sarli/Bo. Los dos hijos legítimos de Sotomayor son igualmente castigados por un padre atroz. Sotomayor confiesa, incluso, haber matado a su primera esposa, madre de los muchachos, por infidelidad. Lo propio hará este padre todopoderoso con uno de sus hijos al que asesina al descubrir las relaciones de éste con Bárbara, quien ha tratado de seducirlo –a pesar de haber sido violada por él— fingiendo un amor para integrarlo a una conspiración orientada a asesinar al patrón y satisfacer su sed de venganza, por los abusos de éste pero, sobre todo, por el asesinato de su marido: "No repararé en nada, vengaré a Raúl, sí, soportaré todo, todo, pero me vengaré". Juan, el otro hijo es perseguido y abusado al intentar huir de la finca.

Ambos hijos quedan fijados a la primera etapa del Edipo imaginando ser el falo deseado por la madre, identificación de la que el padre los había privado literalmente con el asesinato de ésta. Y si hay falta de madre también para el resto de los machos, no sorprende que Bárbara aparezca como el fetiche de ellos, por cuanto el fetiche —como perversión generalmente masculina— se sitúa en esa etapa preedípica con el triángulo madre-falo-niño y supone una identificación del niño con la madre y con el falo, entendido desde Lacan como el significante de la falta, por ende, el significante del deseo. El goce de ser el falo faltante de la madre al que estos hijos se ven obligados a renunciar por intervención del padre, los va a llevar al intento fallido de recuperar dicho goce en la figura de Bárbara, la única mujer disponible para los peones. En tanto madrastra para los hijos del peón, Bárbara, ahora legítimamente casada con Sotomayor, los reinserta en la gesta edípica. Es la madrastra quien hará lo imposible por vengarse de Sotomayor y, habiendo quedado sólo Juan vivo, lo recupera después que éste, horriblemente abusado como el unitario de "El Matadero" –pero por muchos Matasietes—, termina escondido en las montañas y rescatado por ella después de consumado el crimen del déspota. Esperanzadamente el film deja en suspenso la castración de Juan por la cual éste renunciaría al goce con su madrastra, para alcanzarlo en la escala invertida de la ley del deseo (por otra mujer). Bárbara es siempre la mujer de alguien: Bárbara Barrera, apellido de su primer matrimonio, se convierte en Bárbara Sotomayor: ambos apellidos podrían interpretarse aquí como la *barrera* original que la castración le impone a Juan frente a ella. Barrera, además, como el fantasma que regula el acceso del sujeto al objeto *a* de su goce. Una vez más, como en la vida real, la ficción acerca a Isabel Sarli como la madrastra de Víctor Bo. Si pensamos cómo Juan retorna a la finca acompañado ahora por su madrastra, en un plano más delirado, podríamos incluso decir que la película ya pareciera profetizar el retorno al gobierno de Juan (Perón) con Isabel, una "madrastra" de la Nación como figura invertida y depreciada de Santa Evita.[104]

Escena primera y juego de las miradas

En *Furia infernal*, una vez terminados los créditos, vemos un afiche de Sarli, que el público puede identificar como Sarli pero, a la vez, como lo que luego será Bárbara Barrera, el personaje, cuyo nombre y apellido –como vimos– reclama múltiples lecturas asociativas y remite a una constelación intertextual. Tres hombres, dos vestidos de negro, barbudos, escoltan al del centro con poncho blanco; los tres miran alelados el poster a la entrada de un antro para espectáculos eróticos. Fascinados por la imagen (primera captura del yo), se deciden –como el público que asiste al cine de la dupla– a entrar y ver el striptease de quien, a su manera, será en el film 'la Venus de las pieles'. El rostro endurecido de estos machos ya anuncia una recepción singular, atravesada por la pulsión erótica, en su doble faz de amor y de agresividad. La cámara hace un paneo del poster recorriendo la sensualidad de la mujer semidesnuda, parte por parte, como un primer 'instante de ver' que objetualiza el cuerpo de la hembra, ya ofrecida al público como fetiche. Este instante de ver pone en paralelo la mirada de los personajes en la ficción y la mirada del público frente a la pantalla. Frente a dicha imagen, los tres hombres se miran entre ellos y se deciden a entrar a ver el show. Hay en el local otras fotos de ella envuelta en pieles.

De inmediato irrumpe un primer plano de un vaso vacío como anunciando una falta. *Furia infernal* va ir desplegando metonímicamente los objetos que pretenden suturar esta falta. El marido de

---

[104] 'Perón/Perón' fue la fórmula que llevó a Juan Domingo Perón y su esposa María Estela Martínez de Perón, apodada Isabelita, a la presidencia, la tercera para el líder, en octubre de 1973. El nombre de Isabelita es el que adoptó como bailarina de un cabaret nocturno en la provincia de La Rioja en su juventud.

Bárbara, el Sr. Raúl Barrera (Armando Bo), intenta ajustar la imagen en un televisor (como él mismo ajusta las imágenes de sus películas) pero, de pronto, escucha el bolero "Bésame mucho" y sabe que su esposa está en escena. Ciertamente, el televisor no le permite ver nada o al menos se trata de un hombre que, a diferencia de los otros tres, no logra ver ninguna imagen; tampoco la necesita, habida cuenta de que cree poseer el objeto. Él también se desplaza para ver el espectáculo donde ella funciona como objeto mercantilizado. Un hombre cualquiera cruza por delante de los tres que están sentados en una platea de solo hombres. Lo insultan, ya que es una mancha en el cuadro, lo cual dispara la agresión a la vez que anticipa la rudeza y la violencia machistas que los habita. Siguen primeros planos de las miradas deseantes de los tres hombres a una mujer que se contornea en escena y que pronto comenzará su striptease, incentivando a la vez el deseo de los machos. El Sr. Barrera también la mira, se sonríe, se deleita:[105] ella le pertenece, en la ficción y en la vida. El amor hace que ella esté mediada por la imagen del objeto —el i(*a*) de Lacan— y le brinde placer; en cambio, el goce se impone del lado del público, para quien Bárbara es un objeto fetiche. El cuerpo desnudo va lentamente emergiendo al compás de aquello mismo que parece solicitar: "bésame, bésame mucho, como si fuera esta noche la última vez": la canción oficia de profecía ya que no habrá otra noche para la pareja.

Ella se acaricia sus senos en un autoerotismo como forma vicaria de lo que esos hombres sin hembra posiblemente —como se sabe que ocurría en el público de estas películas— estaría haciendo desde la platea. El hombre de poncho blanco expresa un deseo que será la potencia de la furia que anuncia el título del film y que luego se trasladará a Bárbara: "Quiero esa mujer". Primer paso del plus-de-gozar (del espectáculo del striptease, escena dentro del film como es-

---

[105] La escena es casi la repetición de una similar en *Desnuda en la arena* (1969), aunque esta vez es Oscar (Víctor Bo), un bello delincuente que Alicia (Sarli) encuentra en Panamá y con quien deciden chantajear a hombres y mujeres de dinero y de poder, en general todos casados, a los que seducen y sacan fotografías para extorsionarlos.

cena) hacia el goce, que marcará casi todo el relato. La frase es contundente: pura voluntad y puro poder;[106] objetiva y animaliza, ya que el objeto directo de sustantivo humano exige la preposición 'a', faltante en su enunciado. La próxima escena pasa al camerino. Vemos ahora al Sr. Barrera sentado, llenando el vaso, satisfecho; se escucha el sonido de algún programa en el televisor. El diálogo siguiente en este camerino pudo haber sido el mismo de la pareja en su casa y en su vida real, en algún momento de la carrera cinematográfica de ambos:

> BARBARA: Si esto sigue así, pronto llegaremos a una
> gran ciudad.
> SR. BARRERA: Tienes que seguir ensayando. Lo haces cada vez mejor.
> BARBARA: Todo lo hago por ti. Te quiero mucho.

Los tres hombres irrumpen en el camerino; el mayor, de blanco, dirige su mirada a los senos. Se nota la tensión que preanuncia

---

[106] En su *Nietzsche*, Heidegger puntualiza cómo debe interpretarse la voluntad de poder: 'voluntad' es *querer*, supone una fuerza y un domino de sí; es querer ir más allá de sí. Nietzsche no "se refiere al acto volitivo en el sentido de una decisión, sino a la resolución, a aquello gracias a lo cual el querer toma las riendas sobre el que quiere y lo querido, y lo hace con una firmeza permanente y fundada" (48). Querer es, por lo tanto, un afecto, un ordenar, pero no en el mero sentido de mandar, sino como *"una súbita explosión de fuerza"* (62). El ordenar es un rasgo esencial de la vida (485). Si Sotomayor es el que se define por la voluntad, es porque él es el único libre: "El ordenar y el poder ordenar originarios surgen siempre de una *libertad*, son siempre una forma fundamental del auténtico ser libre" (487); Sotomayor es el que (se) da la ley, él es la ley, la cual supone ordenar el caos (o al menos lo que él vive e interpreta como caos), y la impone como lo que hay que tener-por-verdadero, de modo que debe ser obedecida. 'Poder' en Nietzsche significa, según Heidegger, la sobrepotenciación del poder, el acrecentamiento y conservación del poder (607). Acrecentarse es la esencia del poder. Por eso la voluntad de poder es la que impone los valores que, cuando se deterioran o deprecian a causa de las fuerzas reactivas nihilistas, deben ser transvalorados liquidando no solo los valores viejos, sino el origen mismo como causa de esos valores depreciados. No se trata de entender, nos dice Heidegger, la voluntad de poder reduciéndola al mero ejercicio del dominio de un amo sobre sus esclavos. Demás está decir cómo esta conceptualización permite entender el ejercicio totalitario del poder y la convicción férrea de quien lo ejerce.

algo siniestro. Ella, siempre con ese candor que la caracteriza, les pregunta "¿qué desean?" y, como nadie contesta, les ofrece autografiarles una fotografía. Su marido mira la escena desde un sillón. Ella pregunta por el nombre para estampar en la fotografía: el señor de blanco dice llamarse Martín Sotomayor y está con sus dos hijos, uno de ellos, Juan, encarnado por Víctor Bo. Su otro hermano está a cargo de Jorge Barreiro, quien violará a Bárbara en el camino hacia la hacienda, bajo la mirada voyerística de Juan, que no impide el abuso y que nunca la tocará. Los hombres se retiran del camerino; las frases del Sr. Barrera son, indudablemente, las de Armando Bo en la Argentina de 1972:

> SR. BARRERA (*a Bárbara*): No me gusta esto. No me gustan estos tipos, Bárbara, no me gustan.

En la escena inicial del film, Sotomayor dice que quiere llevar a Bárbara a su campo en el sur; ella responde que su marido no querrá, y el Sr. Barrera confirma esa opinión, diciendo que la pareja artística tiene otros planes, otros compromisos y que no se trata de dinero, pero que lo pensará. Sotomayor indica con un cabeceo a sus hijos que es momento de retirarse; decide regresar en avión a su campo y les da instrucciones a sus hijos. Luego veremos a la pareja Barrera salir del local y allí los hijos la asaltan, matan al Sr. Barrera y secuestran a Bárbara, llevándosela en un siniestro Ford Falcon.

Crimen, domesticación y deseo de venganza: pulsión escópica

En las escenas iniciales, el personaje de Jorge Barreiro –sin nombre—, también mira con deseo –como su padre— a Bárbara; más avanzado el relato él la violará, pero más adelante ella misma intentará seducirlo, se le entregará a fin de captarlo en su plan de venganza. Este plan fracasa y él será acribillado a tiros por su propio padre por haber cedido en su deseo. Estamos frente a dos hermanos domes-ticados por el padre, como los dos bueyes que Bárbara mirará bajo el yugo en la estancia de Sotomayor. Es que este padre quiere a esta mujer para sí y, como el Padre de la horda en *Tótem y tabú*, la prohíbe a sus hijos y a sus obreros, que también la desearán, ya no tanto por su belleza y por ser la única hembra disponible, sino sobre todo y precisamente por recaer sobre ella la prohibición. Similarmente, cuando Sotomayor ve a Bárbara conversando y de la mano con Juan, le dice:

> SOTOMAYOR: No te dejaré tocar ni por éste ni por nadie.

Mencho, uno de los muchos hijos bastardos de Sotomayor (alusión, quizá, a lo que se dice del prolífico General Urquiza, otro caudillo, vencedor de Caseros; otra vez, inversión, porque Sotomayor en todo caso –si jugamos con esta alusión— representa mejor a Juan Manuel de Rosas), es un indígena cuya lealtad al caudillo es completa; es, además, un macho rudo y primitivo; le confesará a Bárbara no haber tocado nunca a una mujer y haberse satisfecho solo con ovejas y otros animales. A tal extremo llega la prohibición del patrón –terror que incrementa la animalización de la peonada, la cual no logra ponerse de acuerdo para armar una conspiración que acabe con él, porque en ese nivel animal, no hay posibilidad de fraternidad como alianza entre hermanos, legítimos o bastardos como en el mito antropológico de la horda. No hay, tampoco, banquete totémico para instaurar la Ley a partir de la culpa como instancia de humanización. Y por eso el final del relato abre a la sospecha de hasta qué punto Bárbara y Juan serán capaces de responder a una Ley no encarnada en ninguno de ellos dos, como lo hacía Sotomayor, proto-padre acaparador del goce. Y, en adición, cómo se las arreglarán ambos con el espectro del Padre muerto, y muerto por asesinato, con el Nombre-del-Padre como origen de la Ley, ley que si por un lado funda la alianza entre ellos, deja sin embargo abierta la cuestión a cómo y quién ocupará ese lugar simbólico vacante, quién será capaz de representarlo, si serán capaces de acatar las prohibiciones exigidas por la ley, particularmente la interdicción del incesto en un espacio en el que no parece haber mujeres para los futuros intercambios. La pregunta, tanto para el relato como para la política argentina, es si a partir del desenlace tal como lo deja planteado *Furia* se abrirá un paisaje de goce o de deseo. Este momento, el que Lacan llamó segundo en los tiempos de la metáfora paterna, es definitorio de la estructuración psíquica –y obviamente, si lo llevamos al plano colectivo, también política y cultural—, sea como neurosis, perversión o psicosis. ¿Qué destino político y cultural deviene en el caso de que la excepción a la ley, conformada como superyó, de pronto se torne ley ella misma y *ordene* gozar? ¿Estaríamos retrotraídos –bajo semblantes más bondadosos que Sotomayor— a dar continuidad a la voluntad de poder que se quiso invertir y aniquilar? Si el goce y la pulsión de muerte se generalizan, ¿cómo reinstalar la excepción para que Ley pueda devolvernos al deseo y dejar de propulsarnos a ese más allá del placer?

Podemos ya conjeturar un pliegue posible en la estética de Sarli/Bo: tenemos en *Furia infernal* ese juego de ficción y realidad típico de la perversión, en la que el dolor y el goce de la *escena* perversa se regulan a través de un contrato entre los partenaires. No estamos hablando de perversión en sentido patológico, sino refiriéndonos a la estructura clínica tal como Lacan la ha elaborado, culminando en la fórmula del fantasma perverso (a◊$) que es, como se sabe, el inverso del fantasma neurótico ($◊a). En esta estructura, el perverso siempre está en posición de objeto, trabaja para el goce del Otro: en el caso del contrato entre Bo y Sarli, el director perverso fetichiza a la diva para satisfacer las demandas del público como Otro; él es el *a* de la fórmula del fantasma perverso y Sarli como $ es la que, en varias películas, pero particularmente en *El último amor en Tierra del Fuego*, cuando Armando ya está enfermo, logra a su manera decir 'basta' y salirse en parte de la escena, enunciando los reproches correspondientes a su pareja. Asimismo, en la escena inicial de *Furia* volvemos a tener una relación análoga entre Barrera y Bárbara, pero todavía en el apogeo de una explotación velada por el amor y un proyecto común. Por otro lado, en la ficción, los hijos de Sotomayor son instrumentos para el goce del padre, sometiendo a los peones. Sotomayor, a su vez, será el instrumento de la Patria y los supuestos valores supremos de la nación, a los cuales cree servir. Finalmente, el público que asiste a estas producciones también oficia como los *partenaires* de una cinematografía perversa instrumentada para satisfacer a un Otro rebelde, blasfemo, transgresivo frente a la hegemonía de la oligarquía, la alta burguesía y los sectores militares aliados.

Pulsión escópica, pulsión invocante y perversión

En esa primera escena se juega además la otra dupla perversa: la del exhibicionismo y el voyerismo, con su pulsión escópica; a lo largo del film asistiremos a la transformación de dicha pulsión hacia el sadismo y el masoquismo; esta última, si leve y sutil en la relación de la pareja Bárbara/Barrera, toma una dimensión desembozada en el mundo de Sotomayor. La animalización del mundo humano realizada por este padre prolífico y patrón déspota, asume alcances espectaculares de crueldad, tortura y violencia. Ambas instancias, la íntima de la pareja (un hombre que explota a su mujer ofreciéndola como fetiche a la mirada del Otro) y la vivida en la hacienda de Sotomayor (alusión a la dictadura de 1966-1973) forman también parte de la ficción y parte de la realidad. El contrato aquí está planteado desde ese Otro simbólico de valores nacionalistas, patriarcales y hasta machistas que se sostiene por un pacto implícito, pero difícil de romper entre dominadores y sometidos. *Furia infernal* pone en escena este malestar y apunta a significantizar ese Real dado como ese vaso vacío que desde el comienzo nos interroga desde la pantalla.

La soberanía, como sabemos, consiste en el poder de un individuo de decidir la vida o la muerte de sus súbditos. Sin embargo, esto no nos explica la economía libidinal que funda ese poder, usualmente definido como posesión y derecho al ejercicio de la crueldad. ¿Qué lleva a un sujeto a ese goce ilimitado conseguido por el ejercicio de una voluntad de poder y una soberanía absolutos? ¿Qué lleva a los sometidos a obedecer al punto de desaparecer —afánisis del sujeto, no del deseo— frente a ese poder alienante, sea el de la dictadura o del fetiche cinematográfico? ¿Se trata del famoso 'puede perderme' que plantea Lacan en el *Seminario 11,* respecto a la relación del sujeto con el Otro, seminario en el que también introduce la pulsión invocante ligada al superyó heredero del Ello? Si sadismo y masoquismo hacen del goce y del poder aquello que fundamentalmente pasa y afecta a los cuerpos (aunque ambos, como demostró Lacan y a diferencia de Freud, nunca se complementan; la víctima de un perverso es siempre un neurótico, no otro perverso), ¿qué lleva a un sádico y a un masoquista a permanecer atados a ese goce que no halla caminos por los cuales tramitar su emancipación, aun siendo ambos instrumentos del goce del Otro, sea la metafísica de la Patria o ese público ávido de goce pasivo frente a la pantalla? El perverso quiere sostener un Otro completo, niega la castración. Bárbara aceptará la violencia ejercida por Sotomayor y otros hombres de la estancia, pero solo temporaria o estratégicamente y no porque responda a una pulsión perversa masoquista, sino a un plan (neurótico) para liberarse y vengar el asesinato de su marido.

> BARBARA (*A Sotomayor*): Dios me trajo a este infierno para ser testigo de tamaña injusticia. Usted es un ser despreciable, no merece vivir, jamás podré querer a una bestia como usted, aprovéchese de mí cuanto quiera.

Bárbara —como antes Juan en la escena del puma— invierte la dicotomía de civilización y barbarie: ahora el animal, la bestia, es el patrón. Y en otro momento exclama:

> BARBARA (*A Sotomayor*): Yo no puedo quererlo nunca. Ud. persigue a gente honesta, comete atrocidades, por eso quiero exigir una justicia que usted no quiere reconocer.
> SOTOMAYOR: De qué justicia me habla, todo esto se ha conseguido así, a fuerza de palo y de garrote, estos indios no merecen otra cosa, estos salvajes que

ves tan mansos, son como fieras, como fieras si se sueltan.

Sotomayor solo concibe la sociedad como un contrato autoritario perverso para satisfacer al Otro de la patria y él se ofrece como instrumento para el goce de ese Otro. Ninguna duda pone en crisis su convicción. A su manera, lejos de toda posición masoquista, Bárbara es consciente de que su estrategia pasa por fingir obediencia, porque es el tipo de contrato que Sotomayor parece sostener y entender, aunque, no obstante, desliza también ella su advertencia: "De todos modos, será como tú quieras; tú corres el riesgo". Su nuevo marido le ofrece todo, joyas, propiedades, toda su fortuna y, sobre todo, su nombre propio. Pero Bárbara sabe muy bien lo que ella desea:

> BARBARA (*A Sotomayor*): Lo que me gustaría es que me dejaras en libertad, y que yo pudiera resolver si me quedo o me voy, por la fuerza no se puede retener a nadie.

Sin embargo, el final de la película nada nos dice de cómo ella, en la posición de Sotomayor, como 'matriarca', podría cambiar las relaciones de poder. Este traspaso de poder de lo masculino a lo femenino no necesariamente cambia la estructura, aunque probablemente matice, vele o disminuya la intensidad de sus procedimientos de dominación. En la realidad, también ocurrió ese traspaso sin cambio de estructura cuando, a la muerte de Perón, el poder pasa —al menos formalmente— a Isabel Perón. ¿Es posible feminizar el poder? Como ocurre en ese momento político de la Argentina, Bárbara recurre al crimen tal como los grupos 'subversivos' y Montoneros veían en la guerrilla y la violencia la salida revolucionaria para instaurar un cambio social. Nueva inversión: Isabel Perón es la que inicia el Operativo Independencia.

Muy difícilmente y por razones de estructura, podríamos pensar que Bárbara asumirá una posición sádica como la de Sotomayor ya que ésta no forma parte de su modo de goce, solo limitado a la mascarada femenina. Bárbara, a diferencia de Sotomayor y sus animales que nada se preguntan, sí tiene preguntas. Siguiendo el estilo de preguntas inocentes que se dejan leer en otro sentido, generalmente sexual, tal como Sarli las formula en varios films, en *Furia infernal* ella les pregunta a estos tres visitantes a su camerino lo fundamental: "¿qué desean?" Una vez encerrada en el corral de Sotomayor como un animal más, hace la pregunta por la causa: "¿Por qué hacen esto?". Ella ocupa ahora el lugar de otro animal sacrificado por Sotomayor: su primera esposa, madre de sus hijos legítimos; Sotomayor le cuenta a Bárbara cómo conoció a su ex esposa en la Rural durante una exposición ganadera y, como animal, la trae a su estancia y la encierra en su corral del sur; al encontrarla en intimidad con un peón, la mata, similarmente a como hará con los parientes de Buenos Aires que vienen para saber algo sobre la difunta. Sin duda, la infidelidad de su ex esposa denuncia su posible impotencia bajo la mascarada de mandamás; en todo caso, el perverso no goza, es instrumento del goce del Otro. El relato no es meramente informativo, sino que opera como advertencia a Bárbara de su destino si intenta hacer lo mismo que la esposa anterior; con una retórica de tono cínicamente dulcificado, se filtra la amenaza:

> SOTOMAYOR: Pero usted, encanto, no hará que yo la mate; usted me va a respetar siempre, ¿no es cierto, mi dueña?

Sotomayor solo tiene certezas respecto al goce del Otro, él satisface los "valores sacrosantos de la nación"; no accede nunca —como los militares de las juntas— a la posición de sujeto dividido que no sabe; sus sometidos están a nivel animal y por lo mismo han perdido su humanidad marcada por el lenguaje; son por ello mismo aquellos a quienes la pulsión lleva a los extremos más alejados del principio del placer. Ambos, patrón y sus subalternos, a su manera responden a la pulsión invocante, al llamado de esa voz áfona y sin sentido, eco de un Real indecible para el significante y que el sujeto incorpora para lidiar con su angustia y frente al vacío del Otro; voz, pues, de dimensión superyoica e insensata que impele a los sujetos a gozar cada vez más, cada vez más letalmente hasta casi arrasar al sujeto y su deseo, obligándolo a obedecer y sostener a toda costa los valores patriarcales, machistas y heterosexuales los cuales, en este caso, los conduce incluso a formas extremas de sexualidad, como la zoofilia. Sotomayor se amarra desesperado a una garantía del Otro cuya tachadura, cuya falta él no tolera y por eso se ofrece como objeto para suturarla actuando sádicamente sobre su víctima.[107] Y no sorprende que sea Bárbara, la única mujer en este relato, la que con su cuerpo de mujer presentifique la castración, vele la falta bajo las pieles y haga corte en los discursos autoritarios asumidos por todos, haciendo vacilar simultáneamente todo el sistema. Bárbara instala el objeto a, causa del deseo, en aquellos deshumanizados reducidos a lo instintivo para quienes lo rechazado en lo simbólico de ese mundo autoritario e inapelable les regresa desde lo real. Al matar a Sotomayor, falazmente autopostulado como un A [Autre] sin tachadura y no visualizado como aquello que realmente es –el objeto instrumento en la fórmula lacaniana de la perversión ($a \lozenge \$$)—, Bárbara reinstala la falta en el Otro desde la fórmula neurótica ($\$ \lozenge a$), dando lugar al deseo y a la demanda y, por ende, a la Ley, reinstalando –en ese paisaje mortífero— la vida como posibilidad de apertura de la historia.

Bárbara finge ser un Severino camuflado bajo la figura de "la Venus de las pieles", paseándose cubierta de ellas por la hacienda, velando una falta que desestabiliza el encuadre autoritario. Sin embargo, a diferencia de los gritos o del silencio de la paisanada y de los hijos –forma primitiva e infantil de la pulsión invocante, demanda vana de hacerse escuchar, resonar en el Otro—, Bárbara formula a

---

[107] Se sabe cómo la Junta Militar argentina y los dictadores de turno en América Latina y otras latitudes respondían –como lo hacen las derechas actuales en el gobierno— a los mandatos de Estados Unidos o la Unión Soviética, como el Otro que las instalaba como instrumentos para someter sádicamente a los pueblos.

cada paso del film preguntas sobre la justicia, mezcladas con su desprecio frente a Sotomayor u otros hombres que pretenden abusarla y hasta contra aquellos que, con el resto de humanidad que todavía conservan, viven bajo un manto de terror tal que les impide reaccionar frente al abuso de poder. El diálogo con el hijo de Sotomayor ubica la alegoría en la frontera de la realidad opresiva que vivía la Argentina desde 1966 y que volverá a vivir a partir de 1976:

> HIJO (Jorge Barreiro): Has conseguido lo que querías; eres la dueña de todo esto.
> BARBARA: Lo quiso tu padre.
> HIJO: Un padre que por una mujer deja en la calle a su hijo, no es un padre; siempre me despreció.
> BARBARA: ¿Qué puedo decir yo? Que porque me hizo su esposa, debo aguantarlo cerca de mí y sentir el contacto de su piel inmunda. Ustedes mataron a mi marido, a quien quería más que a mi vida. ¿Cómo es posible que un solo hombre pueda dominar a todos, jamás imaginé algo igual?
> HIJO: Detrás de él hay muchos intereses que se mueven, puedes rebelarte aquí, pero después...
> BARBARA: "...no podrás escapar a la organización", algo había leído sobre esto, pero nunca creí que podría ser real.
> HIJO: No pienses en meterte a redentora; todos los que se han metido, han salido muy mal.
> BARBARA: Pueden matar a los hombres, pero las ideas no mueren. Tarde o temprano la justicia se hace. Yo no quiero estar más aquí, odio a Martín, siento nacer dentro de mí una sed de venganza, una furia interior que desconocía. No, no puedo soportar tanta violencia inútil y criminal. Ustedes no reaccionan por-

que no son hombres, no son machos, porque les faltan huevos para enfrentar a su padre. ¡Cobardes, cobardes de mierda!

La transformación de la demanda de justicia –entendida
como reinstalar el estado de derechos— en venganza[108] frente a los
horrores de la dictadura, tal como lo vemos en este diálogo, y el afán
de posicionarse como redentora de las masas, podrían, ambos analo-
garse a cómo las agrupaciones de izquierda van a responder a esa
exclusión del líder cuando éste los tilda de 'estúpidos imberbes'. Bárbara va a ocupar el lugar vacante de los machos: hace así oír una palabra, su palabra de sentido oscuro para esos oprimidos que ha-bitan
este corral-país domesticado por el lema "el silencio es salud". Si los
dictadores pueden cerrar las bocas, amordazar con el terror, poco
pueden hacer frente al oído que no se puede cerrar; de a poco la voz
–en su sinsentido, en su enigma— termina resonando en el cuerpo,
en los cuerpos de estos subalternos y, sin duda, en el del mismo patrón. La pulsión invocante deviene así ese "hacerse oír" a partir de
esa resonancia de la voz en el cuerpo que testifica que hay un *decir*,
aunque no se entiendan las palabras. Es a ese *decir* reprimido al que
apunta Bárbara y el cine de Sarli/Bo.

De la Patria a la Matria: el malestar en la cultura argentina

Furia infernal puede ser leída como ese traspaso de la voluntad
de poder de los representantes masculinos de la Patria a la representante única de la Matria, esto es del despotismo o la dictadura sádica
machista a una democracia neurótica feminizada. Pero también como

---

[108] Nietzsche resuenta en muchas reflexiones de Walter Benjamin y Michel
Foucault; admite el devenir como un entramado de fuerzas activas y reactivas en
constante conflicto. Indudablemente, hay aquí una reflexión sobre la violencia
como fundadora del derecho y del derecho como acaparador de la violencia necesaria para regular la cadena infinita de las venganzas como compensación bajo el
famoso lema de "ojo por ojo, diente por diente'.

el pasaje del fetichismo de la escena inicial a la aceptación de la castración al final del film. Si a lo largo del relato de *Furia* Bárbara se posiciona como el fetiche que seduce a los machos y les permite negar la castración de la madre, lo mismo puede decirse de la cinematografía de Sarli/Bo, ofrecida a su público como un fetiche que vela la falta –falta de libertad— al nivel de la Nación. Al final, por el contrario, el cine y el relato vislumbran un atravesamiento de la castración que reinstala al Otro tachado y abre la puerta al deseo de justicia, pero en su forma más violenta: invitándolo a tomar armas como forma de ejecutar su venganza frente a los opresores.

Bárbara va a moverse en el relato dentro de la lógica fálica. En cuanto el falo es el significante de la falta y, por ende, del deseo y de la castración, ella, como mujer, va a intentar una recuperación fálica por medio de varias estrategias. Como ocurre en casi todas las películas de la dupla, los personajes de Sarli buscan dicha recuperación fálica por medio del amor: *ser* el falo para el otro, lo que el otro desea, ser la falta del otro y, también, *tener* el falo, es decir, tener un hombre, tener hijos, tener fama y tener poder, todos ellos objetos imaginarios. A diferencia de otras mujeres, Bárbara no quiere ser bella ni tener belleza porque eso ya está en ella, ya lo tiene y es causa en los relatos de todas sus desdichas. En un par de películas (como *Furia infernal* y *El último amor en Tierra del Fuego* [1979]) podrá tener hijastros, aunque no realmente deseados; en *Desnuda en la arena* (1969) es madre, tiene un hijo, pero éste realmente no satisface su falta. En general, a diferencia de lo que sabemos de la vida privada de Isabel Sarli en la que deseaba tener un hijo de Armando Bo, en las películas –salvo *Embrujada*—no aspira a una recuperación fálica por la vía de la maternidad. En ambos casos, el de ser y el de tener el falo, la mujer –como el subalterno— queda en posición subordinada al Otro, particularmente al otro masculino, del que quiere ser su falta y del que espera reconocimiento. Ella es siempre el correlato del deseo del Otro, y su ser femenino queda de este modo sin especificarse en sí como tal. ¿Podría la mujer responder de su deseo desde otra lógica

que la lógica fálica? He ahí la encrucijada política más aguda y desesperada de la actualidad.

Al comienzo, Bárbara *es* el falo para su esposo que la ama y
representa el falo para su público que la desea (en la ficción y en la
sala); ella se propone como esa imagen que oficia de velo del objeto
del deseo –el i(*a*) lacaniano—, con el que juega su striptease, no obstante, no lo *tiene*: todavía no ha llegado al éxito y a la fama, no tiene
un hijo, no tiene mayor poder ni dinero. *Furia infernal* será la gesta por
la cual Bárbara quiere tener el falo después del asesinato de su esposo:
logrará tener dinero, pieles, propiedades, poder y hasta hijastros, pero
sobre todo satisfacer su sed de venganza; todos ellos, como vemos,
son objetos concretos sustitutos de la falta. En cuanto a los hijos de
Sotomayor, ella se sostiene como el sustituto simbólico del falo imaginario faltante de la Madre –amada, deseada, pero a la vez temida—
a la que ni siquiera han podido renunciar; Bárbara, por lo demás,
evoca la castración, experiencia por la que ellos tienen que pasar para
amar o gozar a otra mujer. Si la renuncia a la madre es la que debería
llevar a los hijos a identificarse con su padre, Martín Sotomayor y, en
consecuencia, orientar su elección de objeto a partir de lo fálico, esta
etapa del Edipo fue obstaculizada en la película en la medida en que
a estos hijos la Madre no les fue prohibida sino aniquilada criminal-
mente por el padre. Las diversas vacilaciones de los hijos de Sotomayor respecto de Bárbara como madre/mujer explica, por un lado, el
sometimiento temeroso de éstos a su padre y, por otro, la pulsión
parricida que los sacude, pero que no se deciden a concretar. Se entiende, además, que ambos carezcan de toda posibilidad de amar a
una mujer (sea porque están completamente ausentes en su hábitat o
bien porque son, como Bárbara, siempre arrebatadas por el padre
para su propio goce).

La presencia de Bárbara en los dominios de Sotomayor va a
producir una conmoción en este encuadre edípico no completado.
De ser ella, a su llegada a la estancia, un objeto que puede ser poseído
y domado, de presentarse como análoga al puma, Bárbara, que ha
perdido ya su amor y se siente salvajemente *acorralada*, irá desplegan-

do paulatinamente sus estrategias para dejar de ser el falo y, en cambio, apostar a tenerlo. Habiendo perdido el amor, esto es, ese lazo imaginario con su esposo (quizás, siguiendo a Freud, como subrogado del padre) quien la sostenía en cuanto al *ser* (ser el falo de un hombre, es decir, ser amada y deseada en tanto identificada al falo como significante de la falta en el Otro, al ser reconocida como algo valioso para su marido más allá de ser para él objeto de satisfacción), Bárbara *ya sabe* que no es causa de deseo y de amor (del marido, porque ha sido asesinado; tampoco de otros hombres, porque es para ellos un fetiche, un objeto para el goce de ellos, usable y descartable, nunca valioso, nunca apreciado o indispensable). Si ya no puede ser el falo para alguien, esto es, el significante del deseo, el significante de la falta del Otro, entonces nada tiene que perder, pero mucho por ganar. Una vez casada legalmente, la venganza se le presenta como la puerta regia a todos los otros objetos concretos para tener el falo. Y a partir del crimen de quien legisla la estancia y encarna la ley del goce, Bárbara relocalizará el falo a nivel simbólico.

Aquello que le falta a Bárbara en el corral es la Ley para situar nuevamente el deseo, para reinstalar un Otro simbólico, esto es, reinstalar la falta en el Otro frente al déspota autopostulado como completo. Su intento, como ella explícitamente lo dice, es reposicionar, por medio de su venganza, el amor como potencia unificante, superando el estado de odio generalizado implantado por Sotomayor. Como puede verse, a nivel del personaje y a nivel del relato (a nivel también de la realidad argentina de ese momento), la falta fundamental es la del amor, el lazo erótico del Común. Al fracasar en su intento de conspiración para reinstalar esa falta, ella se decide por hacer justicia por su propia mano (igual a *Tótem y tabú*, pero invertido, en este caso en cuanto a género y número), a fin de reponer la barra sobre ese Otro dictatorial, lo cual, como en Freud, acarrea la culpa estructural como base de la Ley con su fase prohibitiva decisiva para que haya deseo. Y aunque Bárbara acepta que no es el falo, aunque reinstala lo simbólico, no sabemos si ese simbólico será igual al derrocado. En todo caso, queda en suspenso que Bárbara sea capaz de promover

una transvaloración del autoritarismo y del totalitarismo de Sotomayor. Nada asegura que ella no desee otra vez ser el falo de un Otro
colectivo, ser amada, deseada, admirada; nada asegura que su nueva
posición de dueña absoluta de la estancia la lleve a abrir el sistema de
intercambios y que éstos puedan incluso dejar de reproducir el patriarcado, lo heteronormativo y el machismo. En fin, nada asegura
que Bárbara no se convierta en "una déspota bella, voluptuosa y
cruel, arrogante favorita, despiadada por capricho. –Y que además
lleve pieles...".

Como venimos viendo, *Furia infernal* alegoriza el Real del malestar en la cultura argentina y le pone palabras: ese malestar es la
domesticación de la masa (como una doma –masculina y femenina,
donde todos están mujerizados por el poder—[109] para tenerla disponible, sumisa y obediente para beneficio del aparato productivo); esa
domesticación –incluso bajo el lema de 'civilización'— es la que nos
viene desde la dictadura de Rosas, como lo testimonia el texto famoso
de Echeverría y cruza la historia nacional, como una constante neocolonial sostenida por diversos actores y modalidades. A la vez devela
el fantasma perverso en lo macropolítico con aquello que, en esa
época, se denominaba la teoría de la dependencia: gobiernos locales
producto de manipulaciones (violentas o diplomáticas), instrumenta-
das desde Washington o Moscú.

El cine de Sarli/Bo, a pesar de sus cesiones al deseo del Otro
(patriarcado, heterosexualidad, machismo),[110] abre no obstante la
puerta a la autoconciencia de la mujer –como mujer y como emblema
del subalterno—, incita su rebeldía, su crítica y su empoderamiento.
La mujer se desnuda, se despoja de los ropajes, de sus pieles, impuestos por el capitalismo desde sus etapas de conquista y colonización y,

---

[109] En mi aproximación crítica a los textos suelo distinguir entre feminización
y mujerización; el primero supone una identificación a un ideal de mujer (travesti,
transexual, etc.); el segundo, en cambio, se refiere a posiciones y roles impuestos
por la cultura a partir de la subalternización de la mujer como emblema de todas
las sumisiones.

[110] Aunque en algunos films se incorpora la figura del homosexual y se la trata
con indulgencia y tolerancia, el personaje está siempre representado en una versión
afeminada y como elemento cómico y marginal.

como quería G. Bataille, reinstala un erotismo entendido como dar continuidad a la vida; es también la versión de un sujeto que desbroza los sutiles mecanismos de alienación al Otro de la cultura pero que, a pesar de aproximarse a la separación (tal como la entiende Lacan en el *Seminario 11*) como reafirmación del sujeto, no logra emanciparse completamente y, por eso, termina capturada en la mayoría de los films por el amor a un hombre.

La reescritura en el cine de Sarli/Bo, al intentar subvertir la dependencia al hipotexto (igual que la izquierda política de aquellos años), opera, como hemos visto, por inversión y transformación de elementos: juega con la parodia intercambiando roles, personajes, géneros, clase, raza. Desestabiliza el sistema de valores naturalizados y explora las fronteras de la sexualidad como la matriz política de la cultura y de la vida. Ese es su lado positivo. Ahora bien, si subvertir significa, según el Diccionario de la RAE, "trastornar o alterar algo, especialmente el orden establecido", entonces *Furia infernal* no puede ser catalogada como subversión. La reescritura –para muchas películas del dúo— parece apostar más por la inversión que, según el mismo diccionario, supone "cambiar, sustituyéndolos (los elementos) por sus contrarios, la posición, el orden o el sentido de las cosas"; este cine, en este sentido, invierte (deposita, emplea, gasta) su caudal estético y crítico en dar vuelta el sistema, pero no subvertirlo, transformarlo; no logra, pues, una transvaloración de todos los valores, como quería Nietzsche. A pesar de su eficacia a nivel del sentido, pareciera no obstante conservar y no poder realmente modificar la estructura que quiere subvertir: la estructura perversa del sistema y de la sexualidad, el patriarcado y la heteronorma inherentes al capitalismo y su ética 'protestante' (Weber), de raigambre judeo-cristiana.

La historia argentina, su política y sus luchas, y obviamente el cine, tomaron desde 1983, rumbos diversos, pero lo que pareciera quedar claro es que no apunta a subvertir el sistema cambiando el tono de los elementos por medio de la violencia, sino a transformarlo a nivel de estructura mediante un activismo crítico, de base feminista indudablemente, cuya estrategia es ir deconstruyendo el núcleo de dicha estructura conservadora, desvirtuando el centro y multiplicando los focos nocivos y enfermantes del síntoma socio-cultural, para mejor combatirlos; aplicará su intervención crítica según una agenda de urgencia, también marcada por la sexualidad, en busca de la emancipación, partiendo, claro está, del emblema de la subalternidad: la mujer y la sexualidad. No me caben dudas de que el cine de Sarli/Bo, incluso en sus fallidos, fue el iniciador de esta nueva etapa al politizar la sexualidad y/o sexualizar la política.

Si acoplamos estas reflexiones a nuestra aproximación desde la voluntad de poder, tal como venimos haciendo en este ensayo, entonces podemos adelantar algunas conclusiones. Mi hipótesis estético-política es que *Furia infernal*, filmada y exhibida en la frontera entre las dos dictaduras (Revolución Argentina y Proceso de Reorganización Nacional), opera como una bisagra entre ellas. En este sentido, demostraría ser un producto cultural típico de aquello que Heidegger, en su lectura de *La voluntad de poder* de Nietzsche, llama "estado de indecisión" (598) en cuanto al nihilismo, considerado no como una etapa de una historia del nihilismo, sino en cuanto a que "[e]l nihilismo *es* historia [la cual] contribuye a constituir la esencia de la historia occidental" (596). Se trata de un estado de transición en el proceso de transvaloración de todos los valores. *Furia*, me parece, muestra y demuestra el pasaje del capitalismo neocolonial de un momento de opresión del país y de los pueblos, en su dependencia a los poderes centrales, y en el que todavía los cuerpos excluidos son sacrificados, a la necropolítica iniciada en 1976 con la desaparición de los cuerpos ahora insacrificados. Se detecta así un estado de cambio en la sociedad y en la voluntad de poder. Ahora bien, si aceptamos que la transvaloración de los valores implica no solo la inversión y sustitución de los viejos valores por los nuevos sino, mucho más radicalmente, la liquidación completa del lugar de origen, procedencia y proveniencia de los valores antiguos, entonces es comprensible que *Furia* exhiba la conmoción del sistema social a partir de percibir un vacío en el que la sociedad ya siente que no logra ni ajustarse ni regularse por los valores existentes. De ahí que *Furia* confronte un tope en el ejercicio de su mirada como fundadora de una perspectiva ambigua, indecisa, entre lo viejo y el porvenir. No logra, pues, ni aniquilar el lugar de origen de los viejos valores, ni tampoco fundar un nuevo lugar para originar valores más acordes con la nueva experiencia social. Me animo a postular que, a partir del proceso de redemocratización iniciado en 1983, la cultura y la política argentinas han permanecido hasta hoy dentro de este momento de transición. Y si, como afirma Nietzsche, "[l]os intentos de escapar al nihilismo *sin* transvalorar los valores válidos hasta el momento: provocan lo contrario, agudizan el problema" (citado por Heidegger 598), el nihilismo argentino parece haber ido pasando por un movimiento de zig-zag, o bien de avances y retrocesos, a veces apuntando a un cambio de perspectiva y, en otros, cuando no en su mayor parte, agudizando los problemas por no poder escapar al nihilismo sostenido por el viejo sistema de valores, por querer cambiar los valores, pero seguir manteniendo y ocupando el antiguo lugar (597).

Bibliografía consultada

Agamben, Giorgio. *Homo sacer. El poder soberano y la nuda vida*. Pre-Textos, 2006.

Alemán, Jorge. *Soledad:Común. Políticas en Lacan*. Capital intelectual, 2016.

---. "Latinoamérica y los intelectuales europeos". *Página 12* Suplemento El país, 25 agosto 2020.

Barthes, Roland. *Fragmentos de un discurso amoroso*. Siglo XXI Editores, 1982.

Bataille, Georges. *El erotismo*. Tusquets Editores, 1997.

Benjamin, Walter. *Para una crítica de la violencia y otros ensayos*. Taurus, 2001.

Cragnolini, Mónica E. "Filosofía nietzscheana de la tensión: la resistencia del pensar". *Contrastes Revista Interdisciplinar de Filosofía* Vol. 5 (2000): pp. 225-240.

Deleuze, Gilles. *Nietzsche y la filosofía*. Editorial Anagrama, 1998.

---. *Nietzsche*. Arena Libros, 2000.

Eidelsztein, Alfredo. "Los conceptos de alienación y separación de Jacques Lacan". file:///C:/Users/Gustavo/Downloads/Dialnet-LosConceptosDeAlienacionYSeparacionDe-JacquesLacan-3807296%20(1).pdf

Foucault, Michel. "Nietzsche, la Genealogía, la Historia". En *Microfísica del poder*. La piqueta, 1979. 7-29

---. *La verdad y las formas jurídicas*. Editorial Gedisa, 1996.

Foster, David W. "Las lolas de la Coca: El cuerpo femenino en el cine de Isabel Sarli". *Revista Karpa* 1.2 (2008) file:///C:/Users/ggeir/Downloads/Foster_David_William_Las_lolas_de_la_Coc.pdf

Freud, Sigmund. *Tótem y tabú. Obras completas*. XIII. Amorrortu Editores, 1976.

---. "El delirio y los sueños en 'La Gradiva' de W. Jensen". *Obras completas*. IX. Amorrortu, 1992.

---. *Puntualizaciones psicoanalíticas sobre un caso de paranoia (Dementia para-noides) descrito autobiográficamente. Obras completas.* IX. Amo-rrortu, 1991.

García Lorca, Federico. *Yerma.* http://www.cervantesvir-tual.com/obra-visor/yerma-775116/html/2adf6d89-47d4-48e3-a945-048c8fb78eae_2.html

Geirola, Gustavo. Geirola, Gustavo. "Justicia, neoliberalismo y exti-midad: A propósito de *Hambre*, de Merly Macías". Argus-*a* VIII.32 (Junio 2019). http://www.argus-a.com.ar/archivos-dinamicas/1382-1.pdf

---. "El bifurcado camino de la melancolía: la civilización del espec-táculo y el futuro del teatro latinoamericano". Encinas, Percy, ed. *Puesta en Escena y otros problemas del teatro.* Escuela Nacional Superior de Arte Dramático (Lima), 2017. 81-118.

---. "Praxis teatral y puesta en escena: la psicosis como máscara es-pectatorial en el ensayo teatral (2ª parte)". *Telondefondo Revista de teoría y crítica teatral* 9.18 (2013). http://www.telonde-fondo.org/numero18/articulo/487/praxis-teatral-y-puesta-en-escena-la-psicosis-como-mascara-espectatorial-en-el-en-sayo-teatral-2-parte-.html

---. "Praxis teatral y puesta en escena: la psicosis como máscara es-pectatorial en el ensayo teatral (1ª parte)". *Telondefondo Re-vista de teoría y crítica teatral* 9.17 (2013). http://www.telonde-fondo.org/numeros-anteriores/numero17/ar-ticulo/464/praxis-teatral-y-puesta-en-escena-la-psicosis-como-mascara-espectatorial-en-el-ensayo-teatral-1-parte.html

---. "El director y su público: la puesta en escena y las estructuras espectatoriales." *Telondefondo Revista de teoría y crítica teatral* 8.15 (2012).http://telondefondo.org/numero15/ar-ticulo/403/el-director-y-su-publico-la-puesta-en-escena-y-las-estructuras-espectatoriales.html

Genette, Gerard. *Palimpsestos.* Taurus, 1989.

Gerez Ambertín, Marta. *Las voces del superyó. En la clínica psicoanalítica y en el malestar en la cultura.* Manantial, 1993.

---. *Venganza ◊ Culpa. Dilemas y respuestas en psicoanálisis.* Letra Viva, 2016.

---, ed. *Culpa, responsabilidad y castigo en el discurso jurídico y psicoanalítico I.* 3ra. Edición. Letra Viva, 2011.

---, ed. *Culpa, responsabilidad y castigo en el discurso jurídico y psicoanalítico III.* Letra Viva, 2009.

---, ed. *Culpa, responsabilidad y castigo en el discurso jurídico y psicoanalítico II.* Letra Viva, 2004.

Jaspers, Karl. *Nietzsche.* Editorial Sudamericana, 1963.

Jottkantd, Sigi. "Prendas y comparaciones. *Primer amor* de Turguenev". En Zizek, Slavoj, ed. Lacan: *Los interlocutores mudos.* Ediciones Akal, 2006. 351-374

Lacan, Jacques. *Hablo a las paredes.* Paidós, 2012.

---. *Escritos.* 2 tomos. Siglo XXI, 2007.

---. *Otros escritos.* Paidós, 2012.

---. *Seminario 3. Las psicosis.* Paidós, 1995.

---. *Seminario 10. La angustia.* Paidós, 2006.

---. *Seminario 11. Los cuatro conceptos fundamentales del psicoanálisis.* Paidós, 1987.

---. *Seminario 20. Aun.* Paidós, 1985.

---. *Seminario 23 El sinthome.* Paidós, 2006.

Laclau, Ernesto. *La razón populista.* Fondo de Cultural Económica, 2014.

Lutereau, Luciano y Agustín Kripper, comp. *Deseo, poder y diferencia. Foucault y el psicoanálisis.* Letra Viva, 2013.

Heidegger, Martin. *Nietzsche.* Ariel, 2013.

Mbembe, Achille. *Necropolítica.* Editorial Melusina, 2011.

Merlin, Nora. *Populismo y psicoanálisis.* Letra Viva, 2015.

Miller, Jacques-Alain. *Los signos del goce.* Paidós, 2012.

---. *Los divinos detalles.* Paidós, 2014.

Montes, Alicia. *De los cuerpos travestis a los cuerpos zombis. La carne como figura de la historia.* Argus-*a* Artes y Humanidades/Arts & Humanities, 2017.

Nietzsche, Friedrich. *Consideraciones intempestivas* 1. Alianza Editorial, 1988.

---. *La voluntad de poder.* Edaf, 2000.

Perón, Juan Domingo. *Cuadernillos de formación político-sindical*, No. 2. Unión del Personal Civil de la Nación, s/f. https://www.upcndigital.org/files/publicaciones/CDN/cuadernillos_de_Peron-2.pdf

Proaño Gómez, Lola. *Poética, política y ruptura. La revolución argentina (1966-1973): experimento frustrado de imposición liberal y 'normalización' de la economía.* 2da. Edición revisada y ampliada. Argus-*a* Artes y Humanidades/Arts & Humanities, 2020.

Sacher-Masoch. *La Venus de las pieles.* Alianza Editorial, 1963.

Themi, Tim. "How Lacan's improve our understanding of Nietzsche's critique of Platonism: the neurosis & nihilism of 'Life' against Live". *Cosmos and History: The Journal of Natural and Social Philosophy*, vol. 4, nos. 1-2, 2008. 328-346.

Vega, Lope de. *Fuenteovejuna.* http://www.cervantesvirtual.com/obra-visor/fuente-ovejuna--1/html/fedc4d4e-82b1-11df-acc7-002185ce6064_2.html

Walsh, María Elena. "Desventuras en el País-Jardín-de-Infantes". *Clarín* 16 agosto 1979. https://www.elhistoriador.com.ar/desventuras-en-el-pais-jardin-de-infantes-por-maria-elena-walsh/

Autores y lectores

Autores

Ailín Basilio Fabris

Licenciada en Ciencias Sociales por la Universidad Nacional de Quilmes (UNQ). Estudiante del Profesorado en Ciencias Sociales por la UNQ. Fue becaria EVC-CIN (2018-2019). Actualmente, es doctoranda en Ciencias Sociales y Humanidades (UNQ) y becaria departamental del Departamento de Ciencias Sociales en la Universidad Nacional de Quilmes. Es becaria e integrante del Centro de Estudios en Historia, Cultura y Memoria. Participa del Proyecto de Investigación "Estudio de las Relaciones entre Estado, Sociedad y Cultura en la Argentina". Sus temas de investigación giran en torno a la historia social y cultural de la sexualidad en Argentina durante la segunda mitad del Siglo XX.

Sylvia Bonfiglio

Es Profesora y Licenciada en Letras U. N. L.Z. (Universidad Nacional de Lomas de Zamora), titular de las cátedras de Historia Social y Cultural de la Literatura I, II, III y IV en el Instituto Superior de Formación Pedagógica "Siglo XXI" de Lomas de Zamora. Re-dactora de "El Banfileño Clandestino" periódico y blog de lteratura y cultura creado por Sergio Mercurio. Directora de "Clandestino", página de Facebook de cultura y literatura. Ha publicado un libro en coautoría con cuatro profesoras titulado *Amanecido de poesía y muerto de poesía. Un recorrido por el universo lorquiano,* texto ensayístico sobre la casi totalidad de la obra de Federico García Lorca. En 2018 presenta su libro de relatos *Una manta* en el que teje fragmentos de la historia nacional con su propia historia personal. Dramaturga y directora teatral. Se ha formado en dramaturgia y dirección teatral con Sergio Mercurio, Mauricio Kartún, Marco Antonio de La Parra y Guillermo Cacacce. Forma parte de la organización del homenaje a Julio Cortazar. Vive en Banfield, Partido de Lomas de Zamora. Provincia de Buenos Aires, Argentina.

Mónica B. Cragnolini

Es profesora regular de *Metafísica, Filosofía de la animalidad* y *Problemas especiales de Metafísica,* y directora de la *Maestría en Estudios Interdisciplinarios de la Subjetividad* en la Facultad de Filosofía y Letras de la Universidad de Buenos Aires. Investigadora principal del CO-NI-CET. Autora de *Nietzsche, camino y demora,* Buenos Aires: EU-DEBA, 1998, 2da ed: Biblos, 2003, *Moradas nietzscheanas: del sí mismo, del otro y del entre,* Buenos Aires: La cebra, 2006, ed. mexicana: *Moradas Nietzscheanas,* Universidad Autónoma Ciudad de México: México DF, 2009; *Derrida, un pensador del resto,* Buenos Aires: La cebra, 2007, *Extraños animales: filosofía y animalidad en el pensar contemporáneo,* Buenos Aires: Prometeo, 2016, entre otros libros. Es directora de la revista *Instantes y Azares- Escrituras nietzscheanas.* Reside en Buenos Aires, Argentina.

Néstor Cremonte

Egresó de la Facultad de Ciencias Exactas por la Universidad Nacional de La Plata (1969). Es Magister en Letras Hispánicas por la Universidad Nacional de Mar del Plata (2009); Magister Artis en Historia por la Universidad Nacional de Mar del Plata (2013) y Doctor en Letras por la Universidad Nacional de Mar del Plata (2018), donde realizó la docencia en la especialidad de comunicación mediática. Ha publicado dos ensayos: *La Gazeta de Buenos Ayres de 1810.* Luces y sombras de la ilustración revolucionaria (2010) y *Na-rrativas y Laberintos. Memoria, Poder y Representaciones.* Enlaces y reenvíos entre la revolución de 1810 y el festejo de su centenario (2020). Su novela *La Noche de James Dean* publicada en el año 2010, resultó finalista del Premio Internacional de Novela Letra Sur (2008). Vive en Mar del Plata (Argentina).

Miguel Ángel Gavilán

Es Profesor en Letras egresado de la Universidad Nacional del Litoral. Tiene publicados los siguientes títulos: *Testigos de la Ira* (1993), *Propiedad Privada* (2001-poemas), *Los párpados y el asombro (una lectura de 'Poeta en Nueva York')* (2001-Ensayo-Premio edición Municipalidad de Santa Fe), *Llueve en Arizona* (2010-cuentos-Mención única en el concurso Provincial "Alcides Greca"2010), *Escorzo* (2017-Novela. Finalista del Premio EMECÉ 2011. Premio Edición ciudad de Santa Fe 2017). Colabora con el Portal de la Memoria Gringa dependiente del departamento de Literatura Comparadas de la UNL. Conduce el programa radial semanal "Los fantasmas de la colmena" que se transmite por FM "SOL" 91.5 de Santa Fe y que depende de la Asociación Santafesina de Escritores y, por Canal Veo, el micro televisivo "Dos lectores", también en la ciudad de Santa Fe.

Gustavo Geirola

Hazel Cooper Jordan Chair in Arts and Humanities. Es director e investigador teatral, Profesor en el Departamento de Lenguas Modernas y Literaturas de Whittier College, Los Angeles, California. Obtuvo su Profesorado en Letras en la Universidad de Buenos Aires y su doctorado en Arizona State University. Ha enseñado en la Universidad de Salta, Sede Regional Orán, en la Escuela de Teatro de la Facultad de Artes de la Universidad de Tucumán; en The Catholic University of America, en Washington D.C. y en Arizona State University. Director de la Editorial Argus-*a* Artes y Humanidades/Arts & Humanities. Autor de *Teatralidad y experiencia política en América Latina* (Irvine: Gestos, 2000). Es co-editor con Lola Proaño de los tres volúmenes de la *Antología de teatro latinoamericano 1950-2007*, publicada en 2010 por el Instituto Nacional de Teatro de Argentina y de *¡Todo a pulmón! Entrevistas a diez teatristas argentinos* en 2016. Ha publicado seis volúmenes de *Arte y oficio del director teatral en América Latina* con entrevistas a directores de las Américas y *Sueño. Improvisación. Teatro. Ensayos sobre la praxis teatral* (2019). Lleva publicados innumerables ensayos y artículos sobre literatura, teatro, cine, televisión y cultura popular desde perspectivas diversas: estu-dios gays y lésbicos, teoría queer, psicoanálisis, culturas asiáticas en América Latina; muchos de ellos aparecidos en libros y prestigiosas revistas académicas en los Estados Unidos, Europa y América Latina.

Denise Pieniazek

Es estudiante avanzada de la Licenciatura en Artes de la Universidad de Buenos Aires y estudiante de la carrera de Escenografía de la Universidad Nacional de las Artes. Es investigadora del Instituto de Artes del Espectáculo Dr. Raúl Castagnino (UBA) y miembro de la Asociación Argentina de Investigación y Crítica Teatral. Desarrolla la crítica periodística en diversas revistas culturales y artísticas, y en un programa de espectáculos en Radio Del Plata. Es autora del artículo "Mecha Ortiz: la primera femme fatale del cine argentino. Entre la ambigüedad de la Mireya y la araña" publicado en el libro *Imágenes y públicos del cine argentino clásico* (2018), y del ensayo "Gustavo Ferreira: un alma que no tiene género" publicado en el libro *Fragmentos de lo Queer. Arte en América Latina e Iberoamérica* (2016).

Germán Pitta

Magister en Ciencias humanas (Literatura latinoamericana) y Licenciado en Letras, egresado de la Universidad de la República Oriental del Uruguay. Profesor de literatura egresado del Instituto de Profesores Artigas (IPA). Candidato a Doctor en el área de Letras, Opción Literatura Latinoamericana, por la Facultad de Humanidades y Ciencias de la Educación (UdelaR). Ha publicado artículos en revistas académicas nacionales y extranjeras. Formó parte del Consejo Editor de la revista *Paréntesis* (Uruguay). Actualmente, forma parte del Consejo Editor de la revista literaria *Tenso Diagonal* (Uru-guay). En el año 2016, publica su primer libro titulado *La nación y sus narrativas corporales. El cuerpo femenino en la novela sentimental uruguaya del siglo XIX (1880-1907)*. El libro fue reeditado en el año 2017 por la Editorial Paréntesis.

Lectores

Assen Kokalov

Es Profesor Asociado de literatura y lengua española en Purdue University Northwest y especialista en el estudio de literatura y cine latinoamericanos, teoría queer y de género. Se recibió como doctor de literatura y lengua española de Arizona State University (Tempe, AZ, Estados Unidos). Ha publicado dos libros: *Pólvora, sangre y sexo: dialogismos contemporáneos entre la literatura y el cine en América Latina* (2014) y *La novelística de Luis Benítez: aproximaciones críticas a la historiografía, la mitología y la masculinidad patriarcal* (2015). También es el autor de una serie de artículos que aparecen en prestigiosas revistas académicas como *Chasqui, Letras Hispanas, Revista de estudios hispáni-cos* y *Hispanic Journal,* entre otras.

Lizardo Herrera

Es Profesor Asociado en Whittier College, Los Ángeles, Califor-nia. Obtuvo su doctorado en la Universidad de Pittsbugh con su di-sertación, *Ética, utopía e intoxicación en Rodrigo D. No futuro y La vendedora de rosas.* Lizardo ha publicado en prestigiosas e importantes revistas académicas como *Revista Iberoamericana, Chasqui. Revista de Literatura Latinoamericana, Cultural Studies Review, Archivos de la filmoteca, Argus-a, Fuera de campo,* entre otras. Sus investigaciones incluyen temas como el barroco, la estética neobarroca, la cultura y la experiencia de la dro-ga. Con Julio Ramos, editó la antología *Drogas, cultura y farmacoloniali-dad: la alteración narcográfica* (2018), la cual ha sido objeto de varias re-señas académicas. Actualmente, está preparando un libro sobre la cul-tura y la guerra contra las drogas en el cine ecuatoriano.

Alicia Montes

Es doctora en Literatura por la Facultad de Filosofía y Letras, Universidad de Buenos Aires y ha obtenido un diploma posdoctoral en Humanidades y Ciencias Sociales en la misma institución. Se desempeña como docente en la cátedra de Teoría Literaria II, Facul-tad de Filosofía y Letras. En el campo de la producción uni-versitaria es autora de *Políticas y estéticas de la experiencia urbana en la crónica con-temporánea* (2013) y *De los cuerpos travestis a los cuerpos zombis. La carne como figura de la historia* (2017); ha sido Compiladora y co-autora de *Cuerpos Presentes, figuraciones de la muerte, la anomalía, el sacrificio y la enfermedad* (2017) y *Política y estética de los cuerpos* (2019). Es co-autora de los libros *Otro mapa de la violencia* (2017); *Cultura popular/cultura de masas* (2000); *Letrados iletrados. Representaciones de la cultura popu-lar* (1999); *De memoria. Tramas literarias y política: el pasado en cues-tión* (2008). Ha publicado, además, numerosos artículos en revistas nacionales e internacionales. En la actualidad dirige un proyecto de investigación FILOCyT: "Régimen escópico, cuerpo, lenguaje y po-lítica en la literatura y las artes latinoamericanas contemporáneas".

Otras publicaciones de Argus-a:

Lola Proaño Gómez
Poética, Política y Ruptura.
La Revolución Argentina (1966-73): experimento frustrado
De imposición liberal y "normalización" de la economía

Marcelo Donato
El telón de Picasso

Víctor Díaz Esteves y Rodolfo Hlousek Astudillo
Semblanzas y discursos de agrupaciones culturales
con bases territoriales en La Araucanía

Sandra Gasparini
Las horas nocturnas.
Diez lecturas sobre terror, fantástico y ciencia

Mario A. Rojas, editor
Joaquín Murrieta de Brígido Caro.
Un drama inédito del legendario bandido

Alicia Poderti
Casiopea. Vivir en las redes. Ingeniería lingüística y ciber-espacio

Gustavo Geirola
Sueño Improvisación. Teatro.
Ensayos sobre la praxis teatral

Jorge Rosas Godoy y Edith Cerda Osses
Condición posthistórica o Manifestación poliexpresiva.
Una perturbación sensible

Alicia Montes y María Cristina Ares
Política y estética de los cuerpos.
Distribución de lo sensible en la literatura y las artes visuales

Lola Proaño Gómez y Lorena Verzero / Compiladoras y editoras
Perspectivas políticas de la escena latinoamericana.
Diálogos en tiempo presente

Gustavo Geirola
Praxis teatral. Saberes y enseñanza.
Reflexiones a partir del teatro argentino reciente

Alicia Montes
De los cuerpos travestis a los cuerpos zombis. La carne como figura de la historia

Lola Proaño - Gustavo Geirola
¡Todo a Pulmón! Entrevistas a diez teatristas argentinos

Germán Pitta Bonilla
La nación y sus narrativas corporales.
Fluctuaciones del cuerpo femenino en la novela sentimental uruguaya del siglo XIX (1880-1907)

Robert Simon
To A Nação, with Love: The Politics of Language through Angolan Poetry

Jorge Rosas Godoy
Poliexpresión o la des-integración de las formas en/desde
La nueva novela de Juan Luis Martínez

María Elena Elmiger
DUELO: Íntimo. Privado. Público

María Fernández-Lamarque
Espacios posmodernos en la literature latinoamericana contemporánea:
Distopías y heterotopíaa

Gabriela Abad
Escena y escenarios en la transferencia

Elocuencia del cuerpo

Gustavo Geirola
Ensayo teatral, actuación y puesta en escena.
Notas introductorias sobre psicoanálisis
y praxis teatral en Stanislavski

Argus-*a*
Artes y Humanidades / Arts and Humanities
Los Ángeles – Buenos Aires
2020

www.ingramcontent.com/pod-product-compliance
Lightning Source LLC
Chambersburg PA
CBHW071252220526
45468CB00001B/88

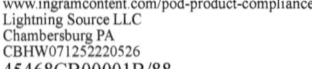